中國古代史學叢書

[唐]劉知幾 著　[清]浦起龍 通釋

王煦華 整理

史通通釋

下

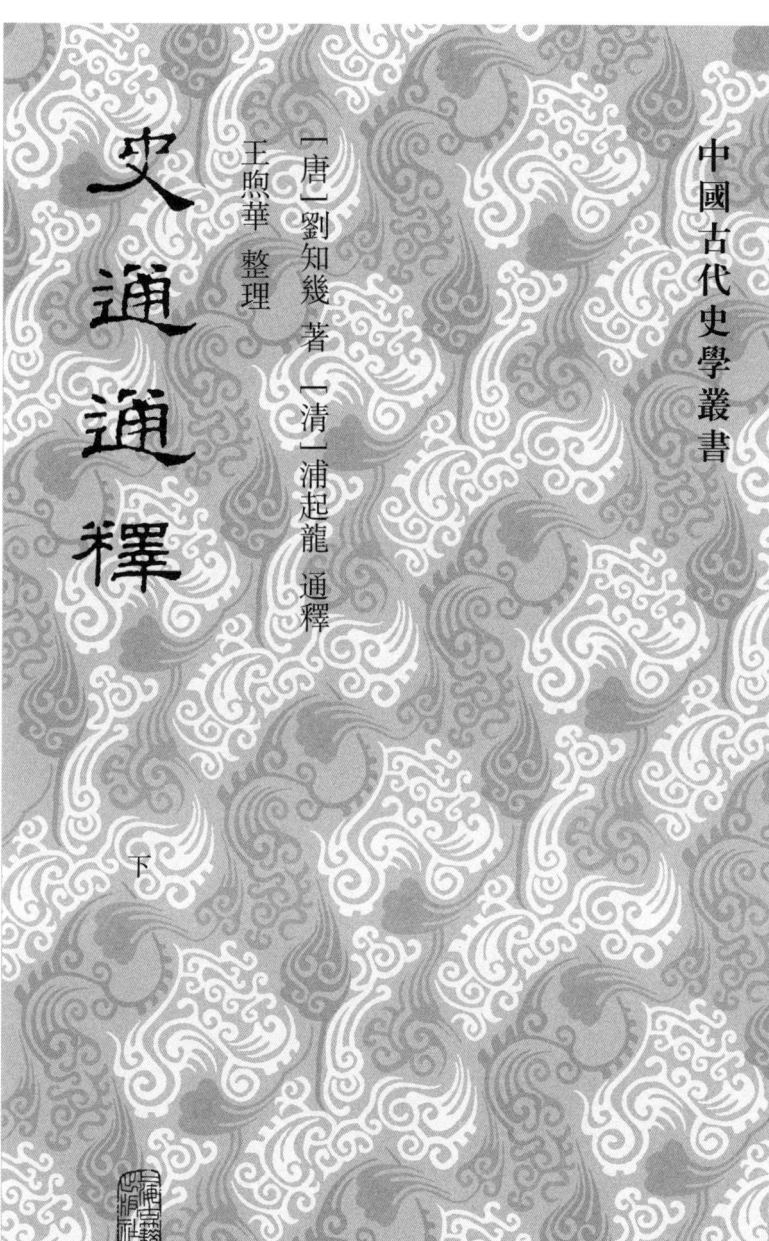

史通通釋卷十四

外篇

惑經第四

題下、篇中，舊皆有注，或作二十條，或作二十二條，皆未允，今併去之。

昔孔宣父以大聖之德，應運而生，生人民。已來，未之有也。故使三千弟子、七十門人，鑽仰不及，請益無倦。然則作「然而」用。尺有所短，寸有所長，其間切磋酬對，頗亦互聞得失。何者？覯仲由之不悅，則矢天厭以自明；答言偃之絃歌，則稱戲言以釋難。斯則聖人舊有「之」字。設教，其理含弘，或援誓以表心，或稱非以受屈。豈與夫庸儒末學，文過飾非，使夫問者緘辭杜口，懷疑不展，若斯而已哉？**釋：**首言至聖不拒人辯難。嗟夫！古今世殊，師授路隔，恨不得親膺灑掃，陪五尺之童；躬奉德音，撫四科之友。而徒以研尋蠹簡，穿鑿遺文，菁華久謝，糟粕爲偶。遂使理有未達，無由質疑。是用握卷躊躇，揮毫悱憤。

儻梁木斯壞，魂而有靈，敢效接輿之歌，輒同林放之問。**釋：**此言願獻疑義。○已上總統遺經而言。

但孔氏之立言行事，刪詩贊易，其義既廣，難以具論。今惟摭其史文，評之於後。末借詩、易折歸春秋。一本連下，非。

按：此亦序也，但自表作之之由，不參別意，所言聖人胸次，見地高明。

案夫子所修之史，是曰春秋。竊詳春秋之義，其所未諭「喻」通，後同。者有十二。舊亦連下。

按：惑經專主春秋。通分二截：曰未諭，曰虛美。此四句爲未諭諸條作總挈也。經何以惑？爲傳惑也。爲傳惑，曷爲言惑經？傳主事，經主義。義，權也；事，物也。有物於此，雜然而集吾衡。吾受而權之，而等者欹焉，變者膠焉。失在物乎？失在權乎？曰：在權。春秋事同書異，事異書同，故惑在經矣。曰：惑經是乎？曰：惡乎是！經由聖而作，聖不可知，惡能知經。不知而爲之辭，是非聖也。然則奚而不斥也？曰：無庸也。事形何常，義類何盡，惑而辯，聖人弗禁。雖然，傳實惑之。聖人筆經不筆例，傳者例歧而經歧。自傳者、注者各以意爲例，而春秋一經自此多事矣。曰：歐陽子言之矣，「捨君子而從聖人」。捨君子者，捨傳也。捨傳可乎？曰：吾不奪子以可，吾將窮子以能。子能比十二公之傳而捨諸乎？將擇而捨諸也？擇而捨諸，則子奚擇而捨之？非聖不可，捨傳不能，十二未諭之云，吾以過而存者存之。十二未諭，不得與疑古同科。

何者？趙孟以無辭伐國，貶號爲人；杞伯以夷禮一脱「禮」字。來朝，降爵稱子。虞班晉上，惡貪賄而先書；楚長晉盟，譏無信而後列。此則人倫臧否，在我筆端，直道而行，夫何所讓？奚爲齊、鄭及楚，照春秋世次，當作鄭、楚及齊。國有弒君，各以疾赴，遂皆書卒？**原注：**襄七年，鄭子駟弒其君僖公；昭元年，楚公子圍弒其君郟敖；哀公十年，齊人弒其君悼公。而春秋但書云：鄭伯髡頑卒，楚子麇卒，齊侯陽生卒。**按：**舊注三弒與本文經文並皆失次，今依春秋世次列之。夫臣弒其君，子弒其父，凡在含識，皆知恥懼。苟欺而可免，則誰不願然？且官爲正卿，反不討賊；地居冢嫡，藥不親嘗。遂皆被以惡名，播諸來葉。必以彼三逆，方茲二弒，躬爲梟獍，則漏網遺名；迹涉瓜李，乃凝脂或刊作「擬指」，非。顯録。嫉惡之情，豈其若是？其所未諭一也。

又案齊乞一作「荼」。野幕之戮，一作「弑」。事起陽生；楚比一作「靈」。乾谿之縊，一作「弑」。禍由觀從。原作「常壽」，誤。○**原注：**乞謂齊陳乞，比謂楚公子比也。**按：**此注舊在「捨其親弒」之下，今移此。而春秋捐其首謀，捨其親弒，亦何異魯酒薄而邯鄲圍，城門火而池魚及。必如是，則邾之閽者私憾射姑，以其君卞舊脱「卞」字。急而好潔，可行欺以激怒，遂傾瓶水以一脱「以」字。沃庭，俾廢鑪而爛卒。斯亦罪之大者，奚一作「曷」。不書弒乎？**原注：**宜書云閽弒邾子。其所未諭二也。

按：已上二條皆弒君事，故連類言之。

乞先召寇，比遽稱王，皆法所不逭。知幾多此一惑，由墨守杜注故。

趙孟貶爲人　宣二經：晉人、宋人、衞人、陳人侵鄭。杜注：晉趙盾興諸侯之師，畏楚而還，失霸者之義，故貶稱人。傳首孔疏：孟、伯，俱長也。禮緯云：庶長稱孟，然則適子長者稱伯，所以別也。如趙氏，趙盾之後，盾爲庶長，故子孫恆以孟言之。

杞伯降稱子　僖二十七經：杞子來朝。傳：杞桓公來朝，用夷禮，故稱子。

虞班晉上　僖二經：虞師、晉師滅下陽。傳：先書虞，賄故也。注：虞非倡兵之首，而先書之，惡貪賄也。

楚長晉盟　襄二十七經：叔孫豹會晉趙武、楚屈建、蔡公孫歸生、衞石惡、陳孔奂、鄭良霄、許人、曹人于宋。傳：將盟，楚人衷甲。伯州犂曰：合諸侯之師以爲不信，是棄所以合諸侯也。子木曰：事利而已，苟得志焉，焉用有信！盟先楚人，書先晉，晉有信也。注：蓋孔子追正之。

齊鄭楚弑以疾赴　哀十經：齊侯陽生卒。注：以疾赴，故不書弑。襄七經：鄭伯髡頑卒于鄵。注：實爲子駟所弑，以瘧疾赴，故不書弑。昭元經：楚子麇卒。注：楚以瘧疾赴，故不書弑。

反不討賊　宣二經：晉趙盾弑其君夷皋。傳：晉侯飮趙盾酒，公嗾夫獒焉。鬭且出，遂自亡也。趙穿攻靈公于桃園。宣子未出疆而復。太史書「趙盾弑其君」，以示於朝。宣子曰：「不然。」對曰：「子爲正卿，亡不越境，反不討賊，非子而誰！」

藥不親嘗　昭十九經：許世子止弑其君買。傳：許悼公瘧，飮太子止之藥，卒。太子奔晉。書曰

「弑其君」。

凝脂　中華古今注：燕脂，以紅藍花汁凝作脂，燕國所生。舊書崔仁師傳：凝脂猶密，秋荼尚煩。

按：蓋謂刑峻。

齊乞楚比　哀六經：齊陽生入于齊，齊陳乞弑其君荼。傳：陳乞與諸大夫以甲入於公宮，公戰於莊，敗。陳僖子使召公子陽生，立之。悼公使胡姬以安孺子如賴。使朱毛告於陳子曰：君不可以二。僖子不對而泣。公使毛遷孺子於駘，殺諸野幕之下。昭十三經：楚公子比自晉歸於楚，弑其君虔于乾谿。傳：楚子次於乾谿。羣喪職之族啓越大夫常壽過作亂。觀起之死也，其子從在蔡，以蔡公之命召子干、子晳，盟于鄧，以入楚，殺太子祿及公子罷敵。公子比爲王，公子黑肱爲令尹，公子棄疾爲司馬，使觀從從師於乾谿。王聞羣公子之死也，自投於車下，縊於芋尹申亥氏。注：楚比劫立，陳乞流涕，皆疑於免罪。春秋明而書之，以爲弑主。按：悼公即陽生，安孺子即荼，比即子干，黑肱即子晳，棄疾即蔡公。又按：「觀從」作「常壽」，誤筆也。

邯鄲圍池魚及　莊子胠篋有「魯酒」句。郭注：楚宣王朝諸侯，魯後至，酒薄。宣王欲辱之，不辭而行。王怒，攻魯。梁惠王常欲擊趙，畏楚救。楚以魯爲事，梁得圍邯鄲。清波雜志張無盡一表，有「魯酒」、「城門」二句。上句出莊子，下句不知所出。廣韻以池仲魚爲人姓名。白樂天詩：「火發城門魚水裏，救火竭池魚失水。」不主姓名說。

邾之閽者　定三經：邾子穿卒。傳：邾子在門臺，臨廷。閽以瓶水沃廷。邾子怒。閽曰：「夷射姑旋焉。」命執之，弗得。滋怒，自投於床，廢於鑪炭，爛，遂卒。莊公卞急而好潔，故及是。注：旋，小便。廢，墮也。

蓋明鏡之照物也，妍媸必露，不以毛嬙之面或有疵瑕，而寢其鑒也；虛空之傳響也，清濁必聞，不以緜駒之歌時有誤曲，而輟其應也。夫史官執簡，宜類於斯。苟愛而知其醜，憎而知其善，善惡必書，斯爲實録。觀夫子修春秋也，多爲賢者諱。狄實滅衛，因桓恥一脫「恥」字。而不書；河陽召王，成文美而稱狩。斯則情兼向背，志懷彼我。苟書法其如是也，豈不使爲人君者，此四字或作「賢人君子」，或作「夫君子」三字，皆誤。靡憚憲章，雖玷白圭，無慚良史也乎？一無「也」字，一無「乎」字。其所未諭三也。

哀八年及十三年，公再與吳盟，而皆不書。**原注：**八年注云：「不書盟，恥吳夷也。」十三年注云：「盟不書，諸侯恥之，故不録也。」桓二年，公及戎盟則書之。舊無此三字，今補。戎實豺狼，非我族類。夫非所諱而仍諱，謂當恥而無恥，求之折衷，未見其宜。其所未諭四也。

按：已上二條，傳、注互有爲君諱之文，故亦以類舉。

滅衛不書　閔二經：狄入衛。穀梁范注：不言滅而言入者，春秋爲賢者諱。齊桓不能攘夷狄，故爲之諱。

召王稱狩　僖二十八經：天王狩于河陽。傳：是會也，晉侯召王，以諸侯見，且使王狩。仲尼曰：「以臣召君，不可以訓。」故書云云，「言非其地也，且明德也」。注：隱其召君之闕，欲明晉之功德。

再與吴盟不書　哀八經：吴伐我。傳：吴人盟而還。又十三經：公會晉侯及吴子于黄池。傳：辛丑，盟。按二傳注並見節内。

公及戎盟　桓二經：公及戎盟于唐。按：注無恥戎之文也。

諸國臣子，非卿不書，必以地來奔，則雖賤亦志。斯豈非國之大事，不可限以常流者耶？一作「也」。如陽虎盜入于讙，擁陽關而外叛，傳具其事，經獨無聞，何哉？且弓玉中一作「云」。亡，猶獲顯記；城邑失守，反不沾一作「具」。書。略大存小，理乖懲勸。其所未諭五也。

按：此條因「入讙以叛」之下，杜注有略家臣之説，故舉「雖賤亦志」爲案，以賤例賤，以書剔不書。

以地來則志　襄二十一：邾庶其以漆、閭丘來奔。昭五：莒牟夷以牟、婁及防、茲來奔。昭三十一：邾黑肱以濫來奔。以濫，傳：賤而書名，重地故也。以土地出，求食而已，不求其名，賤而必書。

入讙無聞弓玉獲記　定八經：盜竊寶玉大弓。傳：陽虎欲去三桓，戒都車曰：「癸巳至。」公斂處父與孟孫以壬辰爲期，與陽氏戰于棘下。陽氏敗，陽虎説甲如公宫，取寶玉大弓以出。入于讙、陽關以叛。注：叛不書，略家臣。

案諸侯世嫡，嗣業居喪，既未成君，不避其諱。此春秋之例也。何爲般、野之歿，皆以名書；「書」字舊在「以名」之上。而惡、視之殂，直云「子卒」。其所未諭六也。

凡在人倫不得其死者，邦君已上皆謂之弒，卿士已上通謂之殺。此又春秋之例也。案桓二年，書曰：「宋督弒其君與夷及其大夫孔父。」僖十年，又曰：「晉里克弒其君卓及其大夫荀息。」**原注**：「及」宜改爲「殺」。夫臣當爲殺，而稱及，與君弒同科。苟弒、殺不分，則君臣靡別者矣。**原注**：公羊傳曰：「及者何？累也。」雖有此釋，其義難通。既未釋此疑，其編於未諭。他皆仿此也。其所未諭七也。

按：已上二條以子、臣連舉。子之卒，從書名不書名起疑；臣之殺，從「及」字混「弒」字起疑。北平本書「及其大夫」簡端云：「文義甚明，不必致疑。」愚謂準之後史，則疑生焉。後史凡於預君難者，必書曰「殺某官某」；否則曰「某官某死之」。未有統臣於君而云「及」者。

般野以名書　莊三十二經：子般卒。傳：孟任生子般焉。公薨於路寢，子般即位。次于黨氏，共仲使圉人犖賊子般于黨氏。注：先君未葬，不稱爵，不書殺，諱之也。襄三十一經：子野卒。傳：公薨于楚宮，立胡女敬歸之子子野。癸巳，卒，毀也。注：哀毀以致滅性。

惡視云子卒　文十八經：子卒。傳：公薨，襄仲殺惡及視而立宣公。書曰：「子卒，諱之也。」前詳編次篇。

弑君及大夫　本文已詳。

夫臣子所書，君父是黨，雖事乖正直，而理合名教。如魯之隱、桓戕弑，昭、哀放逐，哀公混入。姜氏淫奔，子般夭酷。斯則邦之孔醜，諱之可也。如公送晉葬，公與吴盟，爲齊所止，爲邾所敗，盟而不至，會而後期，並諱而不書，豈非煩碎之甚？且案汲冢竹書舊衍「與」字。晉春秋及紀年之載事也，如重耳出奔，惠公見獲，書其本國，皆無所隱。唯魯春秋之記其國也，則不然。何者？猶云此何爲者，是繳上之詞。國家一衍「之」字。事無大小，苟涉嫌疑，動稱恥諱，厚誣來世，奚獨多乎！其所未諭八也。

按：此條專指爲本國諱言。

隱桓戕弑　隱十一經：公薨。注：實弑，書薨。又不地者，史策所諱也。桓十八經：公會齊侯于濼，公與夫人姜氏遂如齊。公薨于齊。傳：公及文姜如齊，齊侯通焉。公謫之，以告。使公子彭生乘公，公薨于車。經注：不言戕，諱之也。戕例在宣十八年。經：邾人戕鄫子于鄫。傳：凡自虐其君曰「弑」，自外曰「戕」。

昭哀放逐　昭二十五年，公伐季平子，季氏反兵逐公徒，公出奔。經：公孫于齊，次于陽州。注：諱奔，故曰孫，若自遜讓而去位者。哀二十七附傳：公患三桓之侈也，三桓亦患公之妄也，故君臣多間。公欲以越伐魯而去三桓，因孫于邾，乃遂如越。按：哀之出，非逐也，且在經後。惑經不惑無經者，蓋牽紐屬對之病。

姜淫奔般天酷　莊元經：夫人孫于齊。注：内諱奔，謂之孫。般天，即子般卒。

送晉葬與吳盟　成十經：晉侯獳卒，公如晉。傳：公如晉，晉止公，使送葬，諸侯莫在。魯人辱之，故不書，諱之也。注：諱不書，晉葬也。　與吳盟，見前。

爲齊止爲邾敗　僖十六經：公會齊侯、宋公、陳侯、衛侯、鄭伯、許男、邢侯、曹伯于淮。十七經：公至自會。傳：淮之會，齊人止公。九月，公至。書曰「至自會」，猶有諸侯之事焉，且諱之也。注：恥見執，故託會以告廟。又二十二經：及邾人戰于升陘。傳：我師敗績。邾人獲公冑，縣諸魚門。注：深恥之，不言公，又不言師敗績。

盟不至會後期　文十五經：諸侯盟于扈。傳：凡諸侯會，公不與，不書，諱君惡也；與而不書，後也。注：不書，謂不國別序諸侯。文七經：公會諸侯、晉大夫，盟于扈。傳：公後至，不書所會。凡會諸侯，不書所會，後也。後至不書其國，辟不敏也。注：不書所會，謂不具列公侯及諸大夫。

晉春秋及紀年　二書即竹書中之目，故句内「與」字是衍。詳見春秋家及申左後注。

案昭十二年，齊納北燕伯于陽。此句經文。「伯于陽」古本復此三字，今本並脱。者何？公子陽生也。**原注**：左傳曰：「納北燕伯款于唐。」杜注云：陽即唐，燕之別邑。子曰：一多「齊之事」三字。「我乃知之矣。」在側者曰：「子苟知之，何以不革？」曰：「如爾所不知何？」自經文已下至此，並公羊傳文。夫如是，一有「則」字。夫子之修春秋，皆遵彼乖僻，習其訛謬，凡所編次，不加刊改者矣。何爲其間則一褒一貶，時有弛張；或沿或革，曾無定體。其所未諭九也。

按：此條駁公羊也。惑經何以駁公羊？以其有孔子語，故及之。

伯于陽公子陽生　昭三經：北燕伯款出奔齊。十二經：齊高偃帥師納北燕伯于陽。公羊傳：「伯于陽」者何云云。注：斷三字問之孔子。案史記，知「公」誤爲「伯」，「子」誤爲「于」，「陽」在「生」刊滅，闕。按：公羊自創爲例，謂犯父命出者奪其國。如哀二，晉納衛世子蒯聵于戚而不言衛是也。款非犯父命，不當言「于陽」。又謂小國出入不兩書。如僖二十五，楚納頓子於頓，其出奔不書是也。北燕小國，不當兩書。遂以「伯于陽」三字爲誤，而創爲説曰，史不可革。可謂臆説者矣。而託之孔子之語，夫豈其然？劉敞云：公羊謂孔子作春秋，用百二十國寶書。百二十國書悉如是殘缺乎？

又書事之法，其理宜明。使讀者求一家之廢興，則前後相會；討一人之出入，則始末可尋。如定六年，書「鄭滅許，以許男斯歸」。而哀元年，書「許男與楚圍蔡」。夫許既滅矣，君執家亡，能重列諸侯，舉兵圍國者何哉？蓋其間行事，必當有說。經既不書，傳又闕載，謂定六、哀元之間，其於許事必有闕文。缺略如此，尋繹難知。其所未諭十也。

按：此條兼經、傳爲說。

其間行事不書　郭評：春秋二十國年表：定六年，鄭滅許，以斯歸，元公成立。是則斯雖執，許未亡也。哀元圍蔡之許男，即元公成也。子玄失考。按：春秋闕書，劉摘非過。年表之文，當取以補經、傳，不必駁劉。

案晉自魯閔公已前，未通於上當作「宗」。國。至僖二年，滅下陽已降，漸見於春秋。蓋始命行人自達於魯也，而瑣語春秋載魯國閔公時事，言之甚詳。謂魯事詳於晉，亦在晉未見春秋前。斯則聞事必書，無假相赴者也。蓋當時國史，它皆仿此。至於夫子所修也則不然。凡書異國，皆取來告。苟有所告，雖小必書；如無其告，雖大亦闕。故宋飛六鷁，王本作「鶂」。小事也，以有告而書之；晉滅三邦，大事也，**原注**：謂滅耿、滅魏、滅霍也。以無告而闕之。用使巨細不均，繁省失中，比夫諸國史記，奚事獨爲疏闊？尋茲例之作也，蓋因周禮舊法，魯策成文。郭本自「比夫」至此二十八字，誤作小注。夫子既撰不刊之書，爲後王之則，豈可仍其過失，而不中規矩者一無「者」字。乎？其所未諭十一也。

蓋君子以博聞多識爲工，良史以實録直書爲貴。而春秋記它國之事，必憑來者之辭；而來者所言，多非其實。或兵敗而不以敗告，君弒而不以弒稱，或宜以名而不以名，或應以氏而不以氏，或春崩而以夏聞，或秋葬而以冬赴。皆承其所説而書，遂使真僞莫分，是非相亂。其所未諭十二也。

按：已上二條，皆就他國赴告説，亦是連類。

通觀十二未諭，除陳乞、楚比外，皆不能無疑。劉氏惑之，焉得爲過。然滋之惑者，傳實爲之，注又附益之。劉氏護其子而譴其母，是爲不知類耳。

晉滅三邦　左閔元：晉侯作二軍，公將上軍，太子申生將下軍，趙夙御戎，畢萬爲右，以滅耿、滅魏、滅霍。注：三國皆姬姓。

不以敗告不以弒稱　不以敗告者，左隱十一：凡諸侯有命，告則書，不然則否。雖及滅國，滅不告敗，勝不告克，不書於策也。不以弒稱者，即篇首齊、鄭、楚弒君而以疾赴之事也。

宜名不名應氏不氏　不名，如隱七傳：「滕侯卒，不書名，未同盟也。」又如莊二十五傳：「陳女叔來聘，嘉之，故不名。」又如宣十經：「齊崔氏出奔衛。」傳言「非其罪也，且告以族，不以名」之類是也。不氏，如成十五經：「宋殺其大夫山。」注云「不書氏」，傳言「背其族」之類是也。

春崩夏聞秋葬冬赴　按：句不過言赴聞逾期耳，春夏秋冬字不必泥。如僖八經：「十有二月丁未，天王崩。」注云：「實以前年閏月崩，以今年十二月丁未告。」是即崩聞之不以時也。至諸侯書葬，則但有往會、不會，書、不書，葬緩、葬速、葬闕月之文。而赴不以時，竟無的考。

凡所未諭，其類尤作「猶」。多，靜言思之，莫究所以。豈「夫子之墻數仞，不得其門」者歟？將「某也幸，苟有過，人必知之」者歟？如其與奪，請謝不敏。

按：此數語束上之文也，不應入正條之數。舊注有「十三條」字，非。

又世人以夫子固天攸一作「所」。縱，將聖多能，便謂所著春秋，善無不備。而審形者少，隨聲者多，相與雷同，莫之一作「知」。指實。榷而爲論，其虛美者有五焉。舊本此處連下，非。

按：此是虛美總挈。

十二未諭皆自出之疑，五虛美則摭舊說以爲翻案。未諭猶婉約其辭，而虛美則公然指斥，是直罔知忌憚矣。法當絶之，勿使並進者。

案古者國有史官，具列時事，觀汲墳出「墳出」一作「冢所」。記，皆與魯史符同。至如周之東遷，其説稍備：隱、桓已上，難得而詳。此之一作「其」。煩省，皆與春秋不別。又「獲君曰止」，「誅臣曰刺」，「殺其大夫曰殺」，一脱「殺」字。「執我行人」，「鄭棄其師」，「隕石于宋五」。

原注：其事並出竹書紀年，唯「鄭棄師」出瑣語晉春秋也。**按**：「紀年」二字恐誤，今其書無此文也。諸如此句，多是古史全文。則知夫子之所修者，但因其成事，就加雕飾，仍舊而已，有何力哉？加以史策有闕文，時月有失次，皆存而不正，無所用心，斯又不可一多「能而」二字。殫說矣。一無「矣」字。而太史公云：夫子「爲春秋，筆則筆，削則削，游、一作「子」。夏之徒，不能贊一辭」。其虛美一也。

按：此條摭太史公書爲談柄。書有筆削之言，遂尋出冢書同文及存而不正，以爲翻案。

曰止曰刺曰殺　隱十一傳：與鄭人戰於狐壤，止焉。又僖十七傳：齊人以爲討而止公。注：內諱執，皆曰止。成十六經：刺公子偃。注：魯殺大夫皆言刺，取周禮三刺之法。又公羊僖二十八傳曰：內諱殺大夫，謂之刺也。　外殺曰殺，多不勝舉。

執行人　昭二十三經：晉人執我行人叔孫婼。注：稱行人〔二〕，譏晉執使人。

鄭棄師　閔二經：鄭棄其師。傳：鄭人惡高克，使帥師次于河上，久而不召。師潰，高克奔陳。注：克狀其事以告魯也。

筆削四句　語見孔子世家。

又案宋襄公執滕子而誣之以得罪，楚靈王弒郟敖而赴之以疾亡，春秋皆承告而書，曾無變革。是則無辜者反加以罪，有罪者得隱其辜，求諸勸戒，其義安在？而左丘明論春秋之義云：一作「也」。「或求名而不得，或欲蓋而名一作『彌』。彰，」「善人勸焉，淫人懼焉。」其虛美二也。

按：此條摭左氏邾黑肱傳爲談柄，傳有勸懼之言，遂尋出誣罪赴亡，承告無革，以爲翻案。

執滕子　僖十九經：宋人執滕子嬰齊。注：例在成十五年。成十五傳：凡君不道於其民，諸侯討而執之，則曰某人執某侯。按：此言罪在被執者，而僖傳云：「一會而虐二國之君。」則所罪實在執者也。時宋襄又執鄫子，故曰二國。

弒郟敖　見篇首。

又案舊脱「案」字。春秋之所書，本以褒貶爲主。故國語晉司馬侯對其君悼公曰：「以其善行，以其惡戒，可謂德義矣。」公曰：「孰能？」對曰：「羊舌肸習於春秋。」至於董狐書法疑當作「弒」。而不隱，宣二。南史執簡而累進，襄二十五。又甯殖出君，而卒自憂名在策書。故知當時史臣各懷直筆，斯則有犯必死，書法無捨者矣。自夫子之修春秋也，蓋他邦之篡賊其君者有三，原注：謂齊、鄭、楚，已解於上。本國之弒或作「殺」，非。逐其君者有七，一作「五」。○原注：隱、閔、般、惡、視五君被弒，昭、哀二主被逐也。按：「有七」作「有五」者，是視不得當君，哀出非逐，且在經後也。

莫不缺而靡録，使其有逃名者。而孟子云：「孔子成春秋，亂臣賊子懼。」無乃烏有之談歟？其虛美三也。

按：此條摭孟子亂賊懼之言爲談柄，因尋出弑逐缺録，使有逃名，以爲翻案。

晉司馬侯　晉語：悼公與司馬侯升堂而望曰：「樂夫？」對曰：「臨下之樂則樂矣，德義之樂則未也。」公曰：「何謂德義？」對曰：「諸侯之爲，日在君側」云云。又見六家春秋章。

甯殖出君　襄十四經：衛侯出奔齊。注：不書逐君之賊，從告。傳：衛獻公戒孫文子、甯惠子食，皆服而朝。日旰不召，而射鴻于囿。二子怒。孫文子曰：「弗先，必死。」遂行，從近關出。公使子蟜、子伯、子皮盟，孫子皆殺之。公出奔齊。又二十傳：甯惠子疾，召悼子曰：「吾得罪於君，悔而無及也。名藏在諸侯之策，曰孫林父、甯殖出其君。」「若能掩之，則吾子也。」

又案春秋之文，雖有成例，或事同書異，理殊畫一訛作「書」。一。故太史公曰：「孔氏史記作「子」。著春秋，隱、桓之間則彰，至定、哀之際則微，爲其切當世之文，而罔此二字，一本倒，一本「罔」作「亡」。褒史記多「忌」字。諱之辭也。」斯則危行言遜，吐剛茹柔，推避以求全，依違以免禍。而孟子云：「孔子曰：『知我者其惟春秋乎，罪我者其惟春秋乎。』」其虛美四也。

按：此條兩摭論春秋之成語爲談柄，而假遷言以翻孟案也。其意以爲辭微則非任罪者。

孔氏著春秋五句　史記匈奴傳贊之文。

又一脫「又」字。案趙穿殺君而稱宣子之弑，江乙亡布而稱令尹所盜。此則春秋之世，有識之士莫不微婉其辭，隱晦其說。斯蓋當時之恒事，習俗所常行。而班一脫「班」字。固云：「仲尼殁而微言絕。」觀微言之作，豈獨宣父者邪？其虛美五矣。一作「也」。

按：此條談柄，强扯漢書「微言」二字以當左氏婉晦之旨，遂舉晉、楚兩事證其未絕，繆甚矣。況兩事並與婉晦不倫。似此翻案，尤成詭辯。

江乙　列女傳：江乙爲郢大夫，有入王宮盜者，令尹以罪乙，絀之。無何，乙母亡布，言於王曰：令尹盜之。王曰：令尹不知。母曰：昔妾子爲盜坐絀，妾子亦豈知之哉？然終坐之。令尹獨何爲而不以是？王其察之。

微言絕　漢藝文志序：昔仲尼殁而微言絕，七十子喪而大義乖。按：語本劉歆移讓太常博士書。

考茲衆美，徵其本源，良由達者相承，儒教傳授，既欲神其事，故談過其實。語曰：「衆善之，必察焉。」一本「之」「焉」二字互轉。孟子曰：「堯、舜不勝其美，桀、紂不勝其惡。」尋世之言春秋者，得非覩衆善而不察，同堯、舜之多美者乎？一誤作「云」。

按：此十餘句專束五虛美，誇辭也。

孟子語　見風俗通。注見疑古篇。

昔王充設一作「説」。論，有問孔之篇，雖論語羣言，多見指擿，而春秋雜義，曾未發明。是用廣彼一訛作「破」。舊疑，增其新覺，將來學者，幸爲詳之。

按：此數語總結全篇，與前節俱不入條數。

夫子曰：「述而不作。」孟子曰：「孔子懼，作春秋。」不揣蠢愚，竊奉子言爲信。春秋者，據魯史之文直書之，雖孟子云「作」，恐亦得之傳聞也。愚又竊以修正諸經之説，出自列禦寇，孔安國述之，而寖盛於七緯家言，以爲有删有定。今一一考之，皆未見其然。夫子惟大易有傳，推明觀象觀變之方，而亦非有所作也。夫子所以功在萬世者，當是之時，羣言争鳴，聖道堙塞，夫子於百千哤雜之中，表舉六籍以授七十子之徒，諸不在此科者屏不使進。由是學者得不歧其所往，而經由此正，統由此一焉。夫子舉而表授之，即先王之六籍皆一聖人之六籍矣。固不必删之、定之而后爲功也。夫子之教，具之論語，於易曰學，於詩、書曰雅言，於禮曰執、曰約，於樂曰知、曰聞。獨有「樂正」一語，亦止整次詩篇。至於春秋，且靡有言焉。故又曰：「蓋有不知而作之者，我無是也。」然則諸言「作云、作云」者，其後起之騰説歟？

又思之，論語之言史者亦有二：曰「文勝質則史」，曰「吾猶及史之闕文也」。玩此二言，則春秋之不輕改作益明。

問孔　王充論衡，凡三十卷，其第九卷篇曰問孔，其言甚誖。

申左第五　郭本序與文作兩片，最合。諸本橫分，皆非。

古之人言春秋三傳者多矣。戰國之世，其事罕聞。當前漢當有「之初」二字。專用公羊，宣皇已降，穀梁又立於學。至成帝世，劉歆始重左氏，而竟一作「書」。不列學官。**釋**：首原三傳行世，獨左氏最後。大抵自古重兩傳而輕左氏者固非一家，美左氏而譏一作「議」。兩傳者亦非一族。互相攻擊，各用一作「自」。朋黨，哤聒舊作「籠聒」，或作「聒籠」，並訛。紛競，是非莫分。然則儒者之學，苟以專精爲主，止舊作「至」，誤。於治章句、通訓釋，斯則可矣。一作「也」。至一脫「至」字。於論大體，舉宏綱，則言罕兼統，理無要害。故使今古疑一作「凝」。滯莫得而申者焉。**釋**：次述論者之低昂，以引下文。

必揚榷而論之，言傳者固當以左氏爲首。**釋**：此句揭出本指。但自古學左氏者，一無「者」字。談之又不得其情。如賈逵撰左氏長義，稱在秦者爲劉氏，乃漢室所宜推先。但取悅當時，殊無足採。又案桓譚新論曰：「左氏傳於經，猶衣之表裏。」而東觀漢記陳元奏云：「光武興立左氏，而桓譚、衛宏並共詆一作「毀」。訾，故中道而廢。」班固藝文志云：丘明與孔子觀魯史記而作春秋，有所貶損，事形於傳，懼罹時難，故隱其書。一有「爲」字。末世口説流行，遂有公羊、穀梁、鄒氏、夾氏諸傳。而於固集復有難左氏九條三評等科。**釋**：自「但自古」至此，證舉諸家評論紛競如此。夫以一家之言，一人之説，而參差相背，前後不同。斯又或訛「文」。不足觀也。**釋**：繳過評左諸説。

夫解難者以理爲本，如理有所闕，欲令有識心伏，不亦難乎？今聊次其所一無「所」字。疑，列之於後。**釋**：結到申左本旨。

按：此是總序。

哤聒　蜀都賦：諠譁鼎沸，則哤聒宇宙。善注：管子曰：「雜處則其言哤。」説文曰：「聒，讙語也〔二〕。」

左氏長義　隋經籍志：春秋左氏長經二十卷〔三〕，後漢侍中賈逵章句。又本傳：肅宗特好左氏傳，詔逵出左氏大義長於二傳者，逵摘出三十事。又云：五經皆無證圖讖明劉氏爲堯後者，而左氏獨有明文。

在秦爲劉氏　按左文十三：士會自秦歸於晉，秦人歸其帑。其處者爲劉氏。漢書高紀贊：晉史蔡墨言陶唐氏既衰，其後有劉累，學擾龍，事孔甲，范氏其後也。范氏爲晉士師，奔秦歸晉。其處者爲劉氏。戰國時獲于魏，秦滅魏，遷大梁，都于豐。由是推之，漢承堯運，德祚已盛。

陳元　後漢本傳：元字長孫。父欽，習左氏春秋。元少傳父業，爲之訓詁。建武初，議欲立左氏傳。元詣闕上疏曰：建立左氏，解釋積結，天下幸甚。下其議，諸儒讙譁，左氏復廢。

蓋左氏之義有三長，而二傳之義有五短。**釋**：二句提。 案春秋昭一有「公」字。二年：韓宣子來聘，觀書於太史氏，見魯春秋，曰：「周禮盡在魯矣。吾乃今知周公之德與周之所以王也。」然當有「則」字。 春秋之作，始自姬旦，成於仲尼。丘明之傳，所有筆削及發凡例，皆得周典，**原注**：杜預釋例云：公羊、穀梁之論春秋，皆因事以起問，因問以辯義。義之□者，曲以通□。無他凡例也。左丘明則□周禮以爲本，諸稱凡以發例者，皆周公之舊制者也。**按**：此條缺三字，諸本皆隨文連下，或妄填別字，今並作方空格。後仿此。 傳孔子教，故能成不刊之書，著將來之法。其長一也。**釋**：一長，據韓宣聘語，原本周禮立說。 又案哀三年，魯司鐸火，南宮敬叔命周人出御書，句下並收「子服景伯命宰人出禮書」十字，文義方足。今脫。 其時於魯文籍最備。丘明既躬爲太史，博總羣書，至如檮杌、紀年之流，鄭書、晉志之類，凡此諸籍，莫不畢覩。其傳廣包它國，每事皆詳。其長二也。**釋**：二長，據魯備文籍，史官廣見立說。 論語子曰：「左丘明恥之，某亦恥之。」夫以同聖之才，而膺授經之託，加以達者七十，弟子三千，遠自四方，同在一國，於是上詢夫子，下訪其徒，凡所採摭，實廣聞見。其長三也。**釋**：三長，據聖人稱許，親從膺授立說。

如穀梁、公羊者，生於異國，長自後來，語地則與魯產舊誤作「史」。相違，論時則與宣尼不接。安得以傳聞之説，與親見者争先者一無「者」字。乎？譬猶近世，漢之太史，晉之著作，撰成國典，時號正書。舊誤作「言」。既而先賢、耆舊、**原注：**謂楚國先賢傳、汝南先賢行狀、益部耆舊傳、襄陽耆舊傳等書。語林、世説，競造異端，强書它事。夫以傳自委巷，而將册府恐當用此二字，舊作「班馬」，無涉。抗衡；訪諸古老，而與同時此二字舊作「子孫」，更謬。此皆版本模糊，後人妄填之過。並列。斯則難矣。彼二傳之方左氏，亦奚異於此哉？其短一也。**釋：**一短，以高、赤之生，時地不如左氏爲言。**按：**本節正與三長檃括相對。左氏述臧哀伯諫桓納鼎，周内史美其讜言；王子朝告于諸侯，閔馬父嘉其此二字疑是「加之」二字之訛。辨説。凡如此類，其數實多。斯蓋當時發言，形於翰墨；立名不朽，播於他邦。而丘明仍其本語，就加編次。亦猶近代史記載樂毅、李斯之文，漢書録一脱「録」字。晁錯、賈生之筆。尋其實也，豈是子長稿一作「筆」。削，孟堅雌黄所構者哉？觀二傳所載，有異於此。其録人言也，語乃齟齬，一作「齷齪」。文皆瑣碎。夫如是者何哉？蓋彼得史官之簡書，此傳流俗之口説，故使隆促各異，豐儉不同。其短二也。**釋：**二短，以二傳載語得之傳聞，不如左氏所載有内史、馬父贊評爲可徵信。尋左氏載諸大夫詞令、行人應答，其文典而美，其語博而奥，**原注：**如僖伯諫君觀魚，富辰諫王納狄，王孫勞楚而論九鼎，季札觀樂而談國風，其所援引，皆據禮經之類是也。述遠古則委曲如存，**原注：**如郯子聘魯，言少昊以鳥名官；季孫行父稱舜舉八元、八凱；魏絳答晉悼公，引虞人之箴；子革諷楚靈王，誦祈招之詩。其事明白，非是厚誣之類是也。徵近代則循環可覆。**原注**：如呂相絶秦，述兩國世隙；聲子班荊，稱楚材晉用；晉士渥濁諫殺荀林父，説文公敗楚於城濮，有憂色；子服景伯謂吳云，楚圍宋，易子而食，析骸而爨，猶無城下之盟；祝佗稱踐土盟晉重耳、魯申、蔡甲午之類是也。必料其功用厚薄，指意一作「措思」。深淺，諒非經營草創，出自一時，琢磨潤色，獨成一手。斯蓋當時國史已有成文，丘明但編而次之，配經稱傳而行舊作「已」。也。如二傳者，記言載事，失彼菁華；尋源討本，取諸胸臆。夫自我作故，無所準繩，故理甚迂僻，言多鄙野，比諸左氏，不可同年。其短三也。**釋**：三短，以二傳載文出自胸臆，不如左氏有源有委。○已上二節，用意略同，歷歷相衡，比前已闢出議論矣，猶未徵事舉義也。案二傳雖以釋經爲主，其缺漏不可殫論。如經云：「楚子麇卒」，此四字舊止一字，又誤作「薨」。而左傳云：公子圍所殺。昭元。及公、穀舊止作「公羊」，非。作傳，重一作「不」，非。述經文，無所發明，依違而已。其短四也。**釋**：四短，拈出事實以確稽局見爲衡，見二傳考事之疏略。漢書載成方遂詐稱戾太子，至於闕下。雋不疑曰：昔衛蒯聵得罪於先君，將入國，太子輒拒而不納，與漢書句稍異。春秋是之。遂命執以屬吏。霍光由是始重儒學。案雋生所引，乃公羊正文。如論語冉有曰：夫子爲衛君乎？子貢曰：夫子不爲也。何則？父子争國，梟獍爲曹，禮法不容，名教同嫉。而公羊釋義，反以衛輒爲賢，是違夫子之教，失聖人之旨，獎進惡徒，疑誤後學。其短五也。**釋**：五短，拈出義例，以後人用公羊決事爲説，見二傳研義之不精。若以彼三長，校茲五短，勝負之理，此下有闕文，當補曰。斷然可知。**釋**：此四句是繳上語。

必執二傳之文，唯取依經此上皆闕文，今補。爲主。而於内則爲國隱惡，於外則承赴而書，求其本事，大半失實，已於疑當作「惑」。經篇載之詳矣。**釋**：此層引下。尋斯義之作也，蓋是周禮之故事，魯國之遺文，夫子因而修之，亦存舊制而已。至於實録，付之丘明，用使善惡畢一作「必」。彰，真僞盡露。向使孔經獨用，左傳不作，則當代行事，安得而詳者哉？蓋語曰：仲尼修春秋，逆臣賊子懼。又曰：春秋之義也，欲蓋而彰，求名而亡，善人勸焉，淫人懼焉。尋原本此下有「春秋所書實乖此義而」九字，肆筆拂經，且自害志，削之乃無語病。左傳所録，無愧斯言。此則傳之與經，其猶一體，廢一不可，相須而成。如謂不然，則何者稱爲勸戒者哉？**原注**：杜預釋例曰：凡諸侯無加民之惡，而稱人以貶，皆時之赴告，欲重其罪，以加民爲辭。國史承□以書於策，而簡牘之記具存。夫子因示虚實，故左傳隨實而著本狀，以明其得失也。案杜氏此釋實得經、傳之情者也。儒者苟譏左氏作傳，多敍經外别事。如楚、鄭與齊三國之賊弒，一脱「弒」字。隱、桓、昭、哀通經後之傳爲言，然「哀」字終屬假借，或誤作「襄」，益非。四君之篡逐。其外則承告如彼，其内則隱諱如此。若無左氏立傳，其事無由獲知。然設使世人習春秋而唯取兩傳也，則當其時二百四十年行事茫然闕如，俾後來學者兀一作「代」。成聾瞽者矣。**釋**：自「尋斯義」至此，申透三傳之中專當用左之故也，局至此截。

且當秦、漢之世，左氏未行，遂使五經、雜史、百家諸子，其言河漢，無所遵憑。**釋**：此又是提筆，更摭他書，合二傳博勘，以相證明，總見功高於彼。○下分記事、記時二證。故其記事也：當晉景行霸，公室方强，而云屠岸舊誤作「韓氏」。攻趙，有程嬰、杵臼之事；**原注**：出史記趙世家。魯侯禦宋，得儁乘丘，而云莊公敗績，有馬驚流矢之禍；**按**：出檀弓，原注失，今補。楚、晉相遇，唯在邲役，而云二國交戰，置師於兩棠；一訛「堂」。○**原注**：出賈誼新書。子罕相國，宋睦於晉，而云晉將伐宋，覘舊衍「其」字。哭於陽門；舊衍「介夫乃止」四字。○**原注**：出禮記。魯師滅項，晉止僖公，而云項實舊衍「齊」字。桓舊衍「所」字。滅，春秋爲賢者諱；**原注**：出公羊傳。襄年再盟，君臣和叶，而云諸侯失政，傳作「正」。大夫皆執國權。**原注**：出穀梁傳。○**釋**：已上六項徵記事。其記時也：蓋秦繆居春秋之始，而云其女爲荊平舊作「昭」，誤。夫人；**原注**：出列女傳。韓、魏處戰國之時，而云其君陪楚莊舊衍「王」字。葬馬；**原注**：出史記滑稽傳。列子書論尼父，而云生在鄭穆公之一無「之」字。下同。年；**原注**：出劉向七略。**按**：舊作「七録」，非。扁鵲醫療虢公，而云時當趙簡子之日；**原注**：出史記扁鵲傳。欒書仕於周子，而云以晉文如獵，犯顔直言；**原注**：出劉向新序。荀息死於奚齊，而云觀晉靈作臺，累棋申誡。**原注**：出劉向説苑。**釋**：已上六項徵記時。○通記事、記時二扇，扇各六條，皆兩兩屬對。其中衍字，法在必除，非任意裁削也。順文讀去自知。○論章法，此處當先著四語，櫽括記事之淆訛，與下四句配。今缺。或以先爲後，或以後爲先，日月顛倒，上下翻覆。此四句只櫽括記時之淆訛，可悟上片之缺。古來君子，曾無所疑。及左傳既行，而其失自顯。語其弘益，不亦多乎？而世之學者，猶未之悟。所謂忘我大德，日用而不知者焉。**釋：**推左氏爲功之博，至此繳如。二傳之簡約，焉能逮此乎？○以下總對二傳作束。

然自丘明之後，迄于一作「及」。魏滅，年將千祀，其書寢廢。至晉太康年中，汲冢獲書，全同左氏。**原注：**汲冢所得書，尋亦亡逸，今惟紀年、瑣語、師春在焉。案紀年、瑣語載春秋時事，多與左氏同。師春多載春秋時筮者繇辭，將左氏相校，遂無一字差舛。故束晳云：「若使此書出於漢世，劉歆不作五原太守矣。」於是摯虞、束晳引其義以相明，王接、荀顗疑當作「勖」。取其文以相證，杜預申以注釋，**原注：**注謂注解，釋謂釋例。干寶藉爲師範。一訛作「晉紀」。○**原注：**事具干寶晉紀敍例中。由是世稱實録，不復言非，其書漸行，物無異議。**釋：**「然自丘明」至此，原左傳久晦而得顯。故孔子曰：吾志在春秋，行在孝經。於是授春秋於丘明，授孝經於曾子。史記云：孔子西觀周室，論史記舊聞，次春秋。七十子之徒口授其傳旨，有或作「所」。刺譏褒諱之文，不可以書見也。魯君子左丘明懼弟子人各異端，失其真意，故因孔氏史記，具論其語，成左氏春秋。史記文在十二諸侯年表，但與集中史公不見左傳之説，不相照顧。夫學者苟能徵此二説以考三傳，亦足以定是非，明真僞者矣。何必觀汲冢而後信者乎？從一作「以」。此而言，則三傳之優劣見矣。**釋：**末引孔語、遷文，仍歸到聖人傳授作結。

按：局內兩層，前專後廣。所徵年、事詳明，大致皆與二傳對勘。故申左者，申左於高、赤，非申左於聖經也，莫誤會。

倫莫大於君臣父子，禍莫大於子臣弑奪。史通此處最吃緊。故三國賊君而以疾赴，則詰之再三；衞輒拒父而以國據，則衷之論語。是持世大閑。

「尋斯義之作」一段，謂左承聖囑，藏顯互彰，則左之功，孔實總之矣。再觀「故孔子曰」一段，舉出授受證據，歸到功由孔經，則向之惑今悉解之矣。此知申左一篇是惑經回向文，並是懺悔文。

是書訛句、脱文、羡字，外篇較多，如此篇其尤也。評家、訓家居然點句，罔出疑情，幾於没文理、懵字數者，可異哉！

司鐸火　哀三年：司鐸火，火逾公宮，桓、僖災。救火者皆曰：「顧府」。南宮敬叔至，命周人出御書俟于宮。子服景伯至，命宰人出禮書以待命。

授經之托　後漢陳元傳：議立左氏疏曰：「丘明至賢，親受孔子，公羊、穀梁傳聞於後世。」

周內史　桓二年：取郜大鼎於宋，納于太廟，非禮也。臧哀伯諫云云。周內史聞之曰：「臧孫達其有後於魯乎！君違，不忘諫之以德。」

閔馬父　昭二十二：王子朝作亂。二十六：王子朝奔楚，使告於諸侯云云。閔馬父聞子朝之辭曰[四]：文辭以行禮也，無禮，文辭何爲！

自我作故　外傳魯語：哀姜至，公使大夫宗婦覿，用幣。宗人夏父展曰：「非故也。」公曰：「君作故。」韋注：言君所作則爲故事。按：此「故」字所本。集中此語屢見，有作「古」者，傳訛也。於最後句補注之。

公穀依違　左昭元經：楚子麇卒。傳：楚公子圍聞王有疾，入問疾，縊而弑之。葬王於郟，謂之郟敖。公、穀經：楚子卷卒。俱無傳，不見弑殺之文，故曰依違也。二傳注：卷音權，左傳作「麇」。

成方遂　漢雋不疑傳：不疑字曼倩。始元五年，有一男子，乘黄犢車，建黄旐，衣黄襜褕，著黄冒，詣北闕，自謂衛太子。詔雜識視。京兆尹不疑叱收縛，曰「昔蒯聵」云云。廷尉驗治，竟得奸詐。本姓成名方遂，居湖，以卜筮爲事。有故太子舍人嘗從卜，謂曰：子狀似衛太子。方遂心利其言，即詐自稱。坐要斬。

雋引公羊　公羊哀二：輒者曷爲者也？蒯聵之子也。輒之義可以立乎？曰可。不以父命辭王父命，以王父命辭父命，是父之行乎子也。不以家事辭王事，以王事辭家事，是上之行乎下也。按：其義與夫子「不爲」「必也正名」相違反。

其言河漢　莊子逍遥游：吾聞言於接輿，吾驚怖其言，猶河漢而無極也。

晉霸屠岸　此言國未失霸，不應有權臣擅攻事也。宣十二：晉荀林父帥師及楚戰於邲，敗績，歸請死。士貞子曰：林父社稷之衛也，其敗何損。晉侯使復其位。杜注：言晉景所以不失霸。按：是歲晉景公三年也。史記趙世家：晉景公之三年，大夫屠岸賈不請而擅攻趙氏於下宮，殺趙朔，滅其族。朔妻成公娣走公宮，生男。賈聞之，索於宮中，不得。程嬰、公孫杵臼謀匿趙孤。

魯儁馬驚　此言戰方獲儁，不應有馬驚敗績事也。莊十：齊師、宋師次于郎，公子偃曰：「宋師不整。」蒙皋比而先犯之。公從之，大敗宋師於乘丘。齊師乃還。又十一傳〔五〕：凡師得儁曰克。檀弓：魯莊公及宋人戰于乘丘，縣賁父御，馬驚，敗績，遂死之。圉人浴馬〔六〕，有流矢在白肉。

遇邲兩棠　此就邲戰一事而言，見書地多訛也。　遇邲，即前宣十二年晉、楚戰事。杜注：邲，鄭地。按：今開封府鄭州東有地名邲城是。新書先醒篇：昔楚莊王即位，自静三年，以講得失。宋、鄭無道，莊王圍宋伐鄭。鄭伯肉袒牽羊，奉簪而獻國。莊王曰：「非利之也。」弗受。乃南與晉人戰於兩棠，大克晉人。按：地或有兩名者，但晉、鄭在北，乃反云南，失之遠矣。

睦晉覘哭　此據弭兵修睦之文，見覘伐非情也。　襄二十七：宋向戌善於趙文子，又善於令尹子木〔七〕，欲弭諸侯之兵以爲名。如晉，告趙孟。韓宣子曰：兵，民之殘也。將或弭之，必許之。按：是時宋子罕方爲司城。禮檀弓：陽門之介夫死，司城子罕入而哭之哀。晉人之覘宋者反，報於晉侯曰〔八〕：民悦，殆不可伐也。

滅項爲諱　此則魯滅、齊滅之異其文。　僖十六：會於淮。十七：滅項。淮之會，公有諸侯之事，未歸而取項。齊人以爲討而止公。公羊傳：孰滅之？齊滅之。曷爲不言齊滅之？爲桓公諱也。春秋爲賢者諱。此滅人之國，何賢爾？君子之惡惡也疾始，善善也樂終。桓公嘗有繼絶存亡之功，故君子爲之諱也。

再盟失政　此則繼霸、失政之歧其說。　襄三：夏，盟于長樗。又：單頃公及諸侯盟于雞澤，陳成公使袁僑如會。諸侯之大夫及陳袁僑盟，陳請服也。按：時則晉悼方繼霸爲盟主。穀梁傳：諸侯盟，又大夫相與私盟，是大夫張也。故雞澤之會，諸侯始失正矣，大夫執國權。

秦穆荆平　此言一前一後，年不相及。僖十三：晉乞糴於秦。十五：晉侯與秦伯戰於韓原。文三：秦伯伐晉，遂霸西戎，用孟明也。按：秦穆見春秋魯僖、文之交。列女傳：伯嬴者，秦穆公之女，楚平王之夫人，昭王之母也。昭王時，吴入郢，王亡。吴盡妻其后宫。伯嬴持刀曰：諸侯外淫者絶，卿大夫放，士庶人宫割。妾以死守，欲爲樂而妾死，何益！吴王慚，遂退舍。按：秦女，即楚平爲太子建取而自取者，事去秦穆時逾百年矣。

韓魏楚莊　此言一後一前，事不相及。按：左傳盡魯悼之四年，其文云：「知伯貪而愎，韓、魏反而喪之。」是先事究言之文。滑稽傳：優孟者，故楚之樂人也。楚莊王有所愛馬死，欲以大夫禮葬之。優孟曰：薄，請以人君禮葬之，齊、趙陪位於前，韓、魏翼衞其後。裴駰注：楚莊時未有韓、魏、趙三國。

列子鄭穆　此言列生於尼父後，稱鄭穆年，非也。哀十六：夏四月己丑，孔某卒。注：魯襄公二十二年至今七十三也。列子天瑞篇：孔子見榮啓期行乎郕之野，鹿裘帶索，鼓琴而歌。又有仲尼名篇，蓋其書舉孔子者非一。劉向諸子略：所校列子，定著八篇，皆殺青書。列子者，鄭人也，與鄭繆公同時，蓋有道者也。按：左傳，穆公有疾，刈蘭而卒，在宣三年。又五十五年始有孔子，豈書稱孔子者，人反在前乎？

虢公簡子　此言虢亡於趙簡前，活太子事妄也。　僖五：晉侯復假道於虞以伐虢。十二月丙子朔，晉滅虢。春秋諸國興廢説：虞、虢紀不録，俱早亡。　扁鵲傳：趙簡子疾，五日不知人，召扁鵲。扁鵲入視病，出曰：「血脈治也。」居二日半，簡子寤。其後過虢，虢太子死，扁鵲曰：臣能生之。虢君聞之，出曰：「幸而舉之。」扁鵲厲鍼砥石，以取外三陽五會，太子蘇。按：簡子，趙鞅也，春秋定、哀間人，于時虢亡久矣。

欒書晉文　此言本國後世之臣誤移前世也。　成四：晉欒書將中軍。六年：欒書救鄭，侵蔡，楚救蔡。趙同、趙括欲戰，請於武子。注：武子，欒書。按：在晉景年。新序雜事：晉文公逐麋而失之，問於農夫老古。老古曰：「一不意人君如此也，」「君放不歸，人將君之。」文公恐，歸遇欒武子。武子曰：「獵得獸乎？」曰：「得善言。」曰：「取人之言而棄其身〔九〕，盜也。」文公還，載老古與俱歸。按：文公，景公之祖。

荀息晉靈　此言本國前代之臣誤移後代也。　僖九：晉獻公使荀息傅奚齊。及公卒，里克殺奚齊于次，又殺公子卓于朝，荀息死之。　文選西征賦注：説苑云：晉靈公造九層之臺，孫息上書求見，曰：「臣能累十二博棋，加九雞子其上。」公曰：「危哉！」息曰：「復有危於此者。」公即壞九層之臺。按：孫息即荀息，避宣帝諱，改孫也。又按：今本説苑無此條。史云知幾子既著續説苑，廣向所遺而刊落怪妄。今豈其刊本邪？又曾鞏序更有不全之説，見雜説下注。晉世家：靈公，獻公曾孫。

汲冢書　見春秋家。又晉束晳傳：太康二年，汲郡人不準盜發魏襄王墓，或言安釐王冢，得竹書數十車。其紀年十三篇，記夏以來，至周幽王爲犬戎所滅，以事接之。三家分□，仍述魏事，至安釐王之二十年。蓋魏國之史書，大略與春秋皆多相應。其中經、傳大異，則云夏年多殷；益干啓位，啓殺之；太甲殺伊尹；文丁殺季歷；自周受命至穆王百年，非穆王壽百年也；幽王既亡，有共伯和者攝行天子事，非二相共和也。其易經二篇，與周易上下經同。易繇陰陽卦二篇，與周易略同，繇辭則異。卦下易經一篇，似說卦而異。公孫段二篇，公孫段與邵陟論易[一〇]。國語三篇，言楚、晉事。□名三篇，似禮記，又似爾雅、論語。師春一篇，書左傳諸卜筮，「師春」似是造書者姓名也。瑣語十一篇，諸國卜夢妖怪相書也。梁丘藏一篇，先敍魏之世數，次言丘藏金玉事。繳書二篇，論弋射法。生封一篇，帝王所封。大曆二篇，鄒子談天類也。穆天子傳五篇，言周穆游行四海，見帝臺、西王母。圖詩一篇，畫贊之屬也。又雜書十九篇：周食田法、周書、論楚事、周穆王美人盛姬死。大凡七十五篇，七篇簡書折壞，不識名題。冢中又得銅劍一枚，長二尺五寸。漆書科斗字。初發冢者燒策照取寶物，及官收之，多燼簡斷札。文既殘缺，不復詮次。武帝取其書付秘書校綴次第，尋考指歸，而以今文寫之。晳在著作，得觀竹書，隨疑分釋，皆有義證。

劉歆作五原守　楚元王傳：歆以爲左丘明親見夫子，而公羊、穀梁在七十子後，傳聞之與親見，詳略不同，欲建立左氏春秋。哀帝令與五經博士講論，博士不肯置對。歆移書讓之，諸儒皆怨訕。歆懼誅，求出補吏，乃守五原。

王接荀顗　晉王接傳：接字祖游。時秘書丞衛恒考正汲冢書未訖，東晳述而成之，陳留王庭堅難之。散騎潘滔謂接曰：「卿足解二子之紛。」接遂詳其得失。摯虞、謝衡皆博物多聞，咸以爲允當。

又荀勖傳：勖字公曾，漢司空爽曾孫也〔二〕。時得汲冢中古文竹書，詔勖撰次之，以爲中經。

按：荀顗傳中無汲冢書語。

志在春秋四句　公羊何序：昔者孔子有云：「吾志在春秋，行在孝經。」疏：案孝經鉤命決云：「孔子在庶，德無所施，功無所就，志在」云云。又疏：孝經說云：「孔子曰：春秋屬商，孝經屬參。」困學紀聞：中庸鄭注云：大經，春秋也；大本，孝經也。泥於緯書，其說疏矣。

校勘記

〔一〕稱行人　「稱」原作「執」，據左傳注改。

〔二〕讙語也　「語」原作「言」，據說文改。

〔三〕春秋左氏長經二十卷　「經」原作「義」，據隋書改。

〔四〕閔馬父聞子朝之辭　「辭」上原有「文」字，據左傳刪。

〔五〕又十一傳　「十一」原作「十二」，據左傳改。

〔六〕圉人浴馬　「圉」原作「國」，據禮記改。

〔七〕令尹子木　「木」原作「文」，據左傳改。

〔八〕報於晉侯曰 「晉」原作「平」，據禮記改。

〔九〕取人之言而棄其身 「言」原作「善」，據新序改。

〔一〇〕公孫段與邵陟論易 「陟」原作「涉」，據晉書改。

〔一一〕漢司空爽曾孫也 「曾」字據晉書補。

史通通釋卷十五

外篇

點煩第六

「煩」或作「繁」，文内並同。○小序一，正條十四。

夫史之煩文，已於敘事篇言之詳矣。舊有「然凡俗難曉，下愚不移」九字，可厭，宜削。雖七敘事篇在六卷，疑當作「六」。卷成言，而三隅莫反。蓋語曰：「百聞不如一見。」是以聚米爲谷，賊虜之虚實此二字一止作「居」字。可知；畫地成圖，山川之形勢一少「勢」字。易悉。釋：揭出丹黄點示之象。昔陶隱居本草，藥有冷熱味者，朱墨點其名；阮孝緒七録，書有文德殿者，丹筆寫其字。由是區分有別，品類可知。釋：援出成式可仿。今輒擬其事，鈔自古史傳文有煩者，皆以筆點其煩一無「煩」字。上。原注：其點用朱粉、雌黄並得。凡字經點者，盡宜去之。如其間有文句虧缺者，細書側注於其右。原注：其側書亦用朱粉、雌黄等，如正行用粉，則側注者用朱黄，以此爲別。或回易數字，或加足片言，俾分布得所，彌縫無闕。庶觀者易悟，其失自彰。知一作「如」。我摭實而談，非是一作「是非」。苟誣前哲。釋：結明所以鈔明點示之意。

按：河東云：參之太史以著其潔。潔非瘦削之謂也。劉子則以削爲宗。然當六朝塗澤之餘，從未有此辣手刮世眼者，故是韓、柳輩前驅也。可惜傳刻失真，點去文留，譬眺古者，空憑廢迹而已。

聚米爲谷　後漢馬援傳：援字文淵。屯田上林苑中。帝自西征隗囂，至漆，召援。援於帝前聚米爲山谷，指畫形勢，開示衆軍所從道徑往來，分析曲折，昭然可曉。帝曰：「虜在吾目中矣。」

畫地成圖　漢張湯傳：湯子安世。安世長子千秋，與霍光子禹隨擊烏丸。還，謁大將軍光，問戰鬬方略，山川形勢。千秋口對兵事，畫地成圖，無所忘失。禹不能記，曰：「皆有文書。」光由是歎曰：「霍氏世衰，張氏興矣。」

孔子家語曰：魯公索氏將祭而忘其牲。孔子聞之，曰：「公索氏不及二年一有「必亡」三字。矣。」一年而亡。門人問曰：「昔公索氏亡其祭牲，而夫子曰『不及二年必亡。』今果如期而亡，夫子何以知然？」

右除二十四字。

按：篇內加除標數，舊作小書，繫本條大書之下。茲緣增有小注及摘辯語，因移置次行，亞一格，大書。「除」

上加「右」字。

標數必不免有差誤，點失無考，惜哉！

家語曰：晉將伐宋，使覘之。宋陽門之介夫死，司城子罕哭之哀。覘者反，言於晉侯曰：「宋陽門之介夫死，而郭無「而」字。司城子罕哭之哀。民咸悅矣，宋殆未可伐也。」

右除二十一字，加三字。「加」一作「移」。

按：此條亦見檀弓。

點煩本點史筆之煩，而首之以家語一條者，蓋假前古複疊文法，啓示其端。隨手涉筆偶及之，非有所定主也。

已下大概皆就史記點之，亦是隨筆所至。

史記五帝本紀曰：諸侯之史無「之」字。朝覲者，不之丹朱而之舜；百姓之史無此二字。獄訟者，不之丹朱而之舜；謳歌者，皆古本有「皆」字，史内無「皆」字。不謳歌此二字一作「之」字。按：一作「之」字者，當是除前「獄訟」句内「不之」等七字，並入此一句中，故加「皆」字以該之。則其下「謳歌」二字亦當作「之」字也。丹朱而謳歌舜。已上堯紀。

舜年二十以孝聞，三十而帝堯問可用者云云。

舜年二十以孝聞，年舊脱「年」字。三十，「舜年」以下等字，古本有，俗本削。堯舉之。已上舜紀。

右除二十九字，加七字。

按：文内如「百姓之」三字及「之」字「皆」字等，即細書側注之所加也。傳寫者混入之。今轉嫌混而存者，遺落不全耳。又節内有空格者＊，以意起例，別斷文也。如「謳歌舜」之下，則堯、舜二紀分章處；「用者云云」之下，則舜紀中間節句處也。凡此類，後皆仿是。

舜年二十複出之文見舜紀篇尾，劉所點除，正在於此。古本有之，而郭本削之，點安所施？北平本反從郭本，未之思耳。

夏本紀曰：禹之父曰鯀，鯀之父曰帝顓頊，顓頊之父曰昌意，昌意之父曰黄帝。禹者，黄帝之玄孫，而帝「帝」字照史補。顓頊之孫也。禹之曾大父舊衍「曰」字。昌意及父鯀皆不得在帝位，爲人臣。

右除五十七字，加五字。除數太多，恐有誤。

案顓頊紀中已具云「黄帝是顓頊祖矣」，此篇下云「禹是顓頊孫」，則其上不得更言「黄帝之玄孫」。既上云「昌意及鯀不得在帝位」，則於下文不當復云「爲人臣」。今就於朱點之中，復有此重複，造次筆削，庸可盡乎？

按：此上四行，舊本與除加標數連下，今離列之，似較清畫也。

項羽本紀曰：項籍者，下相人也，字羽。初「初」字照史補。起時，年二十四。其季父項梁，梁父即「即」字照史補。楚將項燕，爲秦將王翦所殺史作「戮」。者也。項氏世世史有「爲」字。

楚將，封於項，故姓項氏。

右除三十二字，加二十四字，釐革其次序。

按：此條皆史記原文，不見有加字處。蓋其所云細書側注者，已盡失之矣。抑恐此條所鈔，亦當不止於此。若止此三行，亦安得有三十餘字之除革乎？况文内殊少煩複，異於他所摘者，亦安所庸其除革乎？更恐此條原本全失，但存「項羽本紀」四字，後人聊寫篇頭數語以當之耳。

呂后郭誤作「氏」。本紀曰：呂太后者，高祖微時妃也，生孝惠帝、史有「女」字。魯元公主。及高祖爲漢王，得定陶戚姬，愛幸，生趙隱王如意。高祖嫌史無此三字。孝惠爲人仁弱，高祖以爲不類我，常欲廢太子，立戚姬子如意，如意郭脱「如意」二字。類我。又史無「又」字。戚姬幸，常獨史無「獨」字。從上之關東，日夜啼泣，欲立其子如意，以史無此三字。代太子。呂后年長，常留守，希見上，益疏。如意立爲趙王後，幾代太子者數矣。賴大臣諍史作「争」。之，及留侯策，太子得無廢。原注：此事見高、惠二紀及諸王、叔孫通、張良等傳，過爲重叠矣。今又見於呂后紀，固可略而不言。〇劉意蓋謂並可不點矣，而史既有之，姑就其文點之。

右除七十五字，加十字。據文止加八字。

按：此除加一行，舊亦與前注並寫，今照例離立。

按：文亦多「高祖嫌」「又」「獨」「如意以」等字，欲去煩而煩轉滋矣。故知皆側注所加之文也，而點則失之，蓋見加不見除也。

宋世家曰：初，元公之孫糾，景公殺之。史無此十字，皆細書混入者。景公卒，糾之此二字史作「宋」。公據上易「糾之」字，則此「公」字亦宜省。子特攻殺太子而自立，是爲昭公。昭公者，此下史有「元公之曾庶孫也昭公」九字。父公孫糾，糾父公子郭脱此二字。褍秦，史疊「褍秦」二字。即元公少子也。景公殺昭公父糾，故昭公怨，殺太子而自立。據節首所加，則自「昭公者」以下，大半皆在所點除也。

右除三十六字，加十三字。據文止加十二字。

按：諸條間有加字闌入處，而無除去原文之文。獨此失「元公曾庶孫」等九字，必是朱黄所點，點或稍重，侵入字裏，傳寫者遂遺去之，實亦應留受點者也。

三王世家曰：大司馬臣去病昧死再拜，上疏皇帝陛下：「陛下過聽，使臣去病待罪行間，宜專邊塞之思慮。暴骸中野，無以報，乃敢惟他議以干用事者。誠見陛下憂勞天下，哀憐百姓以自忘，虧膳貶樂，損郎員。皇子賴天能勝衣趨拜，至今無號位、師傅官。陛下恭讓不恤，羣臣私望，不敢越職而言。臣竊不勝犬馬之史無「之」字。下同。心，昧死願陛下詔有司，因盛夏吉時，定皇子位。惟陛下幸察。臣去病昧死再拜以聞皇帝陛下。」三月乙亥，御史臣光守尚書令奏未央宮。郭脱「宫」字。制曰：「下御史。」六年三月戊申朔，乙亥，御史臣光、守郭脱「守」字。尚書令、丞非下御史，書到，言：「丞相臣青翟、御史大夫臣湯、太常臣充、大行令臣息、太子少傅臣安行宗正事昧死上言：大司馬臣去病上疏曰：『陛下過聽，使臣去病待罪行間，宜專邊塞之思慮。暴骸中野，無以報，乃敢惟他議以干用事者。誠見陛下憂勞天下，哀憐百姓以自忘，虧膳貶樂，損郎員。皇子賴天能勝衣趨拜，至今無號位、師傅官。陛下恭讓不恤，羣臣私望，不敢越職而言。臣竊不勝犬馬之心，昧死願陛下詔有司，因盛夏吉時，定皇子位。惟陛下幸察。』制曰：『下御史。』臣謹「謹」字照史補。與中二千石、二千石叠三字照史補。臣賀等議曰：史無「曰」字。古者裂地立國，並建諸侯以承天子，所以尊宗廟、重社稷也。今臣去病上疏，不忘其職，因以宣恩，乃道天子卑讓自貶以勞天下，慮皇子未有號位。臣青翟、臣湯等宜奉義遵職，愚蠢史作「憧」，音義同。不逮事。方今盛夏吉時，臣青翟、臣湯等郭本此上脱二十二字。昧死請立皇子臣閎、臣旦、臣胥爲諸侯王。昧死請所立國名。」

右除一百八十四字，加一字。據文加三字。

已上有言語相重者，今略點廢如此。但此一篇所記全宜削除，今輒具列於斯，藉爲鑒戒者爾。凡爲史者，國有詔誥，十分不當取其一焉。句意過當，有誤。故漢元帝詔曰：「蓋聞安民之道，本由陰陽。間者，陰陽錯謬，風雨不時。朕之不德，庶幾羣公有敢言朕之過者。今則不然，偷合苟從，未肯極言，朕甚憫焉。永惟蒸庶之飢寒，遠離父母妻子，勞於非業之作，衞於不居之宫，恐非所以佐陰陽之道也。其罷甘泉、建章宫衞士，各令就農。百官各省費，條奏毋有所諱。有司勉之，毋犯四時之禁。丞相、御史舉天下明陰陽災異者各三人。」及荀悦撰漢紀，略其文曰：「朕惟衆庶之飢寒，遠離父母妻子，勞於非業之作，衞於不居之宫。其罷甘泉、建章宫衞士，各令就農。丞相、御史舉天下明陰陽災異者各三人。」自餘鈔撮，他皆仿此。近則天朝諸撰史者，凡有制誥，一字不遺，唯去詔首稱「門下」，詔尾去諸本作「云」，誤。「主者施行」而已。時武承嗣監修國史，見之大怒，謂史官曰：「公輩是何人，而敢輒減詔書！」自是史官寫詔書，雖門下贊詔亦録。後予聞此說，每嗢噱或作「唱歎」，或作「唱噱」，並誤。而已。必以三王世家相比，其煩碎則又甚於斯。是知史官之愚，其來尚矣。今之作者，何獨笑武承嗣而已哉！

按：已上一段是引例語，亦係另文，舊本混作正條，謬甚。今刊置之。

按：御史敍録霍疏，大似近代公移，每轉行一番，必全敘一番。所以然者，一以免鈍胥之摘句失當也，一以防奸吏之舞文售欺也。乃若垂爲史法，安可不知所裁。

魏公子傳曰：高祖始微少時，數聞公子賢。及即天子位，每過大梁，常祠公子。高祖十二年，從擊黥布還，爲公子置守冢五家，世世歲以四時奉祠公子。太史公曰：吾過大梁之墟，求問其所謂夷門，以徵信陵君故事。說者云：當戰國之時，史無「以徵」以下十五字。夷門者，城之東門也。天下諸公子亦有喜照史改，舊誤作「嘉」。士者矣，然而信陵君之接巖穴隱者，不恥下交。名冠諸侯，有以也。此七字，史作「有以也，名冠諸侯不虛耳。」高祖每過之，奉祠二字照史刊正，郭、王本並倒。不絕也。舊脫「也」字。

右除十五字，加二十字。加數亦不合。

按：此條亦見加不見除之一證。傳贊加字，反覺退味。此其手筆落時處，攻者顧莫之察。要是此書敗端也。愚不敢蔽。

魯仲連傳曰：仲連好奇偉倜史作「俶」，音義同。儻之畫，史有「策」字。而不肯仕官王訛作「宦」。任職，好持高節。游於趙。趙照史疊「趙」字。孝成王時，而秦王使白起破趙長平之軍前後四十餘萬。秦史有「兵」字。遂東圍邯鄲。趙王恐，諸侯之救兵莫敢擊秦軍。「軍」字照史補，亦作「兵」。魏安釐王使將軍晉鄙救趙，畏秦，止於蕩陰，不進。魏王使客將軍新垣衍間入邯鄲，因平原君謂趙王曰：「秦所爲或作「以」。急圍趙者，前與齊湣史衍，下同。王爭强爲帝，已而復歸帝號。史無「號」字。今齊湣王已益弱，方或脫「方」字。今惟秦雄天下，此非必貪邯鄲，其意欲復求爲帝。趙誠發使尊秦昭史衍。王爲帝，秦必喜，罷兵王衍「而」字。去。」平原君猶豫未有所決。此時魯史有「仲」字。下同。連適游趙，會秦圍趙。聞魏將欲令趙尊秦爲帝，乃見平原君曰：「事將奈何？」平原君曰：「勝也何敢言事！前亡四十萬之衆於外，今又內圍邯鄲而不能「能」字照史補。去。魏王使客將軍新垣衍令趙帝秦，今其人在此，史作「是」。勝也何敢言事！」魯連曰：「吾始以君爲天下之賢公子也，吾乃今然後知君非天下之賢公子也。梁客新垣衍安在？吾請史作「且」。爲君責而歸之。」平原君曰：「勝請爲紹介而見之於先生。」平原君遂見新垣衍曰：「東國有魯連先生者，今其人在此，勝請爲紹介，而交之於將軍。」新垣衍曰：「吾聞魯連先生，齊史有「國」字。之高士也。衍，人臣也，使事有職，吾不願見魯連先生。」平原君曰：「勝史有「既」字。已洩之矣。」新垣衍許諾。魯仲連見新垣衍而無言。新垣衍曰：「吾視居此圍城之中者，「者」字照史補。皆有求平原君者也。今吾觀先生之玉貌，非有所求於平原君者也，曷爲一脫「爲」字，史又有「久」字。居此重圍「重圍」，史作「圍城」。之中而不去？」魯連云云。

「梁未覩秦稱帝之害故耳。此二字一作「也」。使梁覩秦稱帝之害，則必助趙矣。」新垣衍曰：「秦稱帝之害奈何？」魯連曰：云云。

「吾將使秦王烹醢梁王。」新垣衍怏然不悅曰：「嘻！史作「噫嘻」。亦太一脫「太」字。甚矣，先生之言也！先生又烏一作「焉」。能使秦王烹醢梁王！」魯連曰：「固也，誤作「矣」。吾將言之」云云依例當有「云云」字，舊脱。

「今秦萬乘之國也，梁亦萬乘之國也。俱據萬乘之國，交史作「各」。有稱王之名，覩其一戰而勝，欲從而帝之」云云。

於是新垣衍起，再拜舊多「而」字。謝曰：「始以先生爲庸人，吾乃今日知先生爲天下之士也」云云。「云云」字亦舊脱。

適會魏公子無忌奪晉鄙軍以救趙，擊秦軍，秦軍舊脱「秦軍」二字。遂引而去。於是平原君欲封魯連，魯連照史疊「魯連」二字，諸本脱。辭謝者三，此四字史作「辭讓使者三」。終不肯受。平原君乃置舊訛「致」。酒，酒酣，起前，以千金爲魯連壽云云。

右除二百七十五字，加七字。「二百」一作「三百」。

屈原賈生二字舊脱。傳曰：依例當有「曰」字，今補。漢有賈生爲長沙王太傅，過湘水，投書以弔屈原。賈生名誼，洛陽人也云云。二字亦依例補。

謫「謫」字，史作「乃以」二字。賈生爲長沙王太傅。賈生既辭往，史有「行」字。聞長沙卑濕，自以爲史無「爲」字。壽不得長，又以謫去，意不自得。及渡湘水，爲賦以弔屈原，其詞曰云云。

賈生爲長沙史有「王太」二字。傅三年，有鴞飛入賈生舍，止於坐隅，楚人命鴞曰鵩。賈生既以謫居長沙，長沙一脱「長沙」叠字。卑濕，自恐「恐」字史作「以爲」二字。壽不得長，傷悼之，乃爲賦以自廣。其詞曰云云。

懷王騎，墮馬而死，無後。賈生自傷爲傅二字脱，照史補。無狀，哭泣二字脱，照史補。歲餘，亦死，時年三十三舊訛「二」。矣。

右除七十六字，加三字。

扁鵲倉公傳曰：太倉公者，齊太倉長，臨淄人也，姓淳于氏，一脱「氏」字。名意。少而喜醫方術。高后八年，更受師同郡元里公乘陽慶。慶年七十餘，無子，使意盡去其故方，更悉以禁方與之，傳黄帝、扁鵲之脉書，五色診病，知人死生，决嫌疑，定可治，及藥論甚精。受之三年，爲人治病，决死生「决嫌疑」以下六句，古本有，俗削。多驗云云。二字亦依例補。

詔召「召」字照史補。問所爲治病死生驗者幾何人？主名爲誰？詔問故太倉長臣意方伎所長，及所能治病者，「者」字照史補。有其書無有？皆安受學？受學幾何歲？嘗有所驗，何縣里人也？何病？醫藥已，訛作「與」，照史改。其病之狀皆何如？具一作「其」。悉而一作「以」。對。臣意對曰：自意少時喜醫藥史叠「醫藥」二字。方，試之多不驗者。至高皇「皇」字史脱。后八年，舊多「中」字。得見師臨淄元里公乘陽慶。慶諸本「慶」字作「已」字。年七十餘，意得見事之。謂意曰：「盡去而方書，非是也。慶有古先道遺傳黄帝、扁鵲之脉書，五色診病，知人死生，决嫌疑，定可治，及藥論「論」字補。書甚精。我家給富，心愛公，欲盡以我禁方書悉教公。」臣意即曰：「幸甚，非意之所敢望也。」臣意即避席再拜謁，受其脉書上下經、五色診、奇史音「羈」。咳術、揆度陰陽外變、藥論、石神、接陰陽禁書，受讀解驗之，可一年。史有「所」字。明歲即驗之，有驗，「之有驗」三字脱，照史補。然尚未精也。要事之三年所，即嘗諸本脱「即」字，「嘗」作「常」。以爲人史有「治」字。診病，决死生，有驗，精良。今慶已死十年。史有「所」字。臣意年盡三年，二字脱，照史補。三十九歲一脱「歲」字。也。齊侍御「御」字脱，照史補。史成自言病頭痛，「頭痛」或誤作「也」，或誤作「邪」。臣意診其脉，告曰：「君之病惡，不可言也。」**原注：**已下皆述一生醫療效驗事。〇此十一字，諸本皆與標數併寫，愚意移作尾注爲是。

右除二百九十五字。

按：本節前段先有「决嫌疑」六句二十二字，亦由點重侵字而遺者，古本有之。須悟是篇諸所採摘，文愈複則點煩之意愈顯。注家以爲此廢卷也，竟束史不詳，孤負多矣。

宋世家初云「襄公嗣立」，一訛「位」。後詳文義，當有「後」字，諸本脱。仍謂爲宋襄公，不去「宋襄」一多「公」字，非。二字。吴世家云闔閭，越世家云勾踐，每於其號上加「吴王」、「越王」字，句句未嘗捨之。孟嘗君傳曰：「馮公形容狀貌甚辨。」案形容、狀貌同是一説，而敷演重出，分爲四言。凡如此流，不可勝載。其十二諸侯表曰：「孔子次春秋」，「約其辭文，去其煩重。」又屈原傳曰：「其文約，其辭微。」觀子長此言，實有深鑒。及自撰史記，榛蕪若此，豈所謂非言之難而行之難乎？

按：此一節再就史記統摘之，以概其餘，亦非點煩正條，故亦用亞一格之例。

漢書龔遂傳曰：上遣使者徵遂，議曹王生請史作「願」。從。功曹以爲王生素諸本作「每」，照史改。嗜酒，亡節度，不可使。諸本作「從」，照史改。遂不聽。「聽」字史作「忍逆」二字。從至京師，王生日飲酒，不視太守。會遂引入宮，王生醉，從後呼曰：「明府且止，願有所白。」遂還問其故。王生曰：「天子即問君何以治渤海，君不可有所郭脱「所」字。陳對，宜曰：『皆聖主之德，非小臣之力也。』」遂受其言。既至前，上果問以治狀，遂對如王生。史有「言」字。天子悦其有讓，笑曰：「君安得長者之言而稱之？」遂因前曰：「臣非知此，乃臣議曹教戒臣也」云云。上以議曹王生爲水衡丞。

右除八十四字。

新晉書袁宏傳曰：袁宏有逸才，文章絶美，曾爲詠史詩，是其風情所寄。少孤貧，以運租自業。謝尚時鎮牛渚，秋夜乘月，率爾與左右微服泛江。會宏在舫中諷其所作詠史詩，史無此六字，詳下文有「即其詠史」句，不應此處先提，恐是羨文。詠聲既清會，「會」字照史補。詞又藻麗，史作「拔」。遂駐聽久之，遣問焉。答云：「是袁臨汝郎誦詩。」即其詠史之作也。尚傾諸本訛

「頃」，照史改。率有勝致，即迎升舟，與之談論，申旦不寐。自此名譽日茂云云。　從桓温北伐，史作「征」。作北征賦，皆「皆」字照史補。其文之高者。嘗與王珣、伏滔同在舊衍「桓」字。温坐，温令滔讀其北征賦，至「聞所傳於相傳，云獲麟於此或訛「北」。野，誕靈物以瑞德，奚授或訛「受」。體於虞者！疚尼父之慟泣，似實慟而非假，豈一性之足傷，乃致傷於天下。」其本至此便改韻。珣云：「此賦方傳千載，無容率爾。今於『天下』之後，諸本衍「便改」二字，不成語。移韻徙諸本訛「從」，照史改。事，然於寫送之致，似爲未盡。」滔云：「得益寫韻一句，或爲小勝。」史有「温曰卿思益之」六字。宏應聲答曰：「感不絕於予心，愬流風而獨寫」云云。

謝安嘗賞其機對辯速，後安爲揚州刺史，宏郭脱「宏」字。自吏部郎出爲東陽郡，乃祖道於冶舊訛「治」。亭，時賢皆集。謝安欲卒迫試之，臨别，執其手，顧郭訛「願」。就左右取諸本作「以」，照史改。一扇而授之，曰：「聊以贈行。」宏應聲答曰：「輒當奉揚仁風，慰彼黎庶。」觀者無不歎服。史無此六字，而「歎」字下復重出，亦恐羨文。時人歎其率或作「卒」。而能要焉。**原注：**此事出檀道鸞晉陽秋及劉義慶世説。

右除一百一十四字，加十九字。

按：節首云新晉書，注又云事出檀、劉，蓋是新晉採二書之語入史也。但文内兩羡句，不類加字細書，亦决非彼書如此。更思之，亦即加字處，其下複句，乃其所點除也。

十六國春秋曰：郭瑀有女始笄，妙選良偶，有心於劉昞。遂別設一席於座前，謂諸弟子郭本作「子弟」，非。凡在坐者皆瑀之及門也。曰：「吾有一女，年向成長，欲覓一快女婿。一作「聟」，即古「婿」字。誰坐此席者，吾當婚或作「婿」。焉。」昞遂奮衣來坐，神志湛魏書作「肅」，不如「湛」字勝。然，曰：「向聞先生欲求快女婿，昞郭脫「昞」字。其人也。」

右除二十二字。文句不多，除數恐不到二十有餘，必有誤。

按： 此節文與魏書劉昞傳同。

總按： 點煩一篇，點既失傳，靡從檢核矣。然深心嗜古者，按切史篇，循文審校，亦自理緒可尋。諸家或未暇也，故訛漏尤多云。

點煩所列，皆檢章句最繚繞者，爲條總十有四，而摘遷史者乃居其九，蓋舉正史首部以發凡也。太史公雜取國語、世本、國策之羣書而彙爲一書，疊見複出，古趣自流。數墨尋行，大家弗屑，雖煩亦復何疵！然劉氏之前，論之者已振振有辭矣。班叔皮曰：「一人之身，文重思煩，故其書刊落不盡，尚有盈辭也。」觀是書者，切磋究之，固不必爲煩者病，亦不得謂點者苛。**補按：** 史記內所摘三王世家一節，劉氏施點固允，而辨類却疏，何也？事係當日現件，安得預撰世家？其時漢初，作誥録卷式一宗，可備禮書一款。當云題目語爾，何煩不煩之云！又張晏注以爲篇亡，褚補作也。

---

* 本篇各節空格，這次排印時一律改爲分段。

史通通釋卷十六

外篇

雜説上第七　二十五條。

春秋二條。○舊本紀條，大書直下。然其中連斷多舛，非原文也。今改用側注。

案春秋之書弑也，稱君，君無道；稱臣，臣之罪。如齊之簡公，未聞一脱「聞」字。失德，陳恒構逆，罪莫大焉。而哀十四年，書「齊人弑其君壬於舒州」。斯則賢君見抑，而賊臣是黨，求諸舊例，理獨有違。但此是絶筆獲麟之後，弟子追書其事。豈由以索續組，不類將聖之能者乎？何其乖刺之甚也。

按：論語：「陳恒弑其君，請討之。」聖語森然，斥弑者以名矣。而春秋乃書人，劉子摘之，是也。

稱君稱臣　宣四左傳：凡弑君，稱君，君無道也；稱臣，臣之罪也。杜注：稱君，謂唯書君名，而稱國以弑，言衆所共絶也。稱臣者，謂書弑者之名，以示來世，終爲不義。改殺稱弑，辟其惡名，取有漸也。

齊人弑　哀十四經〔一〕：六月，齊人弑其君壬于舒州。傳：齊簡公之在魯也，闞止有寵焉。及即位，使爲政。陳成子憚之，驟顧諸朝。子我欲盡逐陳氏，成子兄弟四乘如公。子我在幄，出，遂入。公與婦人飲酒於檀臺，成子遷諸寢。子我歸，陳氏追之，殺諸郭闕。庚辰，陳恒執公于舒州。甲午，陳恒弑其君壬于舒州。孔丘三日齊，而請伐齊，三。按：子我即闞止。

案春秋左氏傳釋經云：滅而不有其地曰入，如入陳，入衛，入鄭，入許，即其義也。至柏舉之役，子常之敗，庚辰吴入，獨書以郢。夫諸侯列爵，並建國都，國謂楚，都謂郢。惟取國名，不稱都號。何爲郢之見入，遺其楚名，比於他例，一何乖踳！尋二傳所載，謂公、穀所載之經。皆云入楚，豈左氏之本，本亦謂經。獨爲謬歟？謬猶誤也。

按：此條糾左也，不以入左傳條而以入春秋，何也？此事左經與公、穀經不同，仍本經以爲言也。入楚、入郢，若此類，讀書略去者何限，可砭心粗者。

釋經曰入　左襄十三經：夏，取邿。傳：凡書取，言易也。用大師焉曰滅，弗地曰入。注：謂勝其國邑，不有其地。

入陳衛鄭許　左宣十一：楚子入陳。閔二：狄入衛。隱十：宋人、衛人入鄭。隱十一：公及齊侯、鄭伯入許。

吴入書郢　定四左氏經：庚辰，吴入郢。傳：吴從楚師，及清發，敗諸雍澨，五戰及郢。庚辰，吴入郢，以班處宫。

二傳云入楚　定四穀梁經〔二〕：庚辰，吴入楚。傳：曰入，易無楚也。易無楚者，壞宗廟，徙陳器，撻平王之墓。公羊經〔三〕：庚辰，吴入楚。傳：吴何以不稱子？反夷狄也。其反夷狄奈何？君舍於君室，大夫舍於大夫室。

左氏傳二條。

左氏之敍事也，述行師則簿領盈視，哤舊訛作「吡」。聒沸騰，論備火則區分在目，修飾峻整；言勝捷則收獲都盡，記奔敗則披靡横前；申盟誓則慷慨有餘，稱譎詐則欺誣可見；談恩惠則煦如春日，紀嚴切則凛若秋霜；敍興邦則滋味無量，陳亡國則凄凉可憫。或腴辭潤簡牘，或美句入詠歌，跌宕而不羣，縱横而自得。若斯才者，殆將工侔造化，思涉鬼神，著述罕聞，古今一衍「之」字。卓絶。如二傳之敍事也，榛蕪溢句，疣贅滿行，華多而少實，言拙而寡味。若必方於左氏也，非唯不可爲魯、衛之政，差肩雁行，亦有雲泥路阻，君臣禮隔者矣。

按：此亦申左之餘也。申左多論載事之合離，此條乃論文字之工拙。衡二傳，太軒輊失平。

哤聒　字本蜀都賦，詳申左注。彼篇舊作「籠聒」，此又作「叱聒」，並「哤聒」之訛也。

左傳稱仲尼曰：「鮑莊子之智不如葵，葵猶能衛其足。」夫有生而無識，有質而無性者，其唯草木乎？然自古設比興，而以草木方人者，皆取其善惡薰蕕，榮枯貞脆而已。必言其含靈畜智，隱身違禍，則無其義也。尋葵之向日傾心，本不衛足，由人覩其形似，强爲立名。亦由作「猶」。今俗文士，謂鳥鳴爲啼，花發爲笑。花之與鳥，一有「又」字。安有啼笑之情哉？必以人無喜怒，不知哀樂，便云其智不如花，花猶善笑，其智不如鳥，鳥猶善啼，可謂之讜言者一無「者」字。哉？如「鮑莊子之智不如葵，葵猶能衛其足」，即其例也。而左氏録夫子一時戲言，以爲千載篤論。成微婉之深累，玷良直之高範，不其惜乎！

按：舊評謂葵猶衛足，似詩家興趣，粘皮帶骨則笨矣。知幾此條，誠不免是。知不如葵，舌端浮佻，無關垂訓。劉氏如曰此非聖人語，則入理矣。

葵猶衛足　成十七：齊慶克通於聲孟子，與婦人蒙衣乘輦而入於閎。鮑牽見之，以告國武子。武子召慶克而謂之。夫人怒，訴之。秋七月，刖鮑牽。仲尼曰：「鮑莊子之智不如葵，葵猶能衛其足。」

公羊傳二條。

公羊云：「許世子止弑其君。」「曷爲加弑？譏子道之不盡也。」其次因言樂正子春之視疾，以明許世子之得罪。尋子春孝道，義感神明，固以「已」通。方駕曾、閔，連蹤丁、蘭。郭。巨。苟事親不逮樂正，便以弑逆加名，斯亦一無「亦」字。擬失其流，責非其罪。蓋公羊、樂正，俱出孔父門人，思欲更相引重，曲加談述。所以樂正行事，無理輒書，無理者，擬不於倫之意。致使編次不倫，比喻非類，言之可爲嗤怪也。

按：弑與孝是善惡兩盡頭處，故以擬失其倫怪之。

許止弑　昭十九公羊：止進藥而藥殺，曷爲加弑焉爾？譏子道之不盡也。樂正子春之視疾也，復加一飯，則脱然愈，復損一飯，則脱然愈，復加一衣，則脱然愈，復損一衣，則脱然愈。止進藥而藥殺，是以君子加弑焉爾。

丁郭　黄補注：逸士傳：丁蘭，河内人。少喪考妣，不及供養，乃刻木爲親形像，事之如生。氏族箋釋：郭巨，林縣人。至孝。生子三歲，母常減食與之。因謂妻曰：貧乏分母之食，盍埋此兒？及掘坑，得黄金一釜。

俱出門人　曝書亭考：戴宏論春秋曰：「子夏傳與公羊高。」梁武帝曰：「公羊稟西河之學。」孔穎達曰：「商授弟子公羊高。」鄭康成曰：「樂正子春，曾子弟子。」按：何休亦曰：「樂正子春，曾子弟子，以孝名聞。」

語曰：「彭蠡之濱，以魚食犬。」斯則地之所富，物不稱珍。案齊密邇海隅，鱗介惟錯，故上客食肉，中客食魚，一脱「食肉中客」四字。斯即齊之舊俗也。然食魴鱠鯉，詩人所貴，必施諸他國，是曰珍羞。如公羊傳云：晉靈公使勇士殺趙盾，見其方食魚飧。曰：子爲晉國重卿而食魚飧，是子之儉也。吾不忍殺子。蓋公羊生自齊邦，不詳晉物，以東土所賤，謂西州亦然。遂目彼嘉饌，呼爲菲食，著之實録，以爲格言，非惟與左氏有乖，亦於物理全爽者矣。

按：土物貴賤，詎云一概，然辯亦稚矣，且又無謂。史通往往有此。若晉陽無竹之類。

上客中客　陳氏學圃藼蘇〔四〕：列士傳曰：孟嘗君食客三千，廚有三列〔五〕，上客食肉，中客食魚，下客食菜。

食魚飧　宣六公羊：趙盾朝而出。靈公使勇士某者往殺之。勇士入其大門，則無人門焉者；入其閨，則無人閨焉者；上其堂，則無人焉。俯而窺其户，方食魚飧。勇士曰：嘻！子爲晉國重卿而食魚飧，是子之儉也。君使我殺子，吾不忍殺子也。

汲冢紀年一條。

語曰：「傳聞不如所見。」斯則史之所述，其謬已甚，况乃傳寫舊記，而違其本録者乎？至如虞、夏、商、周之書，春秋所記之説，可謂備矣。而竹書紀年出於晉代，學者始知后啓殺益，太甲殺伊尹，文丁舊誤作「王」，與疑古同。殺季歷，共伯名和，此四字一本無，一本在「文丁」之上。鄭桓公，厲王之子。句有誤，「厲王」疑本作「宣王」。則與經典所載，乖刺甚多。又孟子曰：晉謂春秋爲乘。尋汲冢瑣語，即乘之流邪？其晉春秋篇云：「平公疾，夢朱羆窺屏。」左氏亦載斯事，而云「夢黄熊入門」。必欲捨傳聞而取所見，則左傳非而晉文一作「史」。實矣。謂左書晉事是他國傳聞，而竹書晉文則出自本國也。嗚呼！向若二書不出，學者爲古所惑，則代成聾瞽，無由覺悟也。「嗚呼」已下二十四字，王、張諸本多作細書，郭本作大書。詳「嗚呼」字非注體起法，姑從郭本。

按：此亦疑古之餘也。贅尾數語，尤爲害理。觀本傳，其子貺嘗以汲冢諸書皆後人追修〔六〕，非當時正史，特著外傳以判之，意亦不直其父説與？雜説中凡此類，皆出成卷書之前，蓋其平日觀書，隨手籍記之所存也。若已作疑古篇，後豈復綴此耶？唐人遺集，蕪章纇句，迭見錯出，不自割棄，多似此。

共伯名和　共和見稱謂篇。竹書紀年：厲王十二年，王亡奔彘。十三年，王在彘，共伯和攝行天子事。

二十六年，王陟于彘。周定公、召穆公立太子靖爲王，共伯和歸其國。

鄭桓厲王子　按：史記鄭世家：鄭桓公友者，周厲王少子，宣王庶弟也。宣王立二十二年，友初封於鄭。而史通之述紀年，亦作厲王子，則與舊典正同，不得云乖剌矣。今考竹書紀年，宣王二十二年，王錫王子多父命居洛。幽王二年，晉文侯同王子多父伐鄫，克之，乃居鄭父之丘，是爲鄭桓公。八年，王錫司徒鄭伯多父命云云。是紀年之書，王子在宣王之年，而名又不同，封又在幽王世。故劉氏與諸異聞連舉，而以紀年之文爲桓是宣子，然則「厲」字之本作「宣」字，無疑也。

朱羆　內、外傳黃能黃熊事，已見書事篇。今朱羆事，云在晉春秋。王訓故引瑣語云：晉平公夢見赤羆而疾，使問子産。子産曰：「昔共工之御曰浮游，既敗于顓頊，自没于淮淵。其色赤，其狀羆。祭顓頊、共工則瘳。」公如其言而疾間。按：晉春秋即瑣語中篇名，非二書也，見卷首春秋家。

史記八條。

夫編年敘事，混雜難辨；紀傳成體，區別異觀。昔讀太史公書，每怪其所採多是周書、謂逸周書。國語、世本、戰國策之流。獨未見左氏內傳，故云。近見皇家所撰晉史，其所採亦多是短部小書，省功易閱者，若語林、世説、搜神記、幽明録之類一作「徒」。是也。如曹、干兩氏紀，孫、檀二陽秋，則皆不之取。故其中所載美事，遺略甚多。**原注：**劉遺民、曹纘皆於檀氏春秋有傳，至於今晉書，則了無其名。若以古方今，此處有脫字。當然諸本並脫「當然」二字。則知一有「太」字。史公亦同其失矣。斯則遷之所録，甚爲膚淺，而班氏稱其勤者，何哉？舊本此下連「孟堅又云」，非是。

按：或疑此爲八條之序，此中不應有序例也。知幾服膺左氏内傳，惜司馬之未見，故首條及之。所云亦略見採撰篇。

所採多小書　按：困學紀聞亦取此條之説，而申之以晁子止之語曰：晉史叢冗最甚。又按：唐書房喬傳亦云：史官多文詠之士，好採碎事，競爲豔體。然則子玄之言，非無據也。

曹干孫檀　隋經籍志：晉紀十卷，晉前將軍諮議曹嘉之撰。又：晉紀二十三卷，干寶撰，訖愍帝。又：晉陽秋三十二卷，訖哀帝，孫盛撰。又：續晉陽秋二十卷，宋永嘉太守檀道鸞撰。

稱其勤　司馬遷傳贊：遷貫穿經傳，馳騁古今，上下數千載間，斯以勤矣。

孟堅又云：劉向、揚雄博極羣書，皆服一作「伏」。其善敘事。釋：本條皆論敘事法，起筆提醒。豈時無英秀，易爲雄霸者乎？不然，何虛譽之甚也。舊本此處分條，非。史記鄧通傳云：「文舊脱「文」字。帝崩，景帝立。」向若但云景帝立，不言文帝崩，斯亦可知矣，何用兼書其事乎？釋：摘論敘事一。○諸本此下分條，又非。又倉公傳稱其「傳黄帝、扁鵲之脉書，五色診病，知人死生，決嫌疑，定可治。」詔一脱「詔」字。召問其所長，對曰：「傳黄帝、扁鵲之脉書。」以下他文，盡同上說。夫上既有其事，下又載其言，言事雖殊，委曲何別？**釋**：摘論敘事又一。案遷之所述，多有此類，而劉、揚服其善敘事也，何哉？**釋**：應轉劉、揚。○一本此處連下條，非。

按：此亦簡晦點煩餘論。

凡章節離立，各有定分。即如此條所言，皆屬敘事，而首尾呼應，復有劉、揚句眼，其爲片段，較然明白。諸本此斷彼連，當開反合，皆所謂隙中觀鬬者也。

向雄皆服　司馬遷傳贊：劉向、揚雄博極羣書，皆稱遷有良史之材，服其善敘事理，辯而不華，質而不俚，其文直，其事核，不虛美，不隱惡，故謂之實録。

文帝崩景帝立　佞幸鄧通傳：文帝嘗病癰，鄧通嘗爲帝唶吮之。太子入問病，文帝使唶癰。唶癰而色難之。已而聞鄧通嘗爲帝唶吮之，心慚，由此怨通矣。及文帝崩，景帝立，鄧通免，家居。按：此事連觀太子已心怨之文，則知「文帝崩」三字可省。

太史公撰孔子世家，多採論語舊說，至管晏列傳，則不取其本書。**原注**：謂管子、晏子也。以爲時俗所有，故不復更載也。案論語行於講肆，列於學官，俗訛作「宫」。重加編勒，祇覺煩費。如管、晏者，諸子雜家，經史外事，棄而不録，實杜異聞。夫以可除而不除，宜取而不取，以斯著述，未覩厥義。

按：論語從何處節採，劉子能見其大。至史公之傳管、晏，論其軼事，意固別有感也。然以史法繩之，畢竟劉言爲正。

列於學官　北平評：作史記時，論語未嘗行於講肆，列於學官。按：漢書藝文志：古論語二十一篇，齊二十二篇，魯二十篇。其總論云：「漢興，有齊、魯之說〔七〕。」是則漢初師承講授，固在壞宅發壁之前矣。即以孔子世家驗之，所採略具，而如傳首伯夷篇亦屢述之，可見其不絕於時也。再按：唐書薛放云：漢時論語首列學官，更當有據也。

昔孔子力可翹關，不以力稱。何則？大聖之德，具美者衆，不可以一介標末，此二字一作「末事」。持爲百行端首也。至如達者七十，分以四科。而太史公述儒林，則不取游、夏之一無「之」字，下同。文學；著循吏，則不言冉、季之政事；至於貨殖爲傳，獨以子貢居先。掩惡揚善，既忘此義；成人之美，不其闕如？

按：此段人多誤會，細按之，非斥儒林、循吏之絀四賢，乃嗤子長之以貨殖累端木也。蓋爲范、白、猗、卓之間，闌及聖門弟子而發。兩層文勢側注，而先以德不稱力比例引端，意可知已。後閱王厚齋考史，已得此解。

孔子翹關　列子說符：孔子之勁，能招國門之關，而不肯以力聞。集韻：招，祁堯切，音翹，舉也。

貨殖　按：史記貨殖列傳卷在六十九，次當末篇，亦意所羞稱也。傳本范蠡居首，子贛第二，漢書因之。

司馬遷自一無「自」字。序傳云：爲太史七年，而遭李陵之禍，幽於縲紲。乃喟然而歎曰：是予之罪也，身虧不用矣。自敍如此，何其略哉！夫云「遭李陵之禍，幽於縲紲」者，乍似同陵陷没，以一作「遂」。置於刑；又似爲陵所間，一作「陷」。獲罪於國。遂令讀者難得而詳。賴班固載其與任安書，書中具述被刑所以。儻無此録，何以克明其事者乎？

按：子長以別簡自罪由，懼史體之褻也。子玄即以報書攻自敍，誠史筆之率也。作書讀書，各自不苟，學者兩有所取法焉。

「七年而遭」句，若刊云「七年而以訟李陵獲罪」，則事由便明。

與任安書　漢書遷本傳：遷既被刑之後，爲中書令，尊寵任職。故人益州刺史任安予遷書，責以古賢臣之義，遷報之云云。按：本傳皆採録史公自序，特於傳末增此一篇，故史通表出之。

漢書載子長與任少卿書，歷説自古述作，皆因患而起。末云：「不韋遷蜀，世傳呂覽。」案呂氏之一少「之」字。修撰也，廣招儁客，比迹春、陵，此頂招客説。下「陵」一作「秋」，誤。共集異聞，擬書荀、孟，此句纔説成書。思刊一字，購以千金，則當時宣布，爲日久矣。豈以遷蜀之後，方始傳乎？且必以身既流移，書方見重，則又非關作者本因發憤著書之義也。而輒引以自喻，豈其倫乎？若要多舉故事，成其博學，何不云虞卿窮愁，著書八篇？而曰「不韋遷蜀，世傳呂覽」，斯蓋識有不該，思之未審耳。

按：從發憤著書得間，此條開宋人説部家言。

不韋　見六家春秋家。

春陵　謂春申、信陵也。班固西都賦：「節慕原、嘗，名亞春、陵。」

虞卿　亦見春秋家。

昔春秋之時，齊有夙沙衛者，拒晉殿師，郭最稱辱；伐魯行唁，臧堅抉死。此閹官一作「宦」，史記、漢書並作「閹官」。見鄙，其事尤著者也。而太史公與任少卿書，論自古刑餘之人爲士君子所賤者，唯以彌子瑕爲始，何淺近之甚邪？但夙沙出左氏傳，漢代其書不行，故子長不之見也。夫博考前古，而捨茲不載，至於乘傳車，探禹穴，亦何爲者哉？

按：此亦惜史公不見左傳之一證。

郭最　左襄十八：晉伐齊，入平陰，遂從齊師。夙沙衛連大車以塞隧而殿。殖綽、郭最曰：「子殿國師，齊之辱也，子姑先乎！」乃代之殿。注：奄人殿師，所以爲辱。

臧堅　左襄十七：齊高厚圍臧紇於防，獲臧堅。齊侯使夙沙衛唁之，且曰：「無死。」堅稽首曰：「拜命之辱。抑君賜不終，姑又使其刑臣禮於士。」以杙抉其傷而死。

魏世家太史公曰：「說者皆曰魏以不用信陵君，故國削弱至於亡。余以爲不然。天方令秦平海內，其業未成，魏雖得阿衡之徒，曷益乎？」釋：已上並魏世家贊語。夫論成敗者，固當以人事爲主，必推命而言，則其理悖矣。釋：提四句起論。蓋晉之獲也，由夷吾之愎諫；秦之滅也，由胡亥之無道；周之季也，由幽王之惑褒姒；魯之逐也，由稠父之違子家。釋：對敗而言，歷舉敗象爲例，就舉例中，先徵人事爲言。然則敗晉於韓，狐突已志其兆；亡秦者胡，始皇久銘其說；厭弧箕服，彰於宣、厲據傳在宣王時。之年；徵褰與襦，顯自文、武舊作「成」。之世。惡名早著，天孽難逃。假使彼四君才若桓、文，德同湯、武，其若之何？釋：將氣數納入人事中。苟推此理而言，則亡國之君，他皆仿此，安得於魏無譏舊衍「責」字。者哉？釋：兜合魏贊。

夫國之將亡也若斯，則其將興也亦然。釋：翻轉對徵。蓋嬀後之爲公子也，其筮曰：八世莫之與京。畢氏之爲大夫也，其占曰：萬名其後必大。姬宗之在水滸也，鸑鷟鳴於岐山；劉姓之在中陽也，蛟龍降於豐澤。斯皆瑞表於先，而福居其後。釋：徵興運則先徵氣數，與前局順逆相乘。向若四君德不半古，才不逮人，終能坐登大寶，自致宸極矣乎？釋：推人事爲氣數主。必如一有「太」字。史公之議也，則亦當以其命有必至，理無可辭，不復嗟其智能，頌其神武者矣。

夫推命而論興滅，委運而忘褒貶，以之垂誡，不其一作「其不」。惑乎？**釋**：至此折到魏贊。自兹以後，作者著述，往往而然。如魚豢魏略議、舊脱「議」字。虞世南帝王論，或敍遼東公孫之敗，**原注**：魚豢魏略議曰：「當青龍、景初之際，有彗星出於箕而上徹，是爲掃除遼東而更置也。苟其如此，人不能違，則德教不設而淫濫首施，以取族滅，殆天意也。」或述江左陳氏之亡，**原注**：虞世南帝王略論曰：「永定元年，有會稽人史溥爲揚州從事，夢人著朱衣武冠，自天而下，手執金版，有文字。溥看之，有文曰：「陳氏五主，三十四年。」諒知冥數，不獨人事。其理並以命而言，可謂與子長同病者也。**釋**：末復引類作餘波。

按：不信機祥，是知幾識高處，勝五行錯誤諸篇。諸雜説中當推此條爲最，論既入理，文復成章，合作可誦。

敗晉於韓　左僖十〔八〕：晉侯改葬共太子。狐突適下國，遇太子。太子曰：「夷吾無禮，余得請於帝矣，將以晉畀秦。」「七日，新城西偏，將有巫者而見焉。」遂不見。及期而往，告之曰：「帝許我罰有罪矣〔九〕，敝於韓。」又十三：晉荐饑，秦輸粟於晉。十四：秦饑，乞糴於晉，晉人弗與。慶鄭曰：「背施幸災，民所棄也。」弗聽。十五：秦伯伐晉，晉侯卜右，慶鄭吉，弗使。戰於韓原，晉戎馬還，濘而止。公號慶鄭，慶鄭曰：「愎諫違卜，固敗是求，又何逃焉。」

亡秦者胡　秦始皇本紀〔一〇〕：燕人盧生使入海還，以鬼神事，因奏録圖書曰：「亡秦者胡也。」裴注：鄭康成曰：「胡，胡亥，秦二世名也。秦見圖書，不知此爲人名，反備北胡。」

檿弧箕服　周宣王時童謡，國語文也，見書事篇。蓋述褒姒禍周事，史記本紀亦載之，其文略同。

徵褰與襦　昭二十五：有鸜鵒來巢，書所無也。師己曰：「異哉！吾聞文、武之世，童謡有之。」謡見言語篇。九月，公伐季氏。平子請以五乘亡，弗許。子家子曰：「君其許之。政之自出久矣，隱民多取食焉，爲之徒者衆矣。日入慝作」，「君必悔之。」弗聽。孟氏遂伐公徒，公孫于齊，次于陽州。按：「文、武之世」，史記作「文、成之世」。賈逵注：魯文公、成公也。但二公非接世者，宜以左傳爲正。

嬀後莫京　莊二十二：陳公子完奔齊，齊侯使敬仲爲卿。初，懿氏卜妻敬仲，其妻占之，曰：「吉。是謂鳳皇于飛，和鳴鏘鏘。有嬀之後，將育于姜。五世其昌。」「八世之後，莫之與京。」

畢萬必大　閔元：晉侯賜畢萬魏，以爲大夫。卜偃曰：「畢萬之後必大。萬，盈數也。魏，大名也。以是始賞，天啓之矣。」初，畢萬筮仕於晉，遇屯之比，辛廖占之，曰：「吉。」「公侯之子孫，必復其始。」

水滸鸑鷟　詩大雅：率西水滸，至於岐下。外傳周語：周之興也，鸑鷟鳴於岐山。

中陽蛟龍　漢高紀：高祖，沛豐邑中陽里人。父太公，母劉媪。劉媪嘗息大澤之陂，夢與神遇。是時雷電晦冥，太公往視，則見蛟龍於其上。已而有身，遂產高祖。

魏略議　魚豢魏略見題目篇。其曰魏略議者，猶史、漢之論贊體也。舊本無「議」字，蓋脱文也。

按：三國裴注亦有引魏略議之文。

帝王論　唐藝文志：虞世南帝王略論五卷。宋中興書目：唐貞觀間，太子中書舍人虞世南承詔撰。起太昊訖隋，凡帝王事迹，皆略紀載，假公子答問以考訂云。

諸漢史十條。

漢書孝成紀贊曰：「成帝善修容儀，升車正立，不内顧，不疾言，不親指。臨朝淵嘿，尊嚴若神，可謂穆穆天子之容貌矣。」已上皆贊語。又五行志曰：成帝好微行，選期門郎及私奴客一訛作「各」。十餘人，皆白衣袒幘，自稱富平侯家〔二〕。或乘小車，御者在茵上，或皆一作「駿」，非。騎，出入遠至旁縣。故谷永諫曰：陛下晝夜在路，獨與小人相隨。亂服共坐，混淆無别。此三句參用疏語，志内無。公卿百寮，不知陛下所在，積數年矣。一作「積有數年」。○已上皆志文，見中上。由斯而言，則成帝魚服嫚游，烏舊作「鳥」。集無度，雖外飾威重，而内肆輕薄，人君之望，不其缺如。觀孟堅紀、志所言，前後自相矛盾者矣。

按：贊與志殊體，有婉辭，有實録，固不相妨。然嘗因是有警焉。臨朝所接，異彼私奴，色莊者流，時聞墮行。推之而讓千乘者勃谿於豆羹，逃空谷者攖情於好爵，皆其類也。故君子慎之。

魚服　張衡東京賦：白龍魚服，見困豫且。注：吳王欲從民飲，伍子胥曰：「昔白龍化爲魚，豫且射中其目。白龍不化，豫且不射。君今棄萬乘之尊，而從於民，臣恐有豫且之患。」

烏集　按：國策有「烏集烏飛」之文，而此處則用「烏集」爲合。荀悦漢紀：成帝鴻嘉二年，上好微行。谷永言：「與小人晨夕相隨，烏集醉飽吏民之家。」正指本事也。

觀太史公之創表也，於帝王則敘其子孫，於公侯則紀其年月，列行縈紆以相屬，編字戢孴而相排。雖燕、越萬里，而於徑寸之内犬牙可接；雖昭穆九代，而於方尺一作「寸」。之中雁行有敘。使讀一衍「書」字。者閲文便覩，舉目可詳，此其所以爲快也。釋：此統言之也。凡表皆然，不粘史記，獨人表爲無當耳。如班氏之古今人表者，唯以品藻賢愚，激揚善惡爲務爾。既非國家遞襲，禄位相承，而亦複界重行，狹書細字，比於他表，殆非其類歟！蓋人列古今，本殊表限，必吝而不去，則宜以志名篇。始自上上，終於下下，並當明爲標榜，顯列科條，以種類爲篇章，持優劣爲次第。仍每於篇後云，右一脱「右」字。若干品，凡若干人。亦猶地理志肇述京華，末陳邊塞，先列州郡，後言户口也。釋：所言體狀，大似鍾嶸詩品(二二)，設言改爲此格差勝，然亦假立之辭。

按：古今人表之贅，而爲酌以志名，例以地理，就格言格云爾，非質言也。如前者載言一篇及書志篇人形、方言等論。拈死句者胥失之。

節首表體一段，與表曆篇異議，彼按已論之。

自漢已降，作者多門，雖新書已行，而舊録仍在，必校其事，一有「則」字。可得而言。案劉氏初興，書唯陸賈而已。子長述楚、漢之事，專據此書。譬夫行不由徑，作「路」字用。出不由户，未之聞也。然觀遷之所載，往往與舊不同。如酈生之初謁沛公，高祖之長歌鴻鵠，非唯文句有別，遂乃事理皆殊。**釋：**已上言陸書本遷史所據，然事語往往有不同者。又韓王名信都，而輒去「都」留「信」，「去都留信」，一作「去都字」。用使稱其名姓，全與淮陰不別。班氏一準太史，曾無弛張，一作「書無更張」。静言思之，深所未了。**釋：**謂前所云云，從陸從馬皆可。至韓王信都，更不應承訛去「都」字也，然所言却非。

按：班之襲馬實多，有太因仍者，即如後條所論司馬遷傳可見已。至韓王信云云，乃子玄誤，非孟堅誤也，後注辯之。

由徑由户　列子説符：稽度皆明而不道也，譬之出不由門，行不從徑也。「徑」字作「路」字解。

酈生初謁　按：史記本傳，初敍沛公略地陳留郊，及酈生先屬沛公騎士語。次敍沛公召生入謁，據牀洗足，生長揖激沛公語。次敍沛公罵生豎儒，生責沛公倨見長者語。次乃敍沛公輟洗，攝衣延坐事。至卷末朱建附傳之後，復取陸賈所敍酈生入謁事並載之，與前文迴別。同事異詞，即於一卷中見之。

歌鴻鵠　留侯世家：上欲易太子，立戚夫人子趙王如意。上有不能致者四人，太子請以爲客，從入朝。上乃大驚。四人爲壽已畢，趨去。上目送之，召戚夫人，指示四人者曰：「羽翼已成，難動矣。」戚夫人泣，上曰：「爲我楚舞，吾爲楚歌。」歌曰：「鴻鵠高飛，一舉千里。羽翮已就，横絶四海。横絶四海，當可奈何！雖有矰繳，尚安所施？」容齋三筆：陸賈書當時事，多與史不合，師古屢辯之。楚漢春秋今不復見。按：本條辯語闕。

韓王信　舊注：歸雲集：漢書功臣表，留侯張良以韓申都下韓。師古注：韓申都，即韓王信也。楚漢春秋作「信都」，古文「信」、「申」通用。劉攽云：韓申都，即韓申徒也。張良傳云：以韓司徒下韓數城。史記作申徒者，司徒之聲轉也。申都者，又申徒之聲轉也。良下韓時，乃韓王成，非韓王信。師古注誤。按：師古一誤，沿及史通，然攽言亦欠了了。詳史、漢留侯世家、傳，韓王信傳，功臣侯表，或作韓申徒，或作韓司徒，或作韓申都，字雖轉，實一官，乃項梁授張良之官，與兩韓王無干也。諸人迷本而盲猜，其失直鈎。再韓王信，當時直謂韓信。賈誼云：「淮陰侯王楚，韓信王韓，」文且叠見，舉封舉名轉用之，此切據也。滕灌傳可推而概已。又按：史記凡其人以官封著者，即以其所著名篇，如蕭相國、留侯、絳侯之屬皆是。此在藏山之書，原無不可。班氏奉詔勒爲國史，既皆以名書，而萬石君題獨留口號，亦失檢也。至若郊祀之襲封禪，司馬遷貨殖等傳之悉仍舊文，更非體矣。

司馬遷之叙傳也，始自初生，及乎行歷，事無巨細，莫不備陳，可謂審矣。而竟不書其字者，豈墨生所謂大忘一有「也」字。者乎？而班固仍其本傳，了無損益，此又韓子所以致守株之之説也。如固之爲遷傳也，其初一脱「初」字。宜云「遷字子長，馮翊陽夏人，其序曰」云云。至於事終，則言「其自敍如此」。此句傳後本有之，因論銓敍全法，故兼及之。著述之體，不當如是耶？一本連下「馬卿」條。

按：此條與下二條，可分爲三，可合爲一。

大忘　墨生，前已有此語。鬻子：文王問于鬻子：「敢問人有大忘乎？」

馬卿爲自敍傳，具在其集中。子長因録斯篇，即爲列傳，班氏仍舊，曾無改奪。一作「作」。尋一無「尋」字。固於馬、揚傳末，皆云遷、雄之自敍如此。至於相如篇下，獨無此言。蓋止憑太史之書，未見文園之集，故使言無畫一，其例不純。

按：合兩條「其序曰」、「其自敍如此」觀之，可得纂狀爲文之體。廬陵碑版多用之。困學紀聞云：史通云：相如以自敍爲傳。今考之本傳，未見其爲自敍，意者相如集載本傳，如賈誼新書末篇歟？伯厚似未見此節而云然。

馬卿自敍　更可取隋劉炫語參之，見序傳篇注。

文園　相如本傳：相如從上還，過宜春宮，奏賦以哀二世行失，其辭云云。拜爲孝文園令。

漢書東方朔傳委瑣一作「曲」。煩碎，不類諸篇。且不述其亡殁歲時及子孫繼嗣，正與司馬相如、一脱此四字。司馬遷、揚雄傳相類。尋其傳體，必曼倩之自敍也。但班氏脱略，脱略者，謂脱去其「自敍如此」一句。故世莫之知。

按：東方傳之爲自敍更無考，序傳篇亦未之及。

○北平本識「脱略」、「亡殁」等語，以爲見小，不考洞冥記者，噫，亦失考矣！雜述篇云：「郭子横之洞冥，」「全構虛詞，用驚愚俗。」其言侃侃，顧意其爲未見而小之邪？史通凡王喬、左慈輩，皆斥其不經。洞冥，荒誕之尤者也。紫海丹漿，大雅不道。夏侯孝若序東方像贊曰：談者以先生「神交造化，靈爲星辰，此又奇怪惚恍，不可備論者也」。蓋昔人掃棄久矣。

蘇子卿父建行事甚寡，韋玄成父賢舊誤作「孟」。德業稍多。漢書編蘇氏之傳，則先以蘇建標名；列韋相之篇，疑唐本漢書以玄成名篇。則不以韋賢誤「孟」。冠首，並其失也。

按：此條所論，論篇題也。蘇建子武，韋賢子玄成，並父子同傳。而父之事簡，子之事煩，二傳亦同。如此，則宜一例標題矣。今乃蘇傳以建名篇，韋傳則以玄成名篇，傳同例異，故爲此論。

或笑之曰：「子未見漢書耶？漢書明是韋賢傳，子何據而言若是？」曰：「據史通是節也。節之文曰：蘇傳以建標名，韋篇不以賢冠首。故知題是玄成也。古人詩集、文集篇題，一本作某，一本作某者，不可悉數，史傳何獨無之？唐代未行版本，隨手寫録，流傳各異，子玄適見是本耳。」曰：「是則然矣。其不曰父賢而曰父孟，有説乎？」曰：「誤耳。自孟至賢五世，故曰其先韋孟家。子玄非懵，豈未見之？此又後人塗竄之咎也。」

蘇建　按本傳：蘇建，杜陵人也。以校尉從大將軍青擊匈奴，封平陵侯云云。傳止八十三字，故曰「行事甚寡」。

韋賢　按本傳：韋賢，字長孺，魯國鄒人也。賢爲人質樸少欲，篤志於學，兼通禮、尚書，以詩教授，號稱鄒、魯大儒。徵爲博士、給事中，進授昭帝詩云云。宣帝即位，賢以與謀議，安宗廟，賜關内侯，食邑云云。傳凡一百七十八字，故曰「德業稍多」。至其述孟之文，止是傳前原世系之體，附見事行，不過二十字而已，安得云稍多乎？至所列二詩，則又附中之附也。「孟」字之誤，無疑矣。

班固稱項羽賊一作「弑」。義帝，自取天亡。又云：于公高門以待封，嚴母掃地以待喪。如固斯言，則深信夫天怨神怒，福善禍淫者矣。至於其賦幽通也，復以天命久定，非人理一少「理」字。所移，故善惡無徵，報施多爽，斯則同理異説，前後自相矛盾者焉。

按：此與孝成帝一條相似。然贊是史論，賦祇言懷，固非一概。

于公高門　于定國傳：定國字曼倩，謚安侯。父于公，其閭門壞，父老方共治之。于公謂曰：少高大門閭，令容駟馬高蓋車。我治獄多陰德，子孫必有興者。至定國爲丞相，子永爲御史大夫，封侯傳世云。

嚴母掃地　酷吏嚴延年傳：初，延年母從東海來，欲從延年臘。到洛陽，適見報囚。母大驚，便止都亭，不肯入府。延年出至都亭謁母，母閉閤良久，乃見之。因數責延年，我不意當老見壯子被刑戮也。去女東歸，掃除墓地耳。歲餘，果敗。東海莫不賢知其母。按：荀紀，于、嚴二句本時人語。

賦幽通　漢書敘傳：固弱冠而孤，作幽通賦以致命遂志。注：陳吉凶性命，遂明己之志。

或問：張輔著班馬優劣論云：遷敘三千年事，五十萬言，固敘二百年事，八十萬言，是固不如遷也。斯言爲是乎？答曰：不然也。案太史公書上起黄帝，下盡宗周，年代雖存，事迹殊略。至於戰國已下，始有可觀。然遷雖敘三千年事，其間詳備者，唯漢興七十餘載而已。其省也則如彼，其煩也則如此，求諸折中，未見其宜。班氏漢書全取史記，仍去其日者、倉公等傳，以爲其事煩蕪，不足編次故也。若使馬遷舊作「遷固」，後人因「易地」句竄易耳，反使上下不相顧。易地而處，撰成漢書，將恐多言費辭，有逾班氏，恐當作「史」。安得以此而定其優劣邪？

按：此即内篇煩省之説，而其下語則煩省篇較平允。以此見雜説諸條，非一時所作，亦非作正書了，纔作雜説。隨觸隨書，或先或後，故異時所見，有合有離。觀者平心循理而進退之，則得矣。此條合馬、班言之，故附分論史、漢之後。

張輔　字世偉，見鑒識、煩省二篇。

漢書斷章，事終新室。如叔皮存殁，時入中興，而輒引與前書共編者，蓋序傳之恒或作「常」。例者耳。**釋：**言在班氏書述之則是。荀悦既删略班史，勒成漢紀，而彪論王命，列在末篇。**釋：**在荀氏紀越收之則非。夫以規諷隗囂，翼戴光武，忽以東都之事，擢居西漢之中，必如是，則賓戲、幽通，亦宜同載者矣。

按：兩漢之交，凡所論著，爲新莽作者，前紀收之可也；爲隗囂作，即與先漢不相及矣。若敍傳家追稱厥考，則雖事關來代，而鉅製必登，論撰先美，禮所尚也。此種鉤畫，明晰諦當，珥筆者其知所取衷哉！此乃糾荀悦漢紀也。觀已上二條，知前所標「漢諸史」三字，渾成該舉，委是原文。至其下所記條數，决非初數耳。

彪論列末篇　荀悦漢紀第三十卷之末云：王莽既敗，天下雲擾。隗囂據隴擁衆，收集英雄，班彪在焉。彪即成帝婕妤之弟之稚子也。囂問彪曰：「往者周亡，天下分裂」，「縱横之事，復起於今日乎？將乘運迭興，在一人也。願先生論之。」論曰云云。囂曰：「愚人習識劉氏，而謂漢家重興，疏矣。」彪感其論，又閔禍患之不息，乃著王命論，以救時難。

賓戲幽通　按：漢書敍傳，敍父彪，載王命論。固自敍，載答賓戲、幽通賦二篇。此二篇荀紀不收，故借詰之。

校勘記

〔一〕哀十四經　「經」原作「續」，據春秋左傳改。

〔二〕定四穀粱經　「穀粱」原作「公羊」，誤，今改。

〔三〕公羊經　「公羊」原作「穀粱」，誤，今改。

〔四〕陳氏學圃藼蘇　「學」原作「斅」，據學圃藼蘇刻本改。

〔五〕廚有三列　按學圃藼蘇引列士傳無此四字，太平御覽卷四〇五引列女傳有此四字。

〔六〕其子晛嘗以汲冢諸書皆後人追修　「晛」原作「彙」，據新唐書改。

〔七〕有齊魯之説　「説」原作「學」，據漢書改。

〔八〕左僖十　「十」原作「八」，據左傳改。

〔九〕帝許我罰有罪矣　「罰」原作「伐」，據左傳改。

〔一〇〕秦始皇本紀　原作「秦本紀」，據史記改。

〔一一〕自稱富平侯家　按今本漢書無此句。

〔一二〕大似鍾嶸詩品　「詩」原作「書」，鍾嶸無書品，蓋詩品之誤，今改。

史通通釋卷十七

外篇

雜説中第八　十六條。

諸晉史六條。○舊作「七條」，非。

東晉之史，作者多門，何氏中興，實居其最。而爲晉學者，曾未之知，儻湮滅不行，良可惜也。王、檀著書，一作「者」。是晉史之尤劣者，方諸前代，其陸賈、褚先生之比歟！道鸞不揆淺才，好出奇語，所謂欲益反損，求妍更媸者矣。

按：正史篇云：貞觀中，詔以晉史十八家，未能盡善，更加纂録，爲百三十二卷。自是言晉史者，棄其舊本焉。吁！自唐初一棄，遂絶於今，洵不能無湮滅可惜之歎，後何從覩其優劣耶？評者謂玉海言法盛書竊之郗紹，譏子玄未考。夫何果竊而書果善，固無傷於「居最」一語也，不亦所砭非所病耶？況其事本見南史，不待玉海。南史徐廣傳曰：郗紹作晉中興書，以示法盛。法盛曰：「卿名位貴達，不復俟此延譽。我寒士無聞，」「宜以爲惠。」紹不與。書在齋内，後法盛詣紹，紹不在，直入竊之。紹無兼本，世遂行何書。輇才喜賣弄，偏納敗缺也。

臧氏晉書稱苻堅之竊號也，雖疆宇狹於石虎，至於人物則過之。案後石之時，**原注：**田融趙史謂勒爲前石，虎爲後石也。張據瓜、涼，李專巴、蜀，自遼而左，人一作「氏」。屬慕容，涉漢舊皆訛作「沙漠」。而一訛作「西」。南，地歸司馬。逮於苻氏，則兼而有之。禹貢九州，實得其八。而言地劣於趙，是何言歟？夫識事未精，而輕爲著述，此其不知量也。張勔隋志作「緬」。抄撮晉史，不求異同，而備揭一訛作「被褐」。此言，不從沙汰，罪又甚矣。

按：臧史謂苻疆狹於後石，其言實疏。而劉之所鄙，尤在張勔也。

晚明版行諸書，傳刻鹵莽，讀者觸處膠牙。止如此條曰：「自遼而左，氏屬慕容。」「氏」字當由「民」字之訛。唐諱「民」爲「人」，亦有信手忘諱者。因「民」作「氏」，豈復成語。又曰：「沙漠西南，地歸司馬。」自晉之東，懸隔朔野，逾二千里。「沙漠」二字，適從何來？細推所自，「涉」脱「止」而成「沙〔二〕」，「漢」緣「沙」而轉「漠」，離而益遠，遂失其宗。人苟稍涉史書，宜皆刺眼。自來評者，於此類曾莫之省。方且撏扯冷僻，逞詭臆而衒多知，不疑其所當疑，而强辯其所不必辯。載籍極博，文章無口，書之受誣，獨史通哉！

涼蜀遼漢苻氏兼之　叢書前涼録：張天錫十三年，苻堅遣苟萇來伐，天錫拒戰赤岸，爲秦所敗，面縛降秦，涼亡。又前秦録：甘露十二年，涼州平，以梁熙持節鎮姑臧。按：此苻氏之兼瓜、涼也，而後石時則張重華據之。又蜀録：李特起兵，至勢，降晉。晉書載記：苻堅以王猛爲中書令，風化大行。仇池氏楊世以地降於堅。是歲，有赤星見於西南。於占，明年當平蜀。堅命秦、梁密嚴兵備。晉梁州刺史楊亮退守磬險。堅遣王統、朱肜寇蜀，毛當、徐成率步騎入自劍閣。楊安進據梓潼。當遂陷益州。於是邛、筰、夜郎等皆歸之。堅以安爲益州牧，鎮成都。按：此苻氏之兼巴、蜀也，而石氏則未能有蜀。叢書前燕録：慕容廆世居遼左。廆子皝遷都龍城，號新宫曰和龍。皝子儁取鄴，自薊遷鄴。儁子暐。十一年，秦來伐，拔鄴城，徙暐並諸鮮卑四萬户於長安。又前秦録：堅入鄴宫，閱其圖籍，凡郡百五十七，縣千五百七十九。以王猛爲冀州牧，鎮鄴。按：此苻氏之兼遼左也。而石虎時，慕容方興，虎嘗兵挫遼西，棄甲而遁。晉載記：堅遣其尚書令丕率慕容暐等寇襄陽，楊安將樊、鄧之衆爲前鋒，石越出魯陽關，慕容垂、姚萇出南鄉，苟池、王顯從武當繼進，大會漢陽。師次沔北，遣池、越、當屯江陵。太元四年，苻丕陷襄陽。堅以其中壘梁成都督荆州諸軍事，領護南蠻校尉，配兵一萬，鎮襄陽。按：此苻氏之兼漢南也。而石氏雖累寇襄陽，卒未得志。

張勔　隋經籍志：晉書鈔三十卷，梁豫章内史張緬撰。按：「緬」，史通作「勔」，或當時二字通寫也。

夫學未該博，鑒非詳正，凡所修撰，多聚異聞，一作「門」。其爲踳駁，難以覺悟。案應劭風俗通載楚有葉君祠，即葉公諸梁廟也。而俗云孝明帝時有河東王喬爲葉令，嘗飛舄入朝。及干寶搜神記，乃隱應氏所通，一訛作「遺」。而收舊有「其」字。流俗怪說。**釋**：此原飛鳧事所始。然怪則怪矣，節意則謂載在搜神，書非正史，猶之可也。又劉敬昇異苑稱晉武庫失火，漢高祖斬蛇劍穿屋而飛，其言不經。致誤「故」。梁武帝令殷芸編諸小說，及蕭方等撰三十國史，乃刊爲正言。**釋**：此原劍飛事所始。然節意謂小說不經猶可，撰爲正言則非。然三十國史，猶非正體國史也。○已下揭出正史立說。既而宋求漢事，旁取令升之書，**原注**：謂范曄後漢書。唐徵晉語，近憑方等之録。**原注**：謂皇家撰晉書。編簡一定，膠漆不移。**釋**：節意所嚴在此正史。故令俗之學者，説鳧履登朝，則云漢書舊記。**釋**：不復言搜神記，更何問風俗通矣。談蛇劍穿屋，必曰晉典明文。**釋**：不復言三十國春秋，更何問異苑矣。遮一誤作「遞」，一作「摭」。彼虛詞，成茲實録。語曰：「三人成市虎。」斯言其得之者一無「者」字。乎！**釋**：小說之遷流，延及正史如此，故作史貴識也。

按：志怪奚必去諧，撰史自宜識大。語有軒輊，意有隄防，非災非祥，靡勸靡戒。必嚴諸此，而後史之爲體尊，而其爲用鉅。間嘗取後史驗之，遇此等事多放活句，子玄教之歟？

搜神、異苑，收之雜述之篇，存小說也，史而掇取則猥。江璧門樞，褒以可稱之語，徵異兆也，事無關係則譏。

不合全書參互，不知出語持平。

可作事始書觀，可作注書家法。

殷芸小說　梁書本傳：殷芸字灌蔬。不妄交游，博洽羣書。隋經籍志：小說十卷，梁武帝敕司徒左長史殷芸撰。陳氏書録：邯鄲書目云：或題劉餗撰，非也。此書首題秦、漢、魏、晉、宋諸帝，注云「殷芸撰」，非劉餗明矣。故其敍事止宋初，蓋於諸史傳記中抄集。或稱商芸者，宣祖廟未祧時避諱也。按：劉餗即知幾子也。徵之此條，或題之非，更不待辯矣。

蕭方等　困學紀聞：蕭方等爲三十國春秋，以晉爲主，附列劉淵以下二十九國。通鑑晉元興三年引方等論，綱目但云蕭方，誤削「等」字。按：梁書忠壯世子方等，字實相，世祖長子也。貞惠世子方諸字智相，世祖第二子也。愍懷太子方矩字德規，世祖第四子也。方，乃昆弟二名之共字也。世祖，謂元帝。唐、宋藝文志亦誤削「等」字。又按：隋經籍志作「蕭萬等」，則又訛「方」爲「万」，再誤「万」爲「萬」。考覈之學，良未易言。

市虎　韓非内儲説：龐恭謂魏王曰：今一人言市有虎，王不信。二人言，王不信。三人言，王信之。夫市之無虎也，明矣。然三人言而成市虎，願王察之。

馬遷持論，稱堯世一誤作「舜」。無許由；應劭著録，云漢代無王喬，其言譏矣。至士安撰高士傳，具説箕山之迹；令升作搜神記，深信葉縣之靈。此並向聲背實，捨真從僞，知而故爲，罪之甚者。北平本此處截條，非。本條蓋論晉書，前特引端之詞，非泛論雜家也。近者，一無「者」字。宋臨川王義慶著世説新語，上敍兩漢、三國及晉中朝、江左事。劉峻注釋，摘其瑕疵，僞迹昭然，理難文飾。而皇家撰晉史，多取此書。遂採康王之妄言，違孝標之正説。以此書事，奚其厚顏！

按：與上條同指。

許由之事，史公亦非遽以爲無，特設爲疑詞，借其人挑起夷、齊之見稱耳。愚又疑莊、列寓言，人名有無，顧勿深考。若家語所稱少正卯，謂其言行僞辟，七日受誅。然究無亂政實事，更未聞請命行刑，曾聖人而爲是急切專輒之舉乎？亦鄙心之所不安也。左傳、國語皆無其人。再詳此條，蓋由新晉書採用世説而發。義慶之書，孝標之摘，正如松之之於陳志。何去何從，亦未可執。愚意史氏之文，有傳聞異説者，主其所共宗，無廢其所别見。疑以傳疑，乃成信史。明惠帝實焚，而世傳行遁。今史以史宬爲徵信，仍以遜國爲傳疑。可以質鬼神、俟百世矣。

漢呂后以婦人稱制，事同王者。班氏次其年月，雖與一訛「以」。諸帝同編，而記其事迹，實與后妃齊貫。皇家諸學士撰晉書，首發凡例，原注：序例一卷，晉書之首，故云「首發凡例」。而云班漢皇后除王、呂之外，不爲作傳，並編敘行事，寄出外戚篇。按：凡例語止此，此下疑有闕文。所不載者，唯元后字政君。耳。按：今漢書外戚傳後，别列元后傳。此云不載，殊費解。若云元后事不載外戚篇，則正與呂氏同例矣。又與下句牴牾。安得輒引呂氏以爲例乎？蓋由讀書不精，識事多闕，徒以本紀標目，以編高后之年，遂疑外戚裁篇，輒敘娥姁呂后字。之事。此四句文義亦不可曉。其爲率略，不亦甚邪！

按：此條之駁晉史，駁凡例也。但文内似多脱訛，存而不論。

楊王孫布囊盛尸，一作「屍」。裸身而葬。伊籍對吴，以「一拜一起，未足爲勞」。求兩賢立身，各有此一事而已。而漢書、蜀志，爲其立傳。前哲致譏，一作「議」。言之詳矣。然楊能反經合義，雖其事反葬禮之經，而其言合達人之義。足矯奢葬之愆。伊以敏辭辨對，可免「使乎」之辱。列諸篇第，猶有可取。釋：此上是引端。近者皇家撰晉書，著劉伶、畢卓傳。其敍事也，直載其嗜酒沈湎，悖禮亂德，若斯而已。爲傳如此，復何所取者哉？原注：舊晉史本無劉、畢傳，皇家新撰，以補前史所闕。○一本失此注。釋：所糾在此，警蕩也。

按：合前所論搜神、異苑、世説及此條劉、畢傳觀之，刊除誕放，約勒編摩，皆華士所畏惡者，故史通往往召謗。論者認得劉公是尊嚴國史，便自意平。談苑、説鈴之流，原非其所禁絶也。

楊王孫　本傳：學黄、老之術，欲裸葬。曰：「死者，終生之化，而物之歸者也。歸者得至，化者得變，是物各反其真也。反真冥冥，亡形亡聲，乃合道情。夫飾外以華衆，厚葬以鬲真，使歸者不得至，化者不得變，是使物各失其所也。」

伊籍　本傳：籍字機伯，隨先主入益州。遣使於吴，孫權欲逆折以辭。籍適入拜，權曰：「勞事無道之君乎？」籍即對曰：「一拜一起，未足爲勞。」籍之機捷，類皆如此。權甚異之。

劉伶　本傳：伶字伯倫，放情肆志，與阮籍、嵇康欣然神解，攜手入林。常乘鹿車，攜一壺酒，使人荷插隨之，曰：「死便埋我。」嘗求酒於其妻，妻捐酒，泣諫。伶曰：「吾不能自禁，當祝鬼神自誓耳。可便具酒肉。」妻從之，伶祝曰：「天生劉伶，以酒爲名。一飲一斛，五斗解酲。婦兒之言，切不可聽。」仍飲酒御肉，隗然復醉〔二〕。

畢卓　本傳：卓字茂世。爲吏部郎，嘗飲酒廢職。比舍郎釀熟，卓因醉，夜至其甕間盜飲之，爲掌酒者所縛，明日視之，乃畢吏部也。餘文已見書事篇。

宋略一條。

裴幾原子野。删略宋史，定爲二十篇。芟煩一作「繁」。撮要，實有其力。**釋**：首提「略」字，其意以爲略，則煩文宜省。而所録文章，頗傷蕪穢。如文帝除徐一作「師」，非。傅官詔、顔延年元后哀册文、顔峻史作「竣」。討二凶檄、孝武擬李夫人賦、裴松之上注俗本「注」字作「三」字，非。國志表、孔熙先罪許曜史作「耀」。詞。凡此諸文，是尤不宜載者。**釋**：揭六項作論案。

何則？羨、亮威權震主，負芒猜忌，將欲取之，必先與之。既而罪名具列，刑書是正，則先所降詔，本非實録。而乃先後雙載，坐令矛盾兩傷。論斷一。夫國之不造，史有哀册。或作「策」。自晉、宋已還，多載於起居注，詞皆虚飾，義不足觀。必以「略」言之，故宜去也。

論斷二。昔漢王數項，袁公檄曹，若不具録其文，難以暴揚其過。至於二凶爲惡，不言可知，無俟檄數，一作「書」。始明罪狀。必刊諸國史，豈益一作「宜」，非。異同。論斷三。孝武作賦悼亡，鍾心内寵，情在兒女，語非軍國。論斷四。松之所論者，其事甚末，一作「下」。兼復文理非工。論斷五。熙先構逆懷奸，矯言欺衆，且所爲稿草，一作「草稿」。本未宣行。論斷六。**釋**：分論至此畢。斯並同在編次，不加銓一作「詮」。擇，豈非蕪濫者邪？**釋**：似此不得以「略」名矣。向若除此數文，别存他説，則宋年美事，遺略蓋寡。何乃應取而不取，宜除而不除乎？但近代國史，通多此累，有同自鄶，無足致譏。若裴氏者，一有「是」字。衆作之中，所可與言史者，故偏舉其事，以申掎摭云。

按：此條須理會「略」字。正名國史，何妨詳載。子野書既以「略」名，而具列蕪篇，則名實不相副矣。與載言、載文兩篇，意皆各出。

子玄歷詆三國裴注，爲其知博而不知約也。裴注徵書甚富，而擇言不精。富則駑博者尚之，如疎寮稱劉孝標注世説引晉氏一朝記載，凡一百六十六家，皆出正史外，亦是此意。不精則識大者病之，如朱子論李延壽南、北史，除司馬公通鑑所取，其餘只是一部好看的小説，亦是此意。

除徐傅官詔　徐羨之傳：字宗文。高祖踐阼，進號將軍，加散騎常侍，封南昌縣公。少帝失德，羨之等廢之，遷於吴郡，遂加害。太祖即位，進司徒，改封南平郡公。傅亮傳：字季友。宋國初建，從還壽陽。高祖有受禪意，亮悟旨，曰：「臣暫宜還都。」至都，即徵高祖入輔。至於受命，進尚書僕射、中書令。少帝廢，亮至江陵迎太祖。既至，太祖問少帝薨廢本末，悲號嗚咽。亮於是布腹心於到彦之等，深自結納。太祖登阼，加左光禄大夫、儀同三司，進爵始興郡公。按：太祖，即文帝也。其二人除官詔，沈書不載。元嘉三年，二人皆受誅。

元后哀册　后妃傳：文帝袁皇后諱齊媯，左光禄大夫敬公湛之庶女也。生子劭。上待后恩禮甚篤，後潘淑妃愛傾後宫，因稱疾不復見上。元嘉十七年，疾篤，上執手流涕，因引被覆面。崩。上甚悼痛，詔前永嘉太守顔延之爲哀策，文甚麗云云。按：延之字延年。

討二凶檄　二凶本傳：元凶劭，文帝長子也。有女巫嚴道育自言通靈，劭姊東陽公主白上，託言善蠶，召入。劭與始興王濬敬事之，號曰天師，遂爲巫蠱。上後知，驚惋，須檢覈，廢劭，賜濬死。以語濬母潘淑妃，妃以告濬，濬報劭。劭詐上詔，入宫行弑。世祖及南譙王義宣、隨王誕舉義兵，檄京邑云云。又顔竣傳：父光禄大夫延之。竣爲世祖撫軍主簿。世祖鎮潯陽，遷記室參軍。世祖入討，任總内外，並造檄書。南史：延之爲劭光禄大夫，劭以檄文示延之曰：「此筆誰造？」延之曰：「竣之筆也。」劭曰：「何乃至爾？」曰：「竣尚不顧老臣，何能爲陛下？」

擬李夫人賦　孝武十四王傳：始平王子鸞，母殷淑儀寵，子鸞愛冠諸子。丁母憂，追進淑儀爲貴妃，班亞皇后，謚曰宣。痛愛不已。擬漢李夫人賦曰：「朕以亡事棄日，閲覽前王詞苑，見李夫人賦，凄其有懷」，「因感而會焉。」云云。

注國志表　見補注篇。

罪許曜詞　事附范曄傳。孔熙先有縱横才志，父默之下廷尉，彭城王義康保持之，得免。義康被黜，熙先密懷報效。素善天文，云太祖必以非道晏駕，江州應出天子，以爲義康當之。有法静尼出入義康家，熙先善胗脉，法静尼妹夫許耀領隊在臺，宿衛殿省。嘗病，熙先爲合湯一劑，耀疾即損，因成周旋。熙先以耀膽幹，因告逆謀，耀許爲内應。熙先使曄作義康書與徐湛之，宣示同黨。湛之封上。凡所連及，並伏誅。按：罪許詞，沈書亦不載。又按：裴略不可得見，而以全史較之，所收浮文反簡於裴，故史通云爾。

後魏書二條。

宋書載佛貍之入寇也，其間勝負，蓋皆實録焉。魏史所書，**原注**：謂魏收所撰者。則全出沈本。**釋**：所書用師，宋實不競，則收書仍之。如事有可恥者，則加減隨意，依違飾一作「罕」，非。言。至如劉氏獻女請和，太武以師此二字一改作「求」字，非。婚不許，此言尤可怪也。**釋**：揭出魏書飾言。何者？江左皇族，水鄉庶姓，若司馬、劉、蕭、韓、王，或出於亡命，或起自俘囚，一詣桑乾，皆成禁臠。此皆魏史自述，非他國所傳。**釋**：南士北奔，多爲北壻。據此以折拒婚之飾誇也。然則北之重南，其禮如此。安有黄旗之主，親屈己以求婚，而白登之陣，反懷一作「乃致」。疑而不納。其言河漢，不亦甚哉！釋：駁拒婚止此。觀休文宋典，誠曰不工，必比伯起魏書，更爲良史。而收每云：「我視沈約，正如或有「一」字。奴耳。」原注：出關東風俗傳。○一本失此注。此可謂飾嫫母而誇西施，持魚目而笑明月者也。釋：統以收書劣於沈書作束筆。

按：劉氏凡涉魏書，只是一味斥誇。

佛貍入寇　宋書索虜傳：魏明元帝子燾〔三〕，字佛貍。自率大衆渡河曰：自頃歲成民阜，當東巡吳、會，以盡游豫。臨滄海，探禹穴，陟姑蘇之臺，搜長洲之苑。燾自彭城南出盱眙，至瓜步，伐蒹葦，造箄筏，聲欲渡江。遣使餉太祖駱駝名馬，求和請婚。上遣奉朝請田奇餉以珍味。燾以手指天，而以孫兒示奇曰：「至此非唯爲功名，實是貪結姻援。若能酬酢，自今不復相犯秋毫。」又求嫁女於世祖。魏書島夷劉氏傳：車駕登瓜步，伐葦結筏，示欲渡江。義隆大懼，欲走建業，士女咸荷擔而立。義隆遣黄延年朝於行宮，獻百牢，並請和，求進女於皇孫。世祖以師婚非禮，許和而不許婚。按：宋云燾，即魏世祖太武帝也。魏云義隆，即宋太祖文帝也。

司馬劉蕭韓王　魏書：司馬楚之，晉宣帝弟馗之八世孫。劉裕誅夷司馬戚屬，亡於汝、潁之間。奚斤略地河南，楚之請降。後尚諸王女河内公主，生子金龍。又：劉昶，義隆第九子也。子業立，昏狂肆暴。委母妻，攜妾作丈夫服，閒行來降，尚武邑公主。歲餘主薨，更尚建興長公主。又：蕭寶夤，蕭鸞第六子，寶卷母弟也。蕭衍克建業，殺其兄弟。其家穿墻夜出寶夤，具小船，著烏布襦〔四〕，潛赴江畔，躡屩徒步，脚無全皮。至壽春，戍主推檢知實。至京師，世宗禮之。尋尚南陽長公主，賜帛一千匹，並給禮具。又：韓延之，司馬德宗平西府録事參軍。泰常二年〔五〕，與司馬文思來入國。延之前妻羅氏生子措，隨入國。又以淮南王女妻之，生道生。又：王慧龍，司馬德宗僕射愉之孫，散騎緝之子也。劉裕微時，愉不爲禮。及得志，愉家見誅。慧龍爲沙門僧彬所匿，泰常二年歸國。崔浩弟恬以女妻之。浩既見，曰：「信王家兒也。」王氏世齇鼻，江東謂之齇王。慧龍鼻大，浩曰：「真貴種矣〔六〕。」按：慧龍非婚於魏宗，借用。

桑乾　宋書索虜傳：索頭託跋開字涉珪。王有中州，自稱曰魏，號年天賜，治代郡桑乾縣之平城。

禁臠　晉謝安傳：安孫混，字叔源〔七〕，少有美譽。孝武帝求爲晉陵公主婿。未幾，帝崩，袁山松欲以女妻之〔八〕，王珣曰：「卿莫近禁臠。」初，元帝始鎮建業，公私窘罄，每得一㹠，以爲珍膳，項上一臠尤美，輒以薦帝，呼爲「禁臠」，故珣因以爲戲。混竟尚主。

黄旗　吴志權傳注曰：吴書曰：先哲秘論，紫蓋黄旗，運在東南。按：語本江表傳。又魏書李平傳：平子諧爲聘使，至石頭，梁主客郎范胥當接。胥曰：「金陵王氣，兆於先代，黄旗紫蓋，本出東南。」

白登　漢匈奴傳：冒頓圍高帝於白登。注：白登在平城東南。按：平城地在桑乾，即元魏所都也。近者沈約晉書，喜造奇説。稱元帝牛金之子，以應「牛繼馬後」之徵。鄴中學者王劭、宋孝王言之詳矣。而魏收深嫉南國，幸書其短，著司馬叡傳，遂具録休文所言。釋：此上糾魏收。又崔浩諂事狄君，曲爲邪説，稱拓跋之祖，本李陵之胄。當時衆議抵一作「相」，誤。斥，事遂不行。或有竊其書以渡江者，沈約撰宋書索虜傳，仍傳伯淵所述。釋：此上糾沈約。凡此諸妄，其流甚多，儻無迹可尋，則真僞難辨者矣。

按：此段雖繫在説魏之條，其實魏、沈並舉。劉氏深斥史家淆訛傳會之習，愚甚韙之。

此與上條之説，前者因習、言語、敘事、曲筆諸篇，累累言之矣。此復贅言之，故知雜説諸條，多半是前書底本，非後來繼作也。觀開章第一篇便云：「自古編述文籍，外篇言之備矣。」可驗外篇非定在内篇後也。

牛繼馬後　魏書：僭晉司馬叡，字景文，晉將牛金子也。初，琅邪王覲妃譙國夏侯氏字銅環，與金奸通，生叡，因冒姓司馬。按：王、宋辯語無可考。舊唐書元行冲傳：魏明帝時，河西柳谷瑞石，有牛繼馬後之象。魏收以晉元帝是牛氏子，冒姓司馬，以應石文。行冲推尋事迹，以昭成帝名犍，繼晉受命，考校謠讖，著論以明之。按：行冲故拓跋之後，自張祖統，其言亦未必得實。但夏侯醜語，「牛後」讕言，通鑑綱目皆屏不録。是知大雅正人，操觚篹著，固無取乎黯黕罔據之談也。

拓跋之祖　宋書：索頭虜姓託跋氏，其先漢將李陵後也。陵降匈奴，有數百千種，各立名號，索頭亦其一也。又見序傳篇。

北齊諸史三條。○「諸」一作「書」，誤。不專論百藥書，故曰諸史。

王劭國史，至於論戰争，述紛擾，賈其餘勇，彌見所長。至如敘文宣逼孝靖以受魏禪，二王當作「常山」。殺楊、燕以廢乾明，雖左氏載季氏逐昭公，秦伯納重耳，欒盈起於曲沃，楚靈敗於乾谿，殆可連類也。又敘高祖破宇文於邙一訛「印」，一訛「卬」，史作「芒」。山，周武自晉陽而平鄴，雖左氏書城濮之役、鄢陵之戰、齊敗於鞍、傳作「鞌」。吴師入郢，亦不是過也。

按：知幾稱君懋書，不一而足，恨不得見矣。此所論載四事，非止述事，乃論文也。事最鉅，而文亦最詳練。今觀二李、令狐所撰次，大率皆藉爲藍本。故引注宜稍盡其曲折，不得與他處節見事略者同例。

文宣逼魏禪　北史：帝從容沈雅，有孝文風。渤海王高澄以崔季舒爲中書黄門侍郎，令監察動静。澄與季舒書曰：「癡人復何似？癡勢小差未？」及將禪位於文宣，襄城王昶等入奏事昭陽殿。昶曰：「五行遞運，有始有終。」「願陛下則堯禪舜。」帝便斂容答曰：「此事推挹已久，謹當遜避。」帝下御座，步就東廊，口詠范蔚宗後漢書贊云：「獻生不辰，身播國屯，終我四百，永作虞賓。」所司奏請發，帝曰：「古人念遺簪敝履，與六宫别，可乎〔九〕？」嬪趙國李氏誦陳思王詩云：「王其愛玉體，俱享黄髮期。」皇后已下皆哭。及出雲龍門，王公百寮衣冠拜辭。帝曰：「今日不減常道鄉公、漢獻帝。」衆皆悲愴。

常山廢乾明　北史：文宣天保十年紀云：初，帝改年天保，有識者曰：「天保」爲「一大人只十」，其不過十乎？又曾問太山道士，得幾年爲天子？曰：「得三十年。」後帝謂李后曰：「十年十月十日，得非三十也？人生有死，但憐正道幼，人將奪之耳。」廢帝乾明元年紀云：二月〔一〇〕，常山王演矯詔誅尚書令楊愔、尚書右僕射燕子獻等。八月，以太皇太后令廢帝爲濟南王，以常山王演入纂大統。初，文宣命邢邵制帝名殷，字正道。從而尤之，「殷家弟及，正字一止。吾身後，兒不得也。」因謂昭帝曰：「奪時但奪，慎勿殺也。」孝昭紀云：帝與濟南約不相害。及鄴，乃密殺之。後有見文宣從楊、燕等西行，言復仇。帝在晉陽亦見焉，乃講武以厭之。有兔驚馬，帝墜而絕肋。太后問濟南，曰：殺去邪？死其宜矣。

季逐昭公　昭二十五。事見上卷。

秦納重耳　僖二十四：秦穆公納之。

欒盈起　襄二十三：欒盈夜見胥午而告之，午伏之而觴曲沃人。樂作，午言曰：「今也得欒孺子何如？」對曰：「得主而爲之死，猶不死也。」皆歎，有泣者。爵行，又言。皆曰：「得主，何貳之有。」盈出，遍拜之。欒盈率以入絳。

乾谿　昭十二：雨雪，楚子皮冠，秦復陶，翠被，豹舄，執鞭以出，右尹子革夕，誦祈招之詩。王不自克，以及於難。

高祖破邙山　北史：武定元年二月，北豫州刺史高慎據武牢西叛。三月，周文率衆援高慎，神武大敗之於芒山。明日復戰，西師盡鋭來攻。神武失馬，赫連陽順下馬授神武，蒼頭馮文洛扶上俱走，從步騎六七人。追騎至，親信都督尉興慶曰：「王去矣〔一〕，興慶腰百箭，足殺百人。」神武曰：「事濟，以爾爲懷州。若死，用爾子。」興慶曰：「兒小，願用兄。」許之。興慶鬬，矢盡而死。西魏賀拔勝以十三騎逐神武，劉洪徽射中其二。勝槊將中神武，段孝先横射勝，馬殪，遂免。豫、洛二州平，神武使劉豐徇地至恒農而還。按：芒山即北邙也。張載七哀作「北芒」。

周武平鄴　北史：周武帝建德五年，冬十一月，帝發京師。十二月，次晉州，置陣東西二十餘里。乘常御馬，從數人巡陣，所至輒呼主帥姓名慰勉之。將戰，所司請换馬。帝曰：「朕乘良馬何之？」齊人塡塹南引，帝勒諸軍擊之。齊主與數十騎走并州，帝率諸軍追齊主。諸將請還師，帝曰：「卿等若疑，朕將獨往。」麾軍直進，次并州。齊主走鄴。六年春正月，傳位於其太子恒，改年承光。帝至鄴，率諸軍奮擊，遂平齊。齊主走青州，遣大將軍尉遲勤追之。二月，以齊主至。帝降自阼階，見以賓主禮。按：劭本齊人，此事敍齊後主，當更有致，語被削必多。

城濮鄢陵　城濮之戰在僖二十八，鄢陵之戰在成十六〔二〕。春秋晉、楚三大戰之二也。

敗于鞌　成二：晉郤克師陳于鞌，齊師敗績，逐之，三周華不注。

吴入郢　事在定四，略見上卷。按：條内援左爲況，先後凡八事，皆大篇也。事熟，故但舉年，從略。

或問曰：王劭齊志多記當時鄙言，爲是乎？爲非乎？

對曰：古往今來，名目各異。區分壤隔，稱謂不同。所以晉、楚方言，齊、魯俗語，六經諸子，載之多矣。**釋**：首原古俗方言，經籍並載。自漢已降，風俗屢遷，求諸史籍，差覩其事。或君臣之目，施諸朋友；或尊官之稱，屬諸君父。曲相崇敬，標以處士、王孫；輕加侮辱，號以僕夫、恐作「役夫」爲允。舍長。亦有荆楚訓多爲夥，廬江目橋爲圯。南呼北人曰傖，西謂東胡曰虜。渠、們、底、箇，江左彼此之辭；乃、若、君、卿，中朝汝我當作「爾汝」。之義。斯並因地而變，隨時而革，布在方册，無假推尋。足以知甿俗之有殊，驗土風之不類。**釋**：次言近古史籍亦載俗稱。

然自二京失守，四夷稱制，夷夏相雜，音句尤媸。而彦鸞、伯起，務存隱諱；**舊注**：謂「長」爲「藏，」蓋爲姚萇諱。**按**：偏舉諱名，與本義無涉，非原注也。重規、德棻，志在文飾。遂使中國數百年内，其俗無得而言。**釋**：自晉失中原，國音迭變。而史氏鄙而諱之，失其真矣。蓋語曰：「知古而不知今，謂之陸沈。」又曰：「一物不知，君子所恥。」是則時無遠近，事無巨細，必籍通「藉」。多聞以成博識。**釋**：數語呼起劭志，自居瑣細，言有分寸。如今之一無「之」字。所謂者，若中州名漢，關右稱羌，易臣以奴，呼母云姊。主上有大家之號，師人致兒郎之説。六句皆言現在俗傳口語。凡如此例，其流甚多。必尋其本源，莫詳所出。閲諸齊志，王劭作。則了然可知。由斯而言，劭之所録，其爲弘益一作「益彌」。多矣。足以開後進之蒙蔽，廣來者之耳目。微君懋，吾幾面墻於近事矣，而子奈何妄加譏誚者哉！ 釋：唯王劭能存質語，特深許之。

按：知幾論史，黜飾崇真，偏於里音，不惜紙費，可云有質癖矣。

處士王孫　後漢禰衡傳：衡爲江夏太守黄祖作書記，各得體宜。祖持其手曰：處士正得祖意。楚辭招隱士：王孫游兮不歸，春草生兮凄凄。漢韓信傳：吾哀王孫而進食，豈望報乎？注：蘇林曰：「王孫，如言公子也。」

僕夫舍長　左襄四：虞人之箴曰：「獸臣司原，敢告僕夫。」文元：楚世子商臣享江芊而勿敬。江芊怒曰：「呼！役夫。」史記扁鵲傳：扁鵲姓秦氏，名越人。少時爲人舍長。注：守客館之師〔一三〕，故云舍長也。

多爲夥　史記陳涉世家：涉既王，故人入見，曰：「夥頤！涉之爲王沈沈者。」楚人謂多爲夥，故天下傳之。

橋爲圯　史記留侯世家：良嘗閒從容步游下邳圯上。注：徐廣曰：圯，橋也。東楚謂之圯，音怡。

南呼北傖　晉書周玘傳：殺我者諸傖子。宋書索虜傳：傖人謂换易爲博。世説雅量：褚公乘估客船，投錢唐亭住。時縣令當送客出，亭吏驅公移牛屋下。令問牛屋下是何物人，吏云：昨一傖父來寄亭中，有尊貴客，權移之。按：所指皆北人也。

西謂東虜　史記高祖紀：項羽伏弩射中漢王，傷胸，乃捫足曰：「虜中吾指。」又婁敬傳：敬諫伐匈奴，上罵曰：「齊虜！以口舌得官。」後漢書：光武擊尤來、大槍，反爲所敗。笑曰：「幾爲虜嗤。」北史僭燕傳：關中謡曰：「太歲南行當復虜。」西人呼徒河爲白虜。按：所指皆東人也。

渠們底箇　郭注：漢書云：「渠有其人乎。」集韻：們，莫困切〔一四〕。正字通：今填詞家言俺們、我們〔一五〕。郭注：隋唐嘉話：崔湜爲中書令，張嘉貞爲舍人。湜輕之，常呼爲張底。揚子方言〔一六〕：箇，枚也。儀禮三個注：今俗名枚曰個。左昭三：二惠競爽，又弱一個焉。南史王弘之傳〔一七〕：若遣一個，有以相存。按：渠們、底箇，並可兩字連説。渠們，猶言他們。底箇，猶言那箇。

乃若君卿　祭統：衛孔悝之鼎銘曰：「若纂乃考服。」鄭注：若、乃，猶汝也。按：乃亦作「迺」。張良傳：豎儒幾敗迺公事。唐韻古音：古人讀若爲汝。史記云吾翁即若翁，漢書云吾翁即汝翁，可據也。東坡墨君堂記：凡人相與稱謂，貴之則「公」，賢之則「君」。韻會：敵體相卿，隋、唐以來下己則稱卿。愚按：隋前已然。晉庾峻傳：峻子敳。王衍不與敳交，敳卿之不置。衍曰：「君不得爲爾。」敳曰：「卿自君我，我自卿卿。」

中州名漢　北齊帝后傳：受漢老嫗斟酌。崔季舒傳：漢兒文官連名總署。按：古來威懾邊朔，惟漢最久，遂襲以爲華稱。

關右稱羌　師曠禽經：張華杜宇注曰：鼈靈鑿巫山，蜀人住江南，羌住江北，號曰西州。北史儒林傳：李業興師事徐遵明。鮮於靈馥曰：「李生久逐羌博士，何所得也？」又北史：周尉遲迥襲洛陽，齊將段韶曰：「西羌窺逼，膏肓之病。」按：二傳言羌，正指闗右言。

臣奴　易臣爲奴，南、北朝史如北齊恩倖傳云：帝家諸奴，叨竊貴幸。北史藝術傳云：齊文襄曰：「我家羣奴猶極貴。」皆指近習僕役言，非正謂朝臣也。因閱宋書魯爽傳：魏主燾南寇，爽與弟秀從渡河，謀歸南。請曰：「奴與南有仇」云云，下自釋云：「羣下於其主稱奴，猶稱臣也。」按：此爲的據。

母姊　「姊」，本作「姉」。北齊書文宣皇后李氏，武成踐祚，逼淫，有娠。太原王至閤，不得見。愠曰：「兒豈不知耶，姉姉腹大，故不見。」康熙字典：北齊太子稱生母曰姉姉。

主上大家　蔡邕獨斷：天子，親近侍從稱爲大家。北齊神武紀：何故觸大家。又恩倖傳：大家正作樂。又：大家去，大家去。

師人兒郎　爾雅釋言：師，人也。郭注：謂人衆。左傳：師人多寒。舊唐書封常清傳：高仙芝呼謂所召募兵曰：「我於京中召兒郎輩，得少許物，裝束未能足。」按：書傳所見上梁文，每發號，必唤「兒郎偉」。

皇家修五代史，梁、陳、北齊、後周、隋。館中墜稿仍存，皆因彼舊事，定爲新史。觀其朱墨所圖，通「塗」。鉛黄所拂，猶有可識者。或以實爲虚，以非爲是。**釋**：節首統舉，以下專糾百藥北齊。其北齊國史，皆稱諸帝廟號，及李氏撰齊書，其廟號有犯時諱者，**原注**：謂有「世」字，犯太宗文皇帝諱也。即稱謚焉。至如變世宗誤作「祖」。爲文襄，改世祖誤作「宗」。爲武成。苟除茲「世」字，而不悟「襄」、「成」有別。句意未足，恐有脱字。諸如此謬，不可勝紀。釋：因避諱而失者一。又舊誤「故」。其列傳之敘事也，或以武定臣佐降在成朝，或以河清事迹擢居襄代。故時日不接而隔越相偶，使讀者瞀亂而不測，驚駭而多疑。釋：紊時代而失者又一。嗟乎！因斯而言，則自古著書，未能精讞。書成絶筆，而遽捐舊章。遂令玉石同燼，一作「盡」。真僞難尋者，不其痛哉！釋：末復總慨。

按：此條糾百藥書，所言改廟稱謚，似非大病，紊時則不可。然亦約舉以見失真之概也。至首尾言墜稿塗拂，舊章捐燼，尤增浩歎矣。本來面目，屈受改移。推其用心，不殊於惡害己而去其籍者，恭慎君子戒之哉！愚綜覈此書，有行本互異者，必注一作某；有更定訛謬者，必注舊作某。蓋深懼塗拂捐燼之爲戾也。

世宗世祖　北齊書：高澄，神武長子。天保初，追尊文襄皇帝，廟號世宗。高湛，神武第九子，謚武成皇帝，廟號世祖。

武定河清　魏書：孝武既入關，齊神武迎清河王亶世子立之，是爲東魏孝靖帝。天平四年改元武定。北齊書：武成帝湛改元河清。

周書一條。

今俗所行周史，是令狐德棻等所撰。其書文而不實，雅而無檢，真迹甚寡，客氣尤煩。

釋：皆就變俚爲雅立論。尋宇文初習華風，事由蘇綽。至於軍國詞令，皆準尚書。太祖敕朝廷，他一無「他」字。文悉準於此。蓋史臣所記，皆稟其規。柳虯之徒，從風而靡。釋：始於令敕仿古，因而史筆從風。案綽文雖去彼淫麗，如南朝北梁諸書。存茲典實。謂規仿尚書之體。而陷於矯枉過正之失，乖夫適俗隨時之義。苟記言若是，則其謬逾多。爰及牛弘，彌尚儒雅。即其一有「書」字。舊事，因而勒成。務累上聲。清言，罕逢佳句。據文義，「佳句」恐是「往句」之訛，謂無復原初質語也。釋：此層申論上意，而本指所糾，乃在下文。而令狐不能別求他述，一作「術」，「述」通。用廣異聞，唯憑本書，重加潤色。原注：案宇文氏事多見於王劭齊志、隋書及蔡允恭後梁春秋。其王褒、庾信等事，又多見於蕭韶太清記、蕭大圜淮海亂離志、裴政太清實録、杜臺卿齊紀。而令狐德棻了不兼採，以廣其書。蓋以其中有鄙言，故致遺略。遂使周氏一代之史，多非實録者焉。釋：糾令狐書是節主。

按：此條蓋糾令狐周書也。其中間一片，皆是原注。

關右仿行周官，啓自蘇綽。其人好緣飾經術，以宇文周而貌成周，豈特武夫之與美玉而已。用夏變夷，聖賢所喜，史臣載筆，烏得舉其國書盡弁髦之。

客氣　左定八：公侵齊，門於陽州。士皆坐列，曰：「顏高之弓六鈞。」皆取而傳觀之。師退，冉猛僞傷足而先。又：侵齊，攻廩丘之郛，主人出，師奔，冉猛逐之，顧而無繼，僞顛。陽虎曰：「盡客氣也。」

蘇綽詔令　周書本傳：綽字令綽，歷官大行臺左丞。自有晉之季，文體浮華。周文因魏帝祭廟，羣臣畢至，乃命綽依尚書體爲大誥。自是之後，文筆皆依此體。按：今取其書覆之，頗有類王莽傳者。後閲王應麟語，亦云蘇綽大誥近於莽矣。

柳虯　見史官建置篇。

牛弘　見世家篇。

隋書一條。

昔賈誼上書，晁錯對策，皆有益軍一作「於」。國，足貽勸戒。而編於漢史，一作「史漢」，非。讀者猶恨其繁。如隋書王劭、袁充兩傳，唯録其詭辭妄説，遂盈一篇。尋又申以詆訶，尤其諂惑。夫一多「史」字，一多「人」字。載言示後一多「世」字。者，貴於辭理可觀。既以無益而書，豈一作「孰」。若遺而不載。蓋學者神識有限，而述者注記無涯。以有限之神識，觀無涯之注記，必如是，則閲之心目，視聽告勞；書之簡編，繕寫不給。嗚呼！苟自古一脱「古」字。著述其皆若此也，則知李斯之設坑阱，董卓之成帷蓋，雖其所行多濫，終亦有可取焉。有激之辭。

按：觀兩傳所録詭辭，其人諒不得爲純臣矣。但袁充無别見，若劭則平生著述，實非一種。隋書一概抹煞，而獨揚其所醜，實於史體有乖。揚雄著書，美新最穢，班史不録，獨於法言、玄經，書之甚詳。是可識去取之則也。

王劭任北朝史事，大概都輯國書，不爲飾説。人盡醜之，令與袁充同傳，專載蕪篇，意顯出於偏抑。知幾力與申理，言又豈無過激。讀者參取史與史通而持平劑量焉，庶乎兩見其情矣。此論愚於曲筆篇頗及之。

王劭袁充兩傳　隋書：王劭，齊滅入周。言上有龍顏戴干之表，上表言符命云云。有人於黄鳳泉得二白石，頗有文理，遂附致其文爲字，又撰皇隋靈感誌。文獻皇后崩，復上言生天之應。按：此所録王劭詭辭也。袁充字德符。陳滅，歸國。頗解占候，領太史令。時將廢太子，因希旨觀象，言當廢。復表奏隋興已後，日景漸長。又言上本命與陰陽律吕合者六十餘條。煬帝初，充奏日景逾長，即位與堯受命年合，信所謂「唐哉皇哉，皇哉唐哉」者矣。按：此所録袁充詭辭也。又按：北史房彦謙傳：太原王劭、北海高構、蓨縣李綱、中山郎茂、郎潁、河東柳彧、薛孺，皆一時知名雅澹之士，彦謙並與爲友，門無雜賓。據此，劭固名流所推重也。彦謙，玄齡父，時所稱素儉無私者。

李斯坑阱　史記秦紀：丞相斯請史官非秦記皆燒之，非博士官所職，天下敢有藏諸書百家語者，悉詣守尉雜燒之。使御史悉案問諸生，諸生傳相告引四百六十餘人，皆坑之咸陽。

董卓帷蓋　後漢儒林傳序：初，光武遷洛陽，經牒秘書，載之二千餘兩。及董卓移都，自辟雍、東觀、蘭臺、石室、宣明、鴻都諸藏，競共割散。其縑帛圖書，大則連爲帷蓋，小乃制爲縢囊。王允所收而西，裁七十餘乘。長安之亂，一時焚蕩。

案隋史讖王君懋撰齊、隋二史，舊有「其」字。敘録煩碎。此處當補「及其自編隋書，仍復蕪辭不翦」云云，方得文義清劃。行本缺。至如劉臻還宅，訪子方知；王劭思書，爲奴所侮。此而畢載，爲失更多。可謂尤而效之，罪又甚焉者矣。

按：此復抽論令狐隋書之猥雜也。節首讖王君懋等句，止是挑筆。若其脱句不補，幾不知此條何指。

劉臻還宅　隋書本傳：臻字宣摯，位儀同三司。臻性多忘。有劉訥亦仕儀同，臻欲尋訥，謂從者曰：「汝知劉儀同家乎？」從者不知，謂臻還家，于是引之而去。既扣門，臻尚未悟，據鞍大呼曰：「劉儀同可出矣。」其子迎門。臻驚曰：「汝亦來耶？」其子曰：「此是大人家。」顧盻久之，方悟。

王劭思書　隋書本傳：劭篤好經史，用思既專，性頗恍惚。每至對食，閉目凝思。盤中之肉，輒爲僕從所噉。劭弗之覺，唯責肉少，數罰廚人。廚人以白劭。劭依前閉目，伺而獲之。其專固如此。

校勘記

〔一〕涉脱止而成沙　「涉」原作「步」，據注文「涉」訛作「沙」而改。

〔二〕隗然復醉　「隗」原作「塊」，據晉書改。

〔三〕魏明元帝子燾　「明元」原作「元明」，據宋書改。

〔四〕著烏布襦　「布」原作「巾」，據魏書改。

〔五〕泰常二年　「泰」原作「太」，據魏書改，下同。

〔六〕浩曰真貴種矣　「浩曰」二字據魏書補。

〔七〕字叔原　「叔」原作「淑」，據晉書改。

〔八〕袁山松以女妻之　「山松」原作「崧」，據晉書改。

〔九〕可乎　「乎」字據北史補。

〔一〇〕二月　「二月」原作「正月」。按演矯詔誅楊愔等在乙巳，乙巳爲二月。北史原無月分，「正月」通釋所加，今據資治通鑑改。

〔一一〕親信都督尉興慶曰王去矣　「督」字原無，「去」原作「怯」，據北史補改。

〔一二〕鄢陵之戰在成十六　「六」原作「七」，據左傳改。

〔一三〕守客館之師　「師」原作「司」，據史記索隱改。

〔一四〕莫困切　「困」原作「奔」，據集韻改。

〔一五〕正字通今填詞家言俺們我們　「正字通」原無，「填」原作「慎」，據正字通補改。

〔一六〕揚子方言　「方言」原作「法言」，據方言改。

〔一七〕南史王弘之傳　「弘」原作「鎮」，據南史改。

史通通釋卷十八

外篇

雜説下第九　二十五條。

諸史六條。○前二篇皆循代分條，此六條錯舉立説，故統曰諸史。

夫盛服飾者，以珠翠爲先；工繢事者，以丹青爲主。至若錯綜乖所，分布失宜，則綵絢雖多，巧妙不足者矣。釋：數語總爲公孫、靈運兩傳贊論作挈。王本此處截條，非。觀班氏公孫弘傳贊，直言漢之得人，盛於武、宣二代，至於平津善惡，寂蔑「滅」通。無覩。持論如是，其義靡聞。必矜其美辭，愛而不棄，則宜微有改易，列於百官公卿表後。庶尋文究理，頗相附會。以兹編録，不猶愈乎？釋：此言公孫傳贊，闌及得人也。○王本此處又截條，非。又沈侯謝靈運傳論，全説文體，備言音律，此正可爲翰林之補亡，流别之總説耳。原注：李充撰翰林論，摯虞撰文章流別集。如次諸史傳，實爲乖越。**釋**：此言靈運傳論泛談文體也。陸士衡有云：「離之則雙美，合之則兩傷。」信矣哉！**釋**：此所引言，總束兩贊論之適分。○此下舊皆連後條，非。

按：類舉兩傳贊論，皆屬史家變體，正見作手化裁。用此爲譏，太煞印板矣。然設移班贊爲公卿表跋，取沈論作流別弁言，固自位置得所。道可兩行者，多此類。

此條當與編次篇尾論彙商。

公孫弘傳贊　見編次篇。按：彼言宜居武、宣紀末，此言宜列公卿表後，兩論皆通，可見印板之中，亦具化裁之用。

謝靈運傳論　其略曰：六義所因，四始攸繫。屈、宋導於前，賈、馬振於後，王、劉、揚、班、崔、蔡之徒異軌同奔，建安曹氏緯文被質。自漢至魏，文體三變，原其飆流所始，莫不同祖風、騷。降及元康，潘、陸特秀。自建武暨於義熙，仲文革孫、許之風，叔源變太元之氣。爰逮宋代，靈運興會標舉，延年體裁明密。夫五色相宣，八音協暢，若前有浮聲，則後須切響。妙達此旨，始可言文。

其有事可書而不書者，不應書而書者。至如班固敍事，微小必書，至高祖破項垓下，斬首八萬，曾不涉言。李齊李百藥北齊書。於後主紀則書幸於侍中穆提婆第，於孝昭紀則不言親戎以伐奚，於邊疆小寇無不畢紀，如司馬消難擁數州之地以叛，曾不挂言。略大舉一作「存」。小，其流非一。此下舊連後段，非。

按：此條專論可書不應書者，舉小大相反爲言。但其中有摘論未允處，詳具注內。

垓下斬首八萬　史記高紀敍項羽敗垓下時云：「使騎將灌嬰追殺項羽東城，斬首八萬，遂略定楚地。」漢書高紀但云：「灌嬰追斬羽東城，楚地悉定。」按：漢書削去「斬首八萬」句，於本朝開創殺戮，不盡其辭，非大失也。所惜者，是時淮陰侯先却後乘，出奇決勝，乃其最後一番兵陣妙用。史公不置於本傳，而補見於此，班乃並没去之，爲闕事耳。

幸提婆第　北齊恩倖傳：穆提婆本姓駱，母陸令萱入掖庭，後提婆改姓穆氏。按：後主紀但書以領軍穆提婆爲尚書左僕射，而無幸其第之文，並穆后及提婆傳亦不及幸第事。史通所云，未詳何據。

親戎伐奚　按：孝昭紀皇建元年，帝親戎北討庫莫奚，出長城，虜奔遁，分兵致討，大獲牛馬。據此，則事已入紀矣，而史通以爲不言，亦未詳何意。

司馬消難　司馬子如傳：子消難，尚高祖女，爲北豫州刺史，鎮武牢。與公主情好不睦，公主訴之，懼罪，遂招延鄰敵，走關西。按：消難於齊事盡此。周書本傳：消難入朝，授大將軍，從東伐。隋文輔政，消難以所管九州八鎮質於陳，尋歸陳。陳以爲都督九州八鎮、車騎將軍。後又還關中。按：消難固反覆子，而所云擁數州地，乃入周後事，非在齊事也。其人應列周史，而名挂齊史者，緣父及之也。史通以爲百藥病，亦非。

昔劉勰有云：「自卿、淵舊誤作「雲」。已前，多役才而不課學；向、雄文心作「雄向」。已後，頗引書以助文。」然近史所載，亦多如是。故雖有王平所識，僅通十字；霍光無學，不知一經。而述其言語，必稱典誥。良由才乏天然，故事資虛飾者矣。**釋**：首層以引書助文領起大意。○一本此四行截附前條，不連下段，非。案宋書稱武帝入關，以鎮惡不伐，遠方馮異；於渭濱游覽，追思一作「想」。太公。夫以宋祖無學，愚智所委，一作「悉」。安能援引古事，以酬答羣臣者乎？斯不然矣。此句一本有重句。○渭濱熟事，何人不知，以此判宋武，亦失平。**釋**：此層亦引下之文，其所主在周書也。更一作「又」。有甚於此者，覩周、齊二國，俱出陰山，必言類互鄉，則宇文尤甚。**原注**：案王劭齊志：宇文公呼高祖曰「漢兒」，夫以獻武音詞未變胡俗，王、宋所載，其鄙甚多矣。周帝仍稱之以華夏，則知其言不逮於齊遠矣。按：獻武即齊神武也。「音詞」舊誤作「音嗣」，「稱之」舊作「因之」，亦誤。**釋**：四句周、齊並提，意側在周。而牛弘、作周史。王劭，作齊志。並掌策書，其載齊言也，則淺俗如彼；其載周言也，則文雅若此。夫如是，何哉？非兩邦有夷夏之殊，由二史有虛實之異故也。**釋**：此層舉周、齊二史相衡，見周史偏多雅句，必非本語矣。夫以記宇文之言，而動遵經典，多依史、漢，**原注**：周史述太祖論梁元帝曰：「蕭繹可謂天之所廢，誰能興之者乎？」又宇文測爲汾州，或譖之，太祖怒曰：「何爲間我骨肉，生此貝錦？」此並六經之言也。又曰：「榮權吉士也，寡人與之言無二。」此則三國志之辭也。其餘言皆如此，豈是宇文之語耶？又案裴政梁太清實録稱元帝使王琛聘魏，長孫儉謂宇文曰：「王琛眼睛全不轉。」公曰：「瞎奴使癡人來，豈得怨我？」此言與王、宋所載相類，可謂真宇文之言，無愧於實録矣。此何異莊子述鮒魚之對而辯類蘇、張，賈生敍鵩鳥之辭而文同屈、宋，施於寓言則可，求諸實録則否矣。**釋：**自此層以下專斥周史之多飾。

○一本此處截分，非。世稱近史編語，**原注：**謂「言語」之「語」也。唯周多美辭。夫以博採古文而聚成今説，是則俗之所傳有雞九錫、酒孝經、房中志、醉鄉記，或師範五經，或規模三史，雖文皆雅正，而事悉虛無，豈可便謂南、董之才，宜居班、馬之職也？**釋：**末就時論之稱周史者折之。

○舊本此處連下條，非。

按：此亦言語等篇一派話頭，即是前卷論周史一條注脚。通節之旨，總貫在「引書助文」四字中。唐史訾鄭餘慶奏議類用古語，人誚其不適時，意正類此。

鮒魚、鵩鳥，猶前云聽雀、聞牛也，頗涉惡道，如柳州與韋中立書：「雪與日豈有過哉？顧吠者犬耳。」此種揶揄，鄙心不喜。

卿淵二句　本文心才略篇文。

僅通十字　蜀志王平傳：平字子均，生長戎旅，手不能書，其所識不過十字，而口授作書，皆有意理。

霍光無學　霍光傳贊：光不學亡術，暗於大理。

鎮惡方馮異　南史王鎮惡傳：鎮惡，猛之孫也。宋武帝北伐，以鎮惡領前鋒。及陷長安，於灞上迎武帝，帝勞之。謝曰：「此明公之威，諸將之力，鎮惡何功之有焉？」帝曰：「卿欲學馮異耶？」後漢馮異傳：每所止舍，諸將並坐論功，異獨屏樹下，軍中號曰大樹將軍。

渭濱思太公　南史鄭鮮之傳〔一〕：帝至渭濱，歎曰：「此地寧復有呂望耶？」鄭鮮之曰：「明公以旰食待士〔二〕，豈患海内無人？」

宋祖無學　鄭鮮之傳：帝少事軍旅，不經涉學〔三〕，時或談論進難，帝時有慚恧。裴昭明傳：昭明罷郡，無宅，帝曰：我不讀書，不知古人誰可比之？

鮒魚之對　莊子外物篇：莊周顧視車轍中有鮒魚焉，曰：「我東海之波臣也，君豈有升斗之水而活我哉？」周曰：「我且激西江之水以迎子，可乎？」鮒魚忿然作色曰：「君乃言此，曾不如索我於枯魚之肆！」

鵩鳥之辭　賈誼鵩鳥賦：鵩鳥歎息，舉首奮翼，口不能言，請對以臆。

雞九錫等　王訓故：袁淑俳諧記有雞九錫文，皇甫松著酒孝經、房中志，王績著醉鄉記。困學紀聞：雞九錫封浚稽山子。

自梁室云季，雕蟲道長。**原注**：謂太清已後。平頭上尾，尤忌於時；對語儷辭，盛行於俗。始自江外，被於洛中。而史之載言，亦同於此。**原注**：何之元梁典稱議納侯景，高祖曰：「文叔得尹遵之降而隗囂滅，安世用羊祜之言而孫晧平。」夫漢、晉之君，事殊僭盜，梁主必不捨其謚號，呼以字名，此由須對語儷辭故也。又姚最梁後略稱高祖曰：「得既在我，失亦在予，不及子孫，知復何恨。」夫變我稱予，互文成句，求諸人語，理必不然，此由避平頭上尾故也。又蕭韶太清記曰：「温子昇永安故事言爾朱世隆之攻没建業也，怨痛之響，上徹天閽；酸苦之極，下傷人理。」此皆語非簡要，而徒積字成文，並由趨聲對之爲患也。或聲從流靡，或語須偶對，此之爲害，其流甚多。○「尹遵」或作「王郎」，或作「王遵」，並非。「字名」舊作「姓名」，「皆語」舊作「語皆」，「趨聲對」舊作「避聲對」，今皆刊正。假有辨如酈叟，吃若周昌，子羽修飾而言，仲由率爾而對，莫不拘以文禁，一概而書，必求實録，多見其妄矣。

按：此原平頭對語之習，盛於梁代也。然公自言之，乃自襲之，何耶？豈謂施於文則可，施於史不可耶？我予互句對，推之稱人，季漢已肇其端，臧洪書與陳琳曰「足下徼利於境外」，「吾子托身於盟主」是也。輒讀而病之。

平頭上尾　南史陸厥傳：厥好爲文章，沈約、謝朓、王融類相推轂，汝南周顒善識聲韻，皆用宮商，將平上去入四聲制韻，有平頭、上尾、蜂腰、鶴膝。五字之中，音韻悉異；兩句之内，角徵不同。世呼爲永明體。詩苑類格：沈約云：「詩病有八：平頭、上尾、蜂腰、鶴膝、大韻、小韻、旁紐、正紐，唯上尾、鶴膝最忌。」

辨如酈叟　漢酈食其傳贊：高祖以征伐定天下，而縉紳之徒騁其知辯，並成大業。酈生自匿監門，待主然後出。

吃若周昌　史記周昌傳：高帝欲廢太子，昌爲人吃，又盛怒，曰：臣口不能言，然臣期期知其不可。陛下即欲易太子，然臣期期不奉詔。

夫晉、宋已前，帝王傳授，始自錫命，終於登極。其間箋疏款曲，詔策頻煩。雖事皆僞迹，言並飾讓，猶能備其威儀，陳其文物，俾禮容可識，朝野具瞻。逮於近古，我則不暇。至如梁武之居江陵，齊宣之在晉陽，或文出荆州，假稱宣德之令；**原注**：江陵之去建業，地闊數千餘里。宣德皇后下令，旬日必至。以此而言，其僞可見。或書成并部，虚云孝靖之敕。**原注**：北齊文宣帝將受魏禪，密撰錫讓、勸進、斷表文詔，入奏請署，一時頓盡。則知無復前後節文，等差降殺也。○此注舊編在後注之下，誤。凡此文誥，本不施行，必也載之起居，編之國史，豈所謂撮其機要，翦截浮辭者哉？但二蕭、陳、隋諸史，通多此失，**原注**：晉、魏及宋，自創業後，稱公王，即帝位，皆數十年間事也。夫功德日盛，稍進累遷，足驗禮容不欺，揖遜無失。自齊、梁已降，稱公王及即帝位，皆不出旬月之中耳。夫以迫促如是，則於禮儀何有者哉？唯王劭所撰齊志，獨無是焉。舊本此處連下條，非。

按：此斥南北晚近諸朝，自撰錫禪文詔，月日以幾，史皆載之，愈形其僞。王志獨無，高出諸史也。

文出荆州　南史梁武紀：齊南康王即帝位於江陵，遥廢東昏爲涪陵王，以帝加征東將軍(四)，鎮石頭。王珍國斬東昏。二年正月，進帝爲梁公，備九錫。二月，進爵爲王。三月丙辰，齊帝下詔禪位。四月辛酉，宣德皇后令曰：西詔至，憲章前代，敬禪神器於梁，明可臨軒，授璽紱。

書成并部　通鑑：渤海高德政善圖讖，勸高洋受禪。洋還晉陽，令左右陳山提齎事條，并密書與楊愔。山提至鄴，愔即召太常卿邢邵等撰儀注，秘書監魏收草九錫、禪讓、勸進諸文。洋至鄴，孝靖禪位於齊。

夫以暴易暴，舊作「以暴易古」，一作「以累易古」。古人以爲嗤。如彥淵之改魏收也，以非易非，彌見其失矣。而撰隋舊衍「文」字。史者，稱澹大矯收失者，何哉？且以澹著書方於君懋，豈唯其間可容數人而已，史臣美澹而譏劭者，**原注**：隋史每論皆云「史臣曰」，今故因其成事，呼爲「史臣」。豈所謂通鑒乎？語曰：「蟬翼爲重，千鈞爲輕。」其斯之謂矣！

按：此所主在魏書，而所刺在魏澹，與上條文義不相蒙，王劭特帶銜之耳，故分擘宜穩。詳諸史諸條，皆有承轉語助，本一片文字。後人見頭緒紛出，遂離立之，取便循覽，未爲害事。無如當連反斷，當斷反連。老杜詩云：「海圖坼波濤，舊繡移曲折。」閱之令人目迷，細意分張，頗煩裁緝。

別傳九條。○所舉皆非國史，故曰別傳。

劉向列女傳云：「夏姬再爲夫人，三爲王后。」夫爲夫人則難以驗也，爲王后則斷可知矣。**釋**：三爲王后，是駁案主句。案其時諸國稱王，唯楚而已。如巫臣諫莊將納姬氏，不言曾入楚宮，則其爲后當在周室。蓋周德雖衰，猶稱秉禮。豈可族稱姬氏而妻厥同姓者乎？且魯娶於吳，謂之孟子。聚麀之誚，起自昭公。未聞其先已有斯事，禮之所載，何其闕如！**原注**：雜記曰：夫人之不命於天子，自魯昭公始也。又以女子一身，而作嬪三代，求諸人事，理必不然。**釋**：已上言春秋時無其事。尋夫春秋之後，國稱王者有七。蓋由向誤以夏姬之生，當夫戰國之世，稱三爲王后者，謂歷嬪七國諸王，校以年代，殊爲乖刺。**釋**：此言戰國時無其人。至於他篇，茲例甚衆。故論楚也，則昭王當云平王。與秦穆同時；言齊也，則晏嬰居宋景之後。今粗舉一二，其流可知。**釋**：節尾推類言之。

原注：列女傳曰：齊傷槐女，景公時人，謂晏子曰：昔宋景公時大旱三年。夫謂宋景爲昔，即居其後矣。

觀劉向對成帝，稱武、宣行事，世傳失實，事具風俗通，其言可謂明鑑者矣。**釋**：首借劉向自言，挑起議論。及自造洪範、五行，及新序、說苑、列女、神仙諸傳，而皆廣陳虛事，多構僞辭。非其識不周而才不足，蓋以世人多可欺故也。嗚呼！後生可畏，何代無人，而輒輕忽若斯者哉！夫傳聞失真，書事失實，蓋事有不獲已，人所不能免也。至於故爲異說，以惑後來，則過之尤甚者矣！**釋**：已上揭一「欺」字，爲後文作冒。○舊本此處截條，非是。案蘇秦答燕易王，稱有婦人將殺夫，令妾進其藥酒，妾佯僵而覆之。又甘茂謂蘇代或訛作「氏」。云：貧人女與富人女會績，曰：「無以買燭，而子之光有餘，子可分我餘光，無損子明。」此並戰國之時，游說之士，寓言設理，以相比興。及向之著書也，乃用一作「因」。蘇氏之說，爲二婦人立傳，定其邦國，加其姓氏，以彼烏有，持爲指實，何其妄哉！**釋**：此段摘出二傳，以實其欺。又有甚於此者，至如伯奇化鳥，對吉甫以哀鳴；宿瘤隱形，干齊王而作后。此則不附於物理者矣。復有懷嬴失節，目爲貞女；劉安覆族，定以登仙。立一作「夫」。言如是，豈顧丘明之有傳，孟堅之有史哉！　釋：末又類舉其失。

按：已上二條，並糾劉向也。前條言年世舛訛，後條言事理傳會。

夏姬　左傳成二：楚之討陳夏氏也，莊王欲納夏姬。申公巫臣曰：「不可。君召諸侯，以討罪也。今納夏姬，貪其色也。」「君其圖之！」王乃止。

昭王秦穆同時　即申左篇秦穆女爲荆平夫人事，兩引俱誤作「昭王」，彼篇已刊正。

晏嬰居宋景後　列女傳：齊傷槐衍之女名婧，景公有所愛槐，令曰：傷槐者刑！於是衍醉而傷槐，景公且加罪焉。婧懼，乃造晏嬰之門曰：昔者宋景公時大旱，卜以人祀。景公曰：必以人祀，寡人請自當之。今殺婧之父，鄰國皆謂君愛樹而賊人，其可乎？　郭評：宋景公頭曼在齊景公杵臼後三十餘年。

世傳失實　風俗通正失：成帝問：文帝治天下，孰與孝宣皇帝？劉向曰：世之毁譽，莫能得實，審形者少，隨聲者多。世間言文帝祭代東門，期日再中，集上書囊爲帷，粟一升一錢。凡此皆俗人妄傳，言過其實。

進藥酒　戰國燕策：有遠爲吏者，其妻私人。其夫且歸，私者憂之，其妻曰：「勿憂也，吾已爲藥酒待之矣！」後二日，夫至，妻使妾奉巵酒進之。妾知其爲藥酒也，進之則殺主父，言之則逐主母，乃陽僵，棄酒。　列女傳：周主忠妾者，周大夫妻之媵妾也。大夫仕於周，其妻淫於鄰人。其下文略與策同。

分餘光　史記甘茂傳：貧人女與富人女會績，曰：子可分我餘光云云。列女傳：齊女徐吾者，東海貧婦人也。與鄰婦李吾會燭夜績，徐吾燭數不屬，李吾曰：請無與夜也。徐吾曰云云。

伯奇化鳥　陳思王令禽惡鳥論：昔尹吉甫用後妻之讒，殺孝子伯奇。吉甫後悟，追傷伯奇。出見鳥，鳴聲噭然，吉甫動心，曰：「伯勞乎！」乃其音尤切。吉甫曰：「伯勞乎？是吾子，棲吾輿；非吾子，飛勿居。」鳥尋聲而棲於蓋。按：史通所糾，乃謂劉向書也，而今本説苑、新序皆不見斯事。曾鞏二書序云：新序三十篇，隋、唐之世，尚爲全書，今可見者，十篇而已。説苑二十篇，崇文總目存者五篇，又間得者十有三篇。然則所糾，皆在亡篇歟？

宿瘤隱形　郭注：宿瘤無隱形事。列女傳：宿瘤女者，齊東郭採桑之女也，項有大瘤，故號宿瘤。閔王出游，百姓盡觀，宿瘤採桑如故。王曰：奇女也！遂以爲后。黄本補注：新序云：齊有婦人，極醜無雙，號曰無鹽女。自詣宣王曰：「竊嘗喜隱。」王曰：「試一行之。」言未卒，忽然不見，宣王大驚。是隱形乃無鹽事，非宿瘤也。按：事亦見列女傳，又謂女號鍾離春，無鹽乃其邑名。

懷嬴　郭注：懷嬴，秦穆公女也。初事晉懷公圉，後事晉文公重耳，故曰失節。按：列女傳不及妻晉文事。

劉安　按：漢書：淮南王安謀反被誅，而以爲仙去者，葛洪神仙傳有之，亦不見劉向書。

揚雄法言，好論司馬遷而不及左丘明，常稱左氏傳唯有「品藻」二言而已，是其鑒物有所不明者也。且雄哂子長愛奇多雜，一作「新」，非。又曰不依仲尼之筆，非書也，自序又云不讀非聖之書。然其撰甘泉賦，當云羽獵賦。則云「鞭宓妃」云云，劉勰文心已譏一作「議」。之矣。然則作「然而」用。文章小道，無足致嗤。觀其蜀王或作「主」。本紀，稱杜魄化而爲鵑，荆尸變而爲鼈，其言如是，何其鄙哉！所謂非言之難而行之難也。

按：此條折揚子也，即以其言還折之。賦家誇威飾事，宛虹入軒，元冥困野，何嫌荒誕。著書則不可。

品藻二言　法言重黎篇：或問周官？曰：立事。左氏？曰：品藻。太史遷？曰：實録。按：二言者，二字也。

愛奇多雜　君子篇：仲尼多愛，愛義也；子長多愛，愛奇也。問神篇：或曰：「淮南、太史公者其多知歟，曷其雜也？」曰：「雜乎雜，人病以多知爲雜，唯聖人爲不雜。」

鞭宓妃　王訓故：揚雄羽獵賦云：「鞭洛水之宓妃兮，餉屈原與彭胥。」劉勰文心夸飾篇云：子雲校獵，鞭宓妃以餉屈原，變彼洛神，既非罔兩，而虛用濫形，不其疏乎？

杜魄荆尸　王訓故：揚雄蜀王本紀云：荆人鼈令死，屍化隨江水上至成都，見蜀王杜宇。杜宇立以爲相。杜宇號望帝，自以德不如鼈令，以其國禪之。又説文成都記云：望帝死，其魄化爲鳥，名曰杜鵑。路史餘論：鼈，水名也，亦作鼈縣，在牂牁。故知幾以子雲之説爲妄。

夫十室之邑，必有忠信。欲求不朽，弘之在人。何者？交阯遠居南裔，越裳之俗也；士燮所產地。敦煌僻處西域，昆戎之鄉也。劉昞所產地。求諸人物，自古闕載。蓋由地居下國，路絶上京，史官注記，所不能及也。既而士燮著録，劉昞裁書，則磊落英才，粲然盈矚者矣。向使兩賢不出，二郡無記，彼邊隅之君子，何以取聞於後世乎？是知一誤作「非」。著述之功，其力大矣，豈與夫詩賦小技校其優劣者哉？

按：此條人文互表，士燮、劉昞皆生長偏陲，而人因文顯，見著述家功用宏長。

士燮　吴志士燮傳：燮字彦威，蒼梧人。官交阯太守，中國士人往依避難。陳國袁徽與荀彧書曰：交阯士府君學問優博，達於從政。官事小閡，玩習書傳。春秋左氏傳尤有師説，意思甚密，尚書兼通古今大義。今欲條左氏、尚書長義上之。其見稱如此。

劉昞　其人見點煩篇，其所著書見論贊篇。

自戰國已下，詞人屬文，皆僞立客主，假相酬答。至於屈原離騷辭，稱遇漁一訛「漢」。父於江渚；宋玉高唐賦，云夢神女於陽臺。夫言並文章，句結音韻。以兹叙事，足驗憑虚。而司馬遷、習鑿齒之徒，皆採爲逸事，編諸史籍，疑誤後學，不其甚邪！必如是，則馬卿游梁，枚乘譖其好色；曹植至洛，宓妃覩於巖畔。撰漢、舊脱「漢」字，黄本補。魏史者，亦宜編爲實録矣。

按：此闢屈原列傳之採録漁父辭，漢晉春秋之援證神女事也，别傳一科，不涉史乘。而此條夾入二史，頗嫌爲例不純，亦緣此下連舉寓言，假之起例耳。

漁父　王逸注序：漁父者，屈原之所作也。漁父避俗，時遇屈原，怪而問之，遂相應答。

神女　高唐賦：昔者先王嘗游高唐，夢一婦人，去而辭曰：「旦爲朝雲，暮爲行雨，朝朝暮暮，陽臺之下。」楚襄王使玉賦高唐之事，又作神女賦。

馬卿好色　相如美人賦：相如游梁，梁王悦之。鄒陽譖之曰：相如服色妖麗，游王後宫，王察之乎？王問相如：子好色乎？相如曰：臣不好色也。臣氣服於内，心正於懷，信誓旦旦，秉志不回。按：枚、鄒互異，有誤。

曹植至洛　曹植洛神賦：余從京域〔五〕，言歸東藩，容與乎陽林，流盼乎洛川。於是精移神駭，忽焉思散，覩一麗人於巖之畔。

宓妃　黄補注：漢書音義如淳曰：「宓妃，宓羲氏之女也，死洛水，爲洛神。」

嵇康撰高士傳，取莊子、楚辭二漁父事，合成一篇。夫以園吏之寓言，騷人之假説，而定爲實録，斯已謬矣。況此二漁父者，較年則前後别時，論地則南北殊壤，而輒併之爲一，豈非惑哉？苟如是，則蘇代所言雙擒蚌鷸，伍胥所遇渡水蘆中，斯並漁父善事，亦可同歸一録，何止揄袂緇帷之林，濯纓滄浪之水，若斯而已也。「蘇代」至末四十七字，舊本作細書，其原文別有四十三字，大意略同。蓋是兩本互異之文，非注也。今按：本書體裁，駢者爲稱，故轉用之，仍録原文於左：蘇代所言雙擒蚌鷸，此亦漁父之一事，何不同書於傳乎？必惟取揄袂緇帷之林，濯纓滄浪之水，彌見其未學也。○舊本此下連後條，郭本此處截。

莊周著書，以寓言爲主；嵇康述高士傳，多引其虚辭。至若神有混沌，編諸首録。苟以此爲實，則其流甚多，至如蠹鼈競長，蚿蛇相鄰，鷽莊子作「學」。鳩笑而後言，鮒魚忿以作色。向使康撰幽明録、齊諧記，一衍「怪」字。並可引爲真事矣。夫識理如此，何爲而薄周、孔哉？

按：已上二條，並糾中散書也。舊本聯爲一通，鬬楯未緻，前論中壘，亦分條矣。援而例之，可無合糅。

二漁父　莊子漁父篇：孔子游於緇帷之林，絃歌鼓琴。奏曲未半，有漁父者下船而來，鬚眉交白，被髪揄袂，行原以上，距陸而止。左手據膝，右手持頤以聽，曲終。楚辭漁父篇：漁父莞爾而笑，鼓枻而去，歌曰：「滄浪之水清兮，可以濯吾纓；滄浪之水濁兮，可以濯吾足。」遂去，不復與言。

擒鷸蚌　戰國燕策：趙且伐燕，蘇代爲燕，謂趙王曰：臣過易水，蚌方出曝，而鷸啄其肉，蚌合而箝其喙。鷸曰：「今日不兩，明日不兩，即有死蚌。」蚌亦曰：「今日不出，明日不出，即有死鷸。」不肯相舍，漁者並擒之。天禄識餘：兩謂鬬口，或改「兩」作「雨」，非。愚謂作「雨」者不惟失義，且失韻。

渡蘆中　吴越春秋：伍員奔吴，至江，漁父渡之，有饑色，曰：「爲子取餉。」子胥乃潛身深葦之中。有頃，父來而呼之曰：「蘆中人，蘆中人，豈非窮士乎？」子胥出應，食畢，曰：「請丈人姓字。」漁父曰：「今日凶凶，兩賊相逢，」「何用姓字爲？」

混沌　莊子應帝王：南海之帝爲儵，北海之帝爲忽，中央之帝爲混沌。儵與忽時相遇於混沌之地，混沌待之甚善。儵與忽謀報混沌之德，曰：「人皆有七竅，以視聽食息，此獨無有，嘗試鑿之。」日鑿一竅，七日而混沌死。按：與言語篇各意。

其流甚多　秋水篇：坎井之鼃謂東海之鼈曰：吾跳梁乎井幹之上〔六〕，入休乎缺甃之崖，此亦至矣，夫子奚不時來觀乎？東海之鼈左足未入，右膝已縶，於是鼃聞之，規規然自失也。又：蚿憐蛇，蛇憐風。蚿謂蛇曰：「吾以衆足行，而不及子之無足，何也？」蛇曰：「夫天機之所動，何可易邪！吾安用足哉！」又：鸒鳩見逍遥游。又：鮒魚見前。

薄周孔　嵇康絶交書：自惟至熟，有必不堪者七，甚不可者二。每非湯、武而薄周、孔，在人間不止，此事會顯，世教所不容。此甚不可一也。

杜元凱撰列女記，博採經籍前史，顯録古老明言，而事有可疑，猶闕而不載。斯豈非理存雅正，心嫉邪僻者乎？君子哉若人也！長者哉若人也！一本下連李陵集，非。

按：此借元凱書，指出著書正令，曰顯録明言，有疑猶闕。卓哉！當爲輓近世掩襲作僞者一提其耳。

列女記　預本傳：撰女記讚，當時論者，謂文義質直。隋經籍志：女記十卷，杜預撰。在雜傳類。

李陵集有與蘇武書，詞采壯麗，音句流靡。觀其文體，不類西漢人，一無「人」字。殆後來一脱「來」字。所爲，假稱陵作也。遷史舊本此二字誤入「以焉」之下。缺而不載，良有以焉。編於李集舊誤作「傳」。中，斯爲謬矣。一本無此二句。

按：決陵此書爲假作，具眼在坡老之前，可悟此老非不知文者。海虞王侍御峻爲余言：子瞻疑此書出齊、梁人手，恐亦強坐。江文通上建平王書已用「少卿搥心」之語，豈以時流語作典故哉？當是漢季晉初人擬爲之。

雜識十條。○「識」舊作「説」。按：雜説乃篇之總名，豈以科別之名混之？雜識，猶言雜記也，或讀作入聲，遂以音訛轉作「説」字耳。

夫自古舊有「之」字。學者，談稱一作「講」。多矣。精於公羊者，尤憎左氏；習於太史者，一多「則」字。偏嫉孟堅。夫能以彼所長而攻此所短，持此之是而述彼之非，兼善者鮮矣。

釋：此言各是其所是。○一本此處截條。又一無「又」字。觀世之學者，或耽玩一經，或專精一史。談春秋者，則不知宗周既隕，而人有六雄；論史、漢者，則不悟劉氏云亡，而地分三國。亦猶武陵隱士，滅一作「遁」。迹桃源，當此晉年，猶謂暴秦之地也。釋：此言舉一而廢百。假有學窮千載，書總五車，見良直而不覺其善，逢牴牾而不知其失，葛洪所謂藏書之箱篋，五經之主人。而夫子有云：雖多亦安用爲？其斯之謂也。釋：此言徒多者漫無主見。○一本誤合下條。

按：此條謂讀書專泥一家，局護偏遺，自亦一病。至若博涉羣書，而胸迷蒼素，又爲徒讀矣。蓋首條泛舉之文。

桃源　陶靖節集：晉太元中，武陵人捕魚爲業，緣溪行，忽逢桃花林，夾岸數百步，林盡水源，便得一山。山有小口，便捨舟從口入，初極狹，復行，豁然開朗，屋舍儼然，阡陌交通。其中男女衣著，悉如外人。見漁人，乃大驚，問所從來。具答之。自云先世避秦時亂，率妻子邑人來此絶境。問今是何世，乃不知有漢，無論魏、晉。

夫鄒好長纓，齊珍紫服，斯皆一時所尚，非百王不易之道也。至如漢代公羊，擅名三傳，晉年莊子，高視六經。今並挂壁不行，綴一作「贅」，非。旒無絶。二句依郭本所定。舊本「挂」誤作「蛙」，「旒」誤作「緝」。豈與夫春秋左氏、古文尚書，雖暫廢於一朝，終獨高於千載。校其優劣，可同年而語哉？

按：集内尚書、春秋往往連舉。此條持論莊慤，可證向諸疑惑，果非質言。

長纓紫服　文選：任彥升策秀才文云：紫衣賤服，猶化齊風；長纓鄙好，且變鄒俗。善注：韓子曰：鄒君好長纓，左右皆服長纓。甚貴。鄒君患之。左右曰：君好服之，百姓亦多服，是故貴。鄒君因斷其纓而出，國中皆不服。又：齊桓公好服紫，一國盡服紫。當時十素不得一紫。公患之。管仲曰：君欲止之，何不自誡勿衣也？公曰：諾。於是境内莫衣紫也。

大書名竹帛，物情所競，雖舊作「維」。聖人無私，而君子亦黨。蓋易之作也，本非記事之流，而孔子繫辭，輒盛述顏子，稱其「殆庶」。雖言則無愧，事非虚美，亦由視予猶父，門人日親，故非所要言，而曲垂編録者矣。**釋**：一層，興起後文。既而揚雄寂寞，師心典誥，至於童烏稚子，蜀漢諸賢，**原注**：謂嚴、李、鄭、司馬之徒。按：「鄭」舊作「柳」。太玄、二字帶筆。玄主數，不衡人。法言，恣加褒賞，雖内舉不避，而情有所偏者焉。**釋**：又一層，興起後文。夫以宣尼叡同「睿」。哲，子雲參聖，在於著述，不能忘私，則自中庸以降，抑可知矣。如謝承漢書偏黨吴、越，魏收代史，盛誇胡塞，復焉足怪哉？**釋**：所嗤者在此。

按：此本爲謝、魏偏怙而發，多事牽扯烘托，以自取譏。集中授人口實處皆然。

童烏　法言問神篇：育而不苗者，吾家之童烏乎？九齡而與我玄文。注：童烏，子雲之子也。

蜀漢諸賢　問明篇：蜀莊沈冥，蜀莊之才之珍也，不作苟見，不治苟得。吾珍莊也，居難爲也。按：

莊即注之所謂嚴，即嚴君平也。淵騫篇：或問子蜀人也，請人？曰：有李仲元者，人也。不夷不惠，可否之間也。見其貌者，肅如也；聞其言者，愀如也；觀其行者，穆如也。問神篇：谷口鄭子真，不屈其志，而耕乎巖石之下，名震於京師。按：谷口，漢中地，與所云蜀漢恰合。舊作「柳」，不知何人，雄書亦無，定誤。君子篇：必也儒乎，文麗用寡，長卿也。

子雲參聖　語本陸績述玄，已具自敍篇注。

子曰：「汝爲君子儒，無爲小人儒。」儒誠有之，史亦宜然。蓋左丘明、司馬遷，君子之史也；吳均、魏收，小人之史也。其薰蕕不類，何相去之遠哉？

按：史而以君子、小人命之，奇情確品，此豈於文句間求之？向來申左乙馬，人或以過分疑之，觀此可以融通前説矣。

「禮云禮云，玉帛云乎哉？」史云史云，文飾云乎哉？何則？一有「脩」字。史者固當以好善爲主，嫉惡爲次。若司馬遷、班叔皮，史之好善者也；晉董狐、齊南史，史之嫉惡者也。必兼此二者，而重之以文飾，其唯左丘明乎！自茲已降，吾未之見也。

按：好善、嫉惡兩言，分品亦確。

夫所謂直筆者，不掩惡，不虛美，書之有益於褒貶，不書無損於勸誡。但舉其宏綱，存其大體而已。非謂絲毫必録，瑣細無遺者也。如宋孝王、王劭之徒，其所記也，喜論人帷簿「箔」通。不修，言貌鄙事，訐以爲直，吾無取焉。王本連下條。

按：宋與王皆劉氏所盛稱者，於此仍無恕辭，可知胸中不設封府，異夫黨枯護朽輩人。

夫故立異端，喜造奇説，漢有劉向，晉有葛洪。近者沈約，又其甚一作「比」。也。後來君子，幸爲詳焉。

按：向、洪書，雜家也。休文書，正史也。故曰又甚。

昔魏史二字有疑。稱朱異二字亦恐誤。有口才，摯虞有筆才。故知喉舌翰墨，其辭本異。而近世作者，撰彼口語，同諸筆文。斯皆以元瑜、孔璋之才，而處丘明、子長之任。文之與史，何相亂之甚乎？

按：此亦史體尚質之旨。

口才筆才　吴志：朱異字季文。注：文士傳曰：異童少，往見朱據，據曰：爲我賦一物，乃坐。異賦弩曰：「南嶽之幹，鍾山之銅，應機命中，獲隼高墉。」成而後坐。王訓故：王隱晉書云：摯虞與太叔廣，名位略同。廣長口才，虞長筆才。廣談，虞不能對；退筆難廣，廣不能答。按：此見世説文學篇注。而朱異賦物不言自口，其本傳亦不稱其口才。史通所稱，或即二書之言而誤記耳。

元瑜孔璋　魏世子丕與吴質書：元瑜書記翩翩，致足樂也；孔璋表章殊健，微爲繁富。按：元瑜，阮瑀字；孔璋，陳琳字。

夫載筆立言，名流今古。如馬遷史記，能成一家；揚雄太玄，可傳千載。此則其事尤大，記之於傳可也。至於一作「如」。近代則不然。其有雕蟲末伎，短才小説，或爲集不過數卷，**原注**：如陳書陰鏗傳云，有集五卷〔七〕，其類是也。或著書纔至一篇，**原注**：如梁書孝元紀云，撰同姓名人録一卷〔八〕，其類是也。莫不一一或作「一二」。列名，編諸傳末。**原注**：如梁書孝元紀云，撰研神記；陳書姚察傳云，撰西征記、辨茗酪記；後魏書劉芳傳云，撰周官音、禮記音；齊書祖鴻勛傳云，撰晉祠記。凡此，書或一卷、兩卷而已。自餘人有文集，或四卷或五卷者，不可勝記，故不具列之。按：此注於梁元，複同姓名録，去之。事同七略，巨細必書，斯亦煩之甚者。

按：書貴持擇，有多而不足傳者，有少而不可没者，宜勿以卷帙爲差次。然如注内所列，除周官、禮記二音有關經學，餘則瑣雜居多，其書即可留而傳，固可不具載也。

研神、辨茗酪，檢今本梁、陳紀傳原不録，恐姚氏前别本有之。

子曰：「齊景公有馬千駟，死之日，人無德而稱焉。伯夷、叔齊餓於首陽之下，民一諱一不諱，筆誤。到於今稱之。」若漢代青翟、劉舍，位登丞相，而班史無録；姜詩、趙壹，身止計吏，而謝書樹承後漢。有傳。即其例也。今之修史者則不然。其有才德闕如，而位宦通顯，史臣載筆，必爲立傳。其所一無「所」字。記也，止具其生前歷官，殁後贈謚，若斯而已矣。雖其間仲以狀迹，粗陳一二，么麽恒一作「常」。事，曾何足觀。始自伯起魏書，迄乎皇家五史，通多此體。流蕩忘歸，史、漢之風，忽焉不祀一作「嗣」。者一無「者」字。矣。

原注：五史謂五代史。

按：後來諸史，恐益不免，奈何！假如漢書列傳，人不盈三百；宋史年視西漢稍贏，而列傳人至二千四百有奇，又遼、金北人不與焉。何古才之難，而晚秀之蔚，若斯其遠耶？

青翟劉舍　漢書中屠嘉傳：自嘉死後，開封侯陶青、桃侯劉舍、柏至侯許昌、平棘侯薛澤、武強侯莊青翟、商陵侯趙周，皆踧踧廉謹，爲丞相備員而已，無所能發明功名著於世者。

姜詩　按：後漢廣漢人。姜詩事母至孝。永平三年，察孝廉，拜中郎，除江陽令。其事，范書具詩妻龐氏傳中。史通不徵范而徵謝，蓋謝書則詩自有傳也。

趙壹　范書亦有傳，見載文篇。

校勘記

〔一〕南史鄭鮮之傳　「鄭鮮之傳」原作「宋武帝紀」，據南史改。

〔二〕明公以旰食待士　「食」原作「日」，據南史改。

〔三〕不經涉學　「經涉」原作「涉經」，據南史、南齊書改。

〔四〕以帝加征東將軍　「將」字據南史補。

〔五〕余從京域　「域」原作「城」，據文選、藝文類聚改。

〔六〕吾跳梁乎井幹之上　「上」原作「水」，據莊子改。

〔七〕有集五卷　今南史、陳書「五卷」作「三卷」。

〔八〕撰同姓名人録一卷　今梁書「同姓名人録」作「古今同姓名録」。

史通通釋卷十九

外篇

漢書五行志錯誤第十

班氏著志，牴牾者多。在於五行，蕪累尤甚。今輒條其錯繆，定爲四科：一曰引書失宜，二曰敍事乖理，三曰釋災多濫，四曰古學不精。又於四科之中，疏爲雜目，一作「志」，非。類聚區分，一作「别」。編之如後。

按：是篇強半檢舉錯誤，如所指遺脱、複沓、淆訛、糅雜之類皆是。至第三科帶糾傅會，尤爲法言。

第一科

引書失宜者，其流有四：一曰史記、左氏，交錯相併；二曰春秋、史記，雜亂難别；三曰屢舉春秋，言無定體；四曰書名去取，所記不同。

其志敍言之不從也，先稱史記周單襄公告魯成公曰，晉將有亂。又稱宣公六年鄭公子曼滿與王子伯廖語〔二〕，欲爲卿。兩引並在志中上。○增注所在，用便翻檢。後仿此。案宣公六年，自左傳所載也。夫上論單襄，則持史記以標首；下列曼滿，則遺左氏而無言。遂令讀者疑此宣公，亦舊作「上」。出史記；而不或作「下」，誤。云魯后，莫定何邦。是非難悟，進退無準。此所謂史記、左氏交錯相併也。

按：春秋以魯紀年，誰不知宣公爲魯君者。然既先列他書，而踵事續敍，則固當於宣公之上加「春秋魯」三字，此書法定律也。

單襄告魯　國語周語〔三〕：周單襄公與晉郤錡、郤犨、郤至、齊國佐語，告魯成公曰：「晉將有亂，三郤其當之乎？」

曼滿語　左傳宣六：鄭公子曼滿與王子伯廖語，欲爲卿。伯廖告人曰：「無德而貪，其在周易豐之離，弗過之矣。」間一歲，鄭人殺之。

志云：史記成公十六年，公會諸舊訛作「齊」。侯于周。在志中上。案成公者，即魯侯也。班氏凡説魯之某公，皆以春秋爲冠。何則？春秋者，魯史之號。言春秋則知公是魯君。

一作「公」。今引史記居先，成公在下，書非魯史，而公捨魯名。膠柱不移，守株何甚。此所謂春秋、史記雜亂難別也。

按：「史記成公」四字如何膠并，判語如讞。然此一事，班志之誤更不止此，附悉注中。

會于周　本志：史記成公十六年，公會諸侯于周。單襄公見晉厲公視遠步高，告公曰：「晉將有亂。」魯侯問，天道人故？對曰：「吾非瞽史，焉知天道。吾見晉君之容，殆必禍者也。」按：此會史記周簡王紀及魯、晉二世家皆不載，左氏成十六經、傳亦不書。其文乃在外傳周語下卷。然亦不言成十六年，但曰柯陵之會云云。是則「史記成公」以下十三字，乃班志自撰之文。本當云國語，而誤書「史記」也。又按：柯陵之盟在成十七年。杜注：柯陵，鄭西地。亦非會于周也。

案班書爲志，本以漢爲主。在於漢時，直記其帝號謚耳。至於它代，則云某書、某國君，此其大例也。至如敘火不炎上，具春秋桓公十四年；次敘稼穡不成，直云嚴公**原注**：「嚴公」即「莊公」也。漢避明帝諱，故改曰「嚴」。〇注舊在後，今移置首見處。二十八年而已。兩引並在志之上。夫以火、稼之間，別書漢、莽之事。年代已隔，去魯尤疏。洎乎改說異端，仍取春秋爲始，而於嚴公之上，不復以春秋建名。遂使漢帝、魯公，同歸一揆。必爲永例，理亦可容。在諸異科，事又不爾。求之畫一，其例無恒。一作「常」。此所謂屢舉春秋，言無定體也。

按：此所攻在例不畫一，故曰屢舉無定體。

火稼之間　本志前言火失其性，首舉其文曰：「春秋桓公十四年八月壬申，御廩災。」已下歷述火事，至漢平帝末，高祖原廟災，明年，莽居攝而止。其下更端言稼穡不成，乃舉「嚴公二十八年冬，大水，亡麥禾」之文，中間隔越甚多。其前春秋二字管不及此也。

案本志敍漢已前事，多略其書名。至於服妖章，初云晉獻公使太子率師，佩之金玦。續云鄭子臧好爲聚鷸之冠。在志中上。此二事之上，每加左氏爲首。夫一言可悉，而再列其名。省則都捐，繁則太甚。此所謂書名去取，所記不同也。

按：合前條觀之，彼以偶脱春秋爲軼例，此以連綴左氏爲冗筆。故云去取不同。本寧李氏曰：「古人讀書細心，一字不肯放過。觀此數條可見。」

佩金玦　左閔二：晉獻公使太子申生帥師，公衣之偏衣，佩之金玦。後四年，申生縊。

聚鷸冠　左僖二十四：鄭子臧好聚鷸冠，鄭文公惡之，使盜殺之。

第二科

敍事乖理者，其流有五：一曰徒發首端，不副徵驗；二曰虚編古語，討事不終；三曰直引時談，竟無它述；四曰科條不整，尋繹難知；五曰標舉年號，詳略無準。

志曰：左氏昭公十五年，晉籍談如周葬穆后。既除喪而燕。傳作「宴」，下同。叔向曰：王其不終乎！吾聞之，所樂必卒焉。今王一歲而有三年之喪二焉，於是乎與喪賓燕，樂憂甚矣。禮，王之大經也。一動而失二禮，無大經矣，將安用之。在志中上。案其後七年，王室終如羊舌所說，此即其效也，而班氏了不言之。此所謂徒發首端，不副徵驗也。

按：前之引言，既徵其所料；後之書事，不要其所終。有頭無尾，故糾之。

三年之喪二　昭十五：六月，王太子壽卒。秋八月，王穆后崩。叔向曰：「王一歲而有三年之喪二焉。」注：天子絕期，唯服三年。故后雖期，通謂之三年。顧炎武日知録：禮，爲長子三年。妻喪雖期年，而傳曰「父必三年然後娶，達子之志也」。是亦有三年之義。愚謂天子自絶期，后喪自三年，義本兩行耳。

志云：左氏襄公二十九年，晉女齊語知伯曰：齊高子容、宋司徒皆將不免。子容專，司徒侈，皆亡家之主也。專則速及，侈則將以力斃。九月，高子一作「止」。出奔北燕。在志中上。所載至此，更無他說。案左氏昭公二十年，宋司徒奔陳。而班氏採諸本傳，直寫片言。閲彼全書，唯徵半事。遂令學者疑丘明之說，有是有非；女齊之言，或得或失。此一多「明」

字。所謂虛編古語，討事不終也。

按：此條李本寧評最明。評曰：「高止，即高子容。華定即宋司徒。二人並書，宜雙收以足前志。而單徵高止，此敍事逗漏處。」

子容專司徒侈　傳：高子容與宋司徒見知伯，女齊相禮。賓出，司馬侯言於知伯曰：「二子皆將不免，子容專，司徒侈，皆亡家之主也。」「專則速及，侈將以其力斃。專則人實斃之，將及矣。」杜注：爲此，秋，高止奔燕。昭二十年華定出奔陳，傳。按：司馬侯即女齊。

志云：成帝於鴻嘉、永始之載，好爲微行，置私田於民間。谷永諫曰：諸侯夢得田，占爲失國。而況王者蓄私田財物，爲庶人之事乎。在志中上。已下弗云成帝悛與不悛，谷永言效與不效。諫詞雖具，諸一作「而」。事闕如。此所謂直引時談，竟無它述者也。

按：不書悛，不書效，斷章取義之書則可也。班之此志，而文惟半至，幾成虛設矣。

鴻嘉永始　荀悅漢紀：成帝鴻嘉二年，行幸雲陽。大司馬音上言：「陛下即位十五年，繼嗣不立，而日夜出游。外有微行之害，內有疾病之憂。」是時谷永亦上疏諫。按：成帝十三年改元鴻嘉，十七年改元永始。

其述庶徵之恒寒也，先云釐「釐」即「僖」也，有原注，在雜駁篇。公十年冬，大雨雹。今志作「雪」，疑唐初本作「雹」。隨載劉向之占，次云公羊經曰「大雨雹」，續書董生之解。在志中下。案公羊所說，與上奚殊，而再列其辭，俱云「大雨雹」而已。一脱「已」字。**釋**：已上專指志中「釐公十年」至「專壹之政」一段而言。又一改作「入」，非。此科始一脱「始」字，一作「又」字。言大雪與雹，繼言殞霜殺草，起自春秋，訖一作「終」。乎漢代。其事既盡，仍重敘雹災。並在志中下。分散相離，斷絶無趣。**釋**：此層統本志前後，起自「劉歆以爲大雨雪」及「雨雹，殞霜」至「蜚鳥死」一長片千六百字而言。夫同是一類，而限成二條。二句指釐十年。首尾紛拏，而舊脱「而」字。章句錯糅。此統指全文。此所謂科條不整，尋繹難知者也。

按：此條評家叢刺，實未剖疏。剖疏之，須兩截看：前一截先舉左氏釐十年，合公羊經所言雨雹以爲之的；後一截乃統舉全文，謂雪、雹、霜三者，忽彼忽此，文不歸類。始於釐十之前，先言桓雪，而隨以釐雹間之矣，其下復間之雪事焉，忽又間之霜事焉，後又還而述雹焉，故曰科條不整也。評者但摘「雹」字之訛，局於釐十年之一事，不復從長片章法處加詳，是猶覩一指而失肩背也。

三傳中同經異字，如君氏、尹氏、入郚、入楚之類，未易一二數。傳寫不準，流轉靡常。而謂子玄不識雪字、雹字，恐未足以相服也。夫公羊雹而左雪，亦流轉之訛也。則或左經雪而漢志雹，又或唐本雹而近本雪，鈔胥歧迕，事所應有。且劉向陰盛之解，固以解雨雪，即移爲雨雹之解，亦豈悖理乎？愚故於釐十年雨雹注云：今作「雪」，疑唐本作「雹」也。

劉占董解　志：釐十年，大雨雪。劉向以爲陰氣盛也。公羊經：大雨雹。董仲舒以爲有所漸脅。注：陰氣脅也。按：劉向所舉，蓋左經也。左無傳。

始言繼言　志：劉歆以爲大雨雪，及未當雪而雪，及大雨雹，隕霜殺草，皆常寒之罰。桓八年十月雪，劉、董皆有占。按：此一段在釐十年左雪、公羊雹、仲舒占之前。又昭公四年及文帝四、景帝中六、武帝元狩元、元鼎二、三、元帝建昭二、四、陽朔四等年夾志雪。又定公元、釐公三及武帝元光四、元帝永光元等年夾志霜。又釐公二十九、昭公三及武帝元封三、宣帝地節四等年復志雹。按：此三段並在釐十年志文之後。

夫人君改元，肇自劉氏。史官所録，須存凡例。案斯志之記異也，下所引並在志中下，即前條所述恒寒事内之文。首列元封年號，不詳漢代何君；次言地節、河平，具述宣、成二帝。**原注**：宣帝地節四年，成帝河平二年，其紀年號如此。武稱元鼎，每歲皆書；**原注**：始云元鼎二年，又續云元鼎三年。案三年宜除元鼎之號也。哀曰建平，同年必録。**原注**：始云哀帝建平三年，續復云哀帝建平三年。案同是一年，宜云是歲而已，不當重言其年也。此所謂標舉年號，詳略無準者也。

按：古人此等處多不甚檢點，後世文筆益靡，然而犯此者少矣。

第三科

釋災多濫者，一脱「者」字。其流有八：一曰商榷前世，全違故實；二曰影響不接，牽引相會；三曰敷演多端，凖的無主；四曰輕持善政，用配妖禍；五曰但伸解釋，不顯符應；六曰考覈雖讜，義理非精；七曰妖祥可知，寢默無説；八曰不循經典，自任胸懷。

志云：「史記周威烈王二十三年，九鼎震。」「是歲，韓、魏、趙篡晉而分其地，威烈王命以爲諸侯。天子不恤同姓，而爵其賊臣，天下不附矣。」在志中上。案周當戰國之世，微弱尤甚。故君疑竊斧，臺名逃債。正一有「可」字。比夫泗上諸侯，附庸小國者耳。至如三晉跋扈，欲爲諸侯，雖假王命，實由己出。譬夫近代莽稱安漢，匪平帝之至誠；卓號太師，豈獻皇之本願。而作者苟責威烈以妄施爵賞，坐貽妖孽，豈得謂此三字，一作「謂得」二字。「人之情僞盡知之矣」一無「矣」字。者乎！此所謂商榷前世，全違故實也。

按：揆時勢以立言，非獎亂也。

此爲通鑑綱目之所託始，其文皆曰：「命晉大夫魏斯、趙籍、韓虔爲諸侯。」司馬氏言，天子自壞其禮也；釋書法者言，以正綱常，爲萬世戒也。皆以病周也。夫國形至紐解之時，天變垂鼎震之警，漢志此占，爲宋儒發脈，是矣。然耳食者遂不復以世會參之矣。要之，維世、覘世，各具識解。宋人議論揩撐，無救於弱勢積痿不起者。妄乘夫，奴制主，且然矣。噫！

竊斧逃債　漢書諸侯王表敘論：自幽、平之後，日以陵夷，分爲二周。有逃責之臺，被竊斧之言。注：服虔曰：周赧王負責，主伯責急，乃逃於此臺，後人因以名之。師古曰：鈇鉞，王者以爲威也。周衰，政令不行，雖有鈇鉞，無所用之，是謂私竊隱藏之耳。陳書紀：九錫詔云：「竊鈇逃責，容身之地無所。」

莽稱安漢　漢書王莽傳：莽諷益州令塞外蠻夷獻白雉。羣臣盛稱莽功德，致周成白雉之瑞，莽有定國安漢家之功，宜賜號安漢公。

卓號太師　後漢董卓傳：卓徙都長安，諷朝廷使光禄勳宣璠持節拜卓爲太師，位諸侯王上。

志云：昭公十六年九月，大雩。先是，昭母夫人歸氏薨，昭不戚而大一無「大」字，下同。蒐于比蒲。又曰：定公十二年九月，大雩。先是，公自侵鄭歸而城中城，二大夫圍鄆。在志中上。案大舊衍「夫」字。蒐于比蒲，昭之十一年。城中城、圍鄆，定之六年也。其二役去雩，皆非一載。夫以國家恒一作「常」。事，而坐延災眚，歲月既遥，而方聞響一作「感」。應。斯豈非烏有成説，扣寂爲辭者哉！此所謂影響不接，牽引相會也。

按：傳會徵應，是五行志真坐病處。是科所陳，比諸科立意稍歧，然仍入肯綮。志言某眚之罰，定作某應，此爲真傳會。是科兩大雩於年睽罰異之間，糾其繆幽，故可作傳會用，亦仍可作錯誤用也。

志云：嚴公「嚴」謂「莊」，原注舊在此。七年秋，大水。董仲舒、劉向以爲嚴母姜與兄齊侯淫，共殺桓公。嚴釋父舊訛作「公」。仇，復娶齊女，未入而先與之淫，一年再出會，于道逆亂，臣下賤之舊脱二「之」字。應也。又云：十一年秋，宋大水。董仲舒以爲時魯、宋比年有一作「爲」。乘丘、鄑之戰，百姓愁怨，陰氣盛，故二國俱水。原注：謂七年魯大水，今年宋大水也。○並在志之上。案此説有三失焉。釋：三失，專指比年戰之占。何者？嚴公十年、十一年，公敗宋師於乘丘及鄑。夫以制勝克敵，策勳命賞，可以歡一無「以」字。「歡」，一作「祈」。榮降福，而反愁怨貽災邪？其失一也。且先是數年，嚴遭大水，原注：亦謂七年。校其時月，殊在戰前。而云與宋交兵，故二國大水，其失二也。釋：此二失，專就大水占戰説。況於七年之內，已釋水災，始以齊女爲辭，終以宋師爲應。前後靡定，向背何依？一作「倚」。其失三也。釋：此一失，合母姜與戰事對勘説。夫以一災示眚，而三説競興，此所謂敷演多端，準的無主一有「者」字。也。

按：此亦搜抉傅會之一間。克敵降福之説，評者非之，以爲貪人土地，不得云福。愚謂本文蓋據魯而言，人侵我地而我克之，豈貪耶？劉説非過。

比年有戰 左莊十經：公敗宋師於乘丘。又十一經：公敗宋師於鄑。杜注：乘丘、鄑，並魯地。鄑，子斯反。

其釋「厥咎舒，厥罰恒燠」，以爲其政弛慢，失在舒緩，故罰之以燠，冬而亡冰。在志中下。以下並同。尋其解春秋之無冰也，皆主內失黎庶，外失諸侯，不事誅賞，不明善惡，蠻夷猾夏，天子不能討，大夫擅權，邦君不敢制。並志內釋無冰之語。若斯而已矣。次至武帝元狩照志改，舊作「元封」。六年冬，亡冰，而云先是遣衛、霍二將軍窮追單于，斬首十餘萬級歸，而大行慶賞。上又閔悔一作「恤」。勤勞，遣使巡行天下，存賜鰥寡，假一多「貸」字。與乏困，此二字，或作「之因」。舉遺逸獨行君子詣行在所。郡國有以爲便宜者，上丞相、御史以聞。於是天下咸喜。**釋**：述志止此。案漢帝其武功文德也如彼，其先猛後寬也如此，豈是有懦弱淩遲之失，而無刑罰戡定之功哉！何得苟以無冰示災，便謂與昔人同罪。矛盾自己，始末相違，豈其甚邪？此所謂輕持善政，用配妖禍也。

按：此讖占者不自斸照，解災罰則然，徵事實則不然。以違反爲參合，所謂矛盾自己也，似此并窮於傳會矣。崑圃黄氏叔琳謂五行志自走拙路，此其是歟？

志云：孝昭元鳳三年，太山有大石立。眭孟以爲當有庶人爲天子者。京房易傳云：

「太山之石顛而下，聖人受命人君虜。」又曰：石立於山，同姓爲天下雄。在志中上。案此當是孝宣皇帝即位之祥也。夫宣帝出自閭閻，坐登宸極，所謂庶人受命者也。以曾孫血屬，上纂皇統，所謂同姓一多「之」字。雄者也。昌邑見廢，謫居遠方，所謂人君虜者也。**釋**：自「案此」以下皆子玄推說之辭，班志脱書所應。班書載此徵祥，雖具有剖析，而求諸後應，曾不縷陳。敍事之宜，豈其若是？苟文有所闕，則何以載一作「成」。言者哉？此所謂但申解釋，不顯符應也。

按：此條與第二科徒發首端略同。

愚謂志五行者，止記災祥，不摭符應，并亦不綴鑿解，乃是正體。盧陵司天考所以識冠前史也。而班志則必申解，必徵應，至如此志，又類例不全，能逃子玄之駁乎？

眭孟　漢書眭弘傳：弘字孟，從嬴公受春秋，爲議郎。孝昭元鳳三年，泰山萊蕪山南有大石自立。孟推春秋之意，以石乃陰類，下民之象。泰山乃王者易姓告代之處，此當有從匹夫爲天子者。霍光惡之，誅。後五年，孝宣帝興於民間，徵孟子爲郎。

志云：成帝建始三年，小女陳持弓年九歲，走入未央宮。又云：綏和二年，男子王褒入北司馬門，上前殿。在志下上。班志雖已有證據，言多疏闊。今聊演而申之。案女子九歲者，九一脱「九」字。則陽數之極也。男子王褒者，王則巨君之姓也。入北司馬門上前一少「前」字。殿者，王莽始爲大司馬，至哀帝時就國，帝崩後，仍此官，因以篡位。夫人一無「人」字。入司馬門而上殿，亦由作「猶」。從大一少「大」字。司馬而升一作「登」。極。災祥示兆，其事甚明。忽而不書，爲略何甚？此所謂解釋雖讜，議理非精也。

按：班志此事證應已具，特「九」字未釋，王姓，姓字未點耳。加演二言，無關錯誤。

志云：哀帝建平四年，山陽女子田無嗇懷妊，二字劉補。未生。二字今依志補。二一依志改。舊作「三」。月，兒啼腹中。及生，不舉，葬之陌上。三日，人過聞啼聲。母掘土收養。在志下上。尋本志雖述此妖災，而了無解釋。案人從胞至育，含靈受氣，始末有成一作「恒」。數，前後有定準。此何待言，毋乃累筆。至於一無「於」字。在孕甫爾，遽發啼聲者，亦由作「猶」，下同。物有基業未彰，而形象已兆，即王氏篡國之徵。生而不舉，葬而不死者，亦由物有期運已定，非誅翦所平，即王氏受命之應也。釋：此上爲本志補占，此下合前條比論。又案班云一作「志」，下多「以」字。小女陳持弓者，陳即莽之所出；此語班志所有。如女子田無嗇者，田故莽之本宗。此意班志未言。事既同占，言無一概。豈非唯知其一，而不知其二者乎？此所謂妖祥可知，寢默無説也。

按：此因本志田無嗇前後數事相比，各著占解，惟此獨無，故爲摘補云爾。然在班爲闕例，在劉爲小言。蓋亦墮入向、歆窠臼不能解脱也。

上二條可省。

陳之出田之宗　莽傳：莽下書曰：「予托于皇初祖考黄帝之後，皇始祖考虞帝之苗裔。」又曰：「虞帝之先，受姓曰姚。其在陶唐曰嬀，在周曰陳，在齊曰田，在濟南曰王。」「其令天下，上此五姓名籍於秩宗。」「封陳崇爲統睦侯，奉胡王後；田豐爲世睦侯，奉敬王後。」注：孟康曰：胡王，追王陳胡公。敬王，追王田敬仲。

當春秋之時，諸國賢俊多矣。如沙鹿傳作「鹿」，志作「麓」。其壞，梁山云崩，鷁退蜚於宋都，龍交鬬於鄭水。或伯宗、子産，具述其非妖；或卜偃、史過，傳作「周内史叔興」。盛言其必應。並在志下上。蓋於時有識君子以爲美談。故左氏書之不刊，貽厥來裔。既而古今路阻，聞見壞隔，至漢代儒者董仲舒、劉向之徒，始别構異聞，輔申它説。以兹後學，陵彼先賢，蓋今諺所謂「季與厥昆，争知嫂諱」者也。「知嫂」五字，一作「私嫂者」三字，謬。○**原注**：今諺曰：「弟與兄，争嫂字。」以其名鄙，故稍文飾之。○一失此注。而班志尚捨長用短，捐舊習新，苟出異同，自矜魁博，多見其無識者矣。此所謂不循經典，自任胸懷也。

按：意宗左氏傳爲主，而斥羣説之支離，所言最直截。然則陳持弓之演義，田無嗇之補占，得毋亦蹈自矜魁博之誚乎？

沙鹿梁山鷁蜚龍鬬　左僖十四：秋八月，沙鹿崩。晉卜偃曰：「期年將有大咎，幾亡國。」杜注：沙鹿，山名。　又成五：梁山崩。晉侯以傳召伯宗，伯宗辟重。重，絳人也。問焉，曰：「國主山川，山崩川竭，君爲之不舉，降服，乘縵，徹樂，出次，祝幣，史辭以禮焉，如此而已。」伯宗以告而從之。　又僖十六：六鷁退飛，過宋都，風也。周内史叔興聘於宋，宋襄公問焉，曰：「是何祥也，吉凶焉在？」對曰：「君將得諸侯而不終。」退而告人曰：「君失問。陰陽之事，非吉凶所生也。」　又昭十九：鄭大水，龍鬬於時門之外洧淵，國人請禜焉。子産弗許，曰：「我鬬，龍不我覿也。龍鬬，我獨何覿焉。禳之則彼其室也。吾無求於龍，龍亦無求於我。乃止。」

董劉别構異聞　志：沙麓崩。穀梁曰：「林屬於山曰麓。沙，其名也。」劉向以爲背叛散亂之象，齊桓霸道將廢。公羊以爲沙麓，河上邑也。董仲舒説略同。　又：梁山崩。穀梁曰：壅河三日不流，晉君率臣哭之，乃流。劉向以爲山陽，君也。水陰，民也。喪亡象也。董説略同。　又：六鶂退蜚，過宋都。劉歆以爲風發它所，至宋而高。鶂高蜚而逢之，則退。象宋襄與強楚爭盟。後六年，爲楚所執，應六之數云。　又：龍鬬於鄭洧淵。劉向以爲近龍孽也。鄭以小國攝乎晉、楚之間，重以強吳，鄭當其衝。子産任政，鄭卒無患，能以德消變之效也。按：龍之占，後又見雜駁篇。

第四科

古學不精者，其流有三：一曰博引前書，綱羅不盡；二曰兼採左氏，遺逸甚多；三曰屢舉舊事，不知所出。

志云：庶徵之恒一作「常」。風，劉向以爲春秋無其應。劉歆以爲釐十六年，左氏傳釋六鶂同「鷁」。退飛是也。在志下上。案舊史稱劉向學穀梁，一有「劉」字。歆學左氏。既祖習各異，而聞見不同，信矣。而周木斯拔，鄭車僨濟，風之爲害，被於尚書、春秋。向則略而不言，歆則知而不傳。恐當作「博」。釋：此就風占所遺，進難。又詳言衆怪，歷敘羣妖。述雨氂爲災，在志中上。而不録趙毛生地；書異鳥相育，在志中下。而不載宋雀生鸇。斯皆見小忘大，舉輕略重。蓋學有不同，識無通鑒故也。釋：此又檢出二事之未盡者，進難。且當炎漢之代，厥異尤奇。若景當作「武」。帝承平，赤風如血；于公在職，亢陽爲旱。惟一作「在」。紀與傳，各具其詳，在於志中，獨無其説者，何哉？釋：此更搜出本書所有，彼載此遺，進難。此所謂博引前書，網羅不盡也。

按：不盡之款三，而前二款款從它出，後一款款在自邊。越追越緊，覺此老於此事真路熟眼明。

木拔　見金縢。

車僨　左隱三：冬，庚戌，鄭伯之車僨于濟。杜注：既盟而遇大風，傳記異也。

雨氂　志中上：天漢元年，天雨白毛。三年八月，天雨白氂。京房易傳曰：「前樂後憂，厥妖天雨羽。」

趙毛生地　風俗通皇霸篇：趙王遷信秦反間，殺李牧，遂爲所滅。先此童謡曰：「趙爲號，秦爲笑。以爲不信，視地上生毛。」謡亦見趙世家。

烏相育　志中下：成帝綏和二年三月，天水平襄有燕生爵，哺食至大，俱飛去。京房易傳曰：「燕生爵，諸侯銷。」一曰：「生非其類，子不嗣世。」

宋雀生鸇　王訓故：賈誼新書曰：宋康王時，有雀生鸇于城之陬。占曰：「吉。小而生大，必霸天下。」康王喜，於是滅滕，伐諸侯，射天，笞地，滅社稷。齊侯伐之，王逃于郳侯之館而死。按：即宋王偃也。

赤風如血　漢書孝武紀：建元四年夏，有風赤如血。

亢陽爲旱　漢于定國傳：父于公爲郡決曹。東海太守殺孝婦，郡中枯旱三年。後太守至，卜其故。于公曰：「孝婦不當死，前太守強斷之，咎儻在是乎？」於是太守祭孝婦冢，表其墓，天立大雨。

左傳云：宋人逐猰志作「猘」。狗，華臣出奔陳。在志中上。又云：宋公子地舊誤作「它」，下同。有白馬，景公奪而朱其尾鬣。地弟辰以蕭叛。在志下上。班志書此二事，以爲犬馬之禍。**原注**：此二事是班生自釋，非引諸儒所言。案左氏所載，斯流實繁。如季氏之逆也，由鬭雞而傳介；衛侯之敗也，因養鶴以乘軒。曹亡首於獲雁，鄭弑舊作「殺」。萌於解黿。郄傳作「郤」。

至奪豕而家滅，華元殺原作「煞」，一作「烹」。羊而卒奔。此亦一訛「言」。白黑之祥，羽毛之孽。何獨捨而不論，唯徵犬馬而已。此所謂兼採左氏，遺逸甚多也。

按：狗猘、鬣朱，本非物怪。故條内拾遺，皆同此類。然愚以此段科眼，尚未厭心。不如直折之曰「貪採左氏，闌入非妖」，似更快爽也。

猘狗　左襄十七：國人逐瘈狗，瘈狗入於華臣氏。國人從之，華臣懼，遂奔陳。

朱尾鬣　定十：宋公子地有白馬四。景公嬖向魋，魋欲之，公取而朱其尾鬣以予之。地怒，使其徒抶魋而奪之。

雞傅介　昭二十五：季、郈之雞鬬，季氏介其雞，郈氏爲之金距。平子怒，益宫於郈氏，且讓之。故郈昭伯怨平子。

鶴乘軒　閔二：衛懿公好鶴，鶴有乘軒者。狄伐衛，將戰，國人受甲者皆曰：「使鶴，鶴實有禄位，余焉能戰！」

獲雁　哀七：曹伯陽好田弋。曹鄙人公孫彊好弋，獲白雁，獻之，使爲司城。彊言霸説於曹伯，從之，乃背晉而奸宋。宋人伐之，晉人不救，遂滅曹。

解黿　宣四：楚人獻黿於鄭靈公。子公、子家將見，子公之食指動，以示子家，曰：「他日我如此，必嘗異味。」及入，宰夫將解黿，相視而笑。公問之，以告。及食，召子公而弗與也。怒，染指於鼎，嘗之而出。公怒。子公弒靈公。

奪家　成十七[三]：晉厲公田，婦人先殺而飲。後使大夫殺。郤至奉豕，寺人孟張奪之。郤至射而殺之。公曰：「季子欺予。」謀誅三郤。

殺羊　見摸擬篇。

案太史公書自春秋已前，所有國家災眚，賢哲占候，皆出於左氏、國語者也。今班志所引，上自周之幽、厲，下終魯之定、哀。而不云國語，唯稱史記，豈非忘本徇末，逐近棄遠者乎？此所謂屢舉舊事，不知所出也。

按：數典而忘其祖，注書家亦通多此病。浚儀王氏有云：「東坡詩：『黃花後秋節，遠自夏小正。』蓋以夏小正有『九月榮鞠』之句也。注者止引月令，非也。」愚鑑於此，如史通本摘元魏書也，注家輒引北史當之。本摘沈宋、蕭齊書也，注家輒引南史當之。自餘雜述，枚舉更多。拙注一依文返本，庶免舉事不原所出之誚云。附識。

不云國語　按：第一科之二條云「公會諸侯于周。」即是不云國語之一也。又其他如「言不從」之徵三郤，語「火沴水」之徵穀、洛鬭，其誤亦同。志中屢見。

所定多目，凡二十或訛「一十九」，或訛「二十九」。種。但其失既衆，不可殫論。故每目之中，或時舉一事。庶觸類而長，他皆可知。**釋：**繳過四科。又案斯志之作也，本欲明吉凶，釋休咎，懲惡勸善，以戒將來。**釋：**數語提下，言既號五行，徵應宜覈矣。至如春秋已還，漢代而往，其間日蝕、地震、石隕、山崩、雨雹、雨魚、大旱、大水，犬一作「雞」，與注不應。豕爲禍，桃李冬花，多一無「多」字。直敍其災，而不言其應。**原注：**載春秋時日蝕三十六，而二不言其應〔四〕。漢時日蝕五十三〔五〕，而四十不言其應。並下下。又惠帝二年、武帝征和二年、宣帝本始四年、元帝永光三年、綏和二年，皆地震。下上。隕石。下下。凡十一〔六〕。總不言其應。又高后二年，武都山崩。下上。成帝河平二年，楚國雨雹，大如斧，蜚鳥死。中下。成帝鴻嘉四年，雨魚于信都。中下。孝景之時，大旱者二〔七〕。中上。昭、成二代，大雨水三。中上。河平元年，長安有如人狀，被甲持兵弩，擊之，皆狗也。中上。又鴻嘉中，狗與豕交。中上。惠帝五年十月，桃李花，棗實。中下。皆不言其應也。○注字有與行本不同者，皆照史改。此乃一作「皆」，非。魯史之春秋、漢書之帝紀耳，何用復編之於此志哉！昔班叔皮云：司馬遷敍相如則舉其郡縣，著其字。此三字照班傳補，舊脱。蕭、曹、陳平之屬，「陳平之屬」四字，亦舊脱，照傳補。否則蕭、曹亦馬遷並時矣。仲舒並時之人，不記其字，或縣而不郡，蓋有所未暇也。若孟堅此志，錯繆殊多，豈亦刊削未周者邪？不然，何脱略之甚也。**釋：**已上皆謂志應逗漏不齊。亦有穿鑿成文，強生異義。如蜮之爲惑，麇之爲迷，隕五石者齊五子之徵，潰舊作「崩」，誤。七山者漢七國之象，叔服會葬，郕舊作「成」，非。伯來奔，亢陽所以成妖，鄭易許田，魯謀萊國，食苗所以爲禍。諸如此比，一作「事」。其類弘多。徒有解釋，無足觀採。知音君子，幸爲詳焉。**釋：**此段謂有解有徵，而又失之鑿也。

按：此條束上而又推類言之，脱略穿鑿四字分括。

班氏志五行，糾轕曼延，都爲五册。雖嗜古之士，擥未盈卷，輒已神惛。今觀史通之編排錯誤也，科總以四，流別二十。如鋪一箔米，砂、稗、秕、稃，粒中自獻。如攤一本律，以、准、皆、各，例裏出支。非穿穴爛熟，安從措手。嘗竊自料，使我下筆，能爲雜駁體，決定不作科別體。非不作也，不能也。後生口滑，嗤點前賢，假有掩去斯篇，第令擬立條目，蚤恐不見水端旋其面目者矣。敢持斯語，箴警囂嶅者。

後史志災祥，咸知刊落葛藤矣。然篇宗五行，卒相踵不改，何也？門分則有條，綱舉則無漏，班仍事祖哉！

司馬遷至未暇也　皆後漢書班彪傳之文。按：董仲舒，史記入儒林傳。

蜮爲惑　志下上：嚴公十八年秋，有蜮。劉向以爲蜮生南越。越地男女同川浴，亂氣所生，故名之曰蜮。蜮，猶惑也。

麋爲迷　志中上：嚴公十七年冬，多麋。劉向以爲麋色青，近青祥也。麋之爲言，迷也。蓋牝獸之淫者也。

五石五子　志下下：釐公十六年正月，隕石于宋，五。劉歆以爲正月日在星紀，厭在玄枵。玄枵，齊分野也。石，山物。齊，太嶽後。五石象齊威卒而五公子作亂。

七山七國　志下上：文帝元年，齊、楚地山二十九所大發水，潰出。劉向以爲水沴土，天戒，勿盛齊、楚之君。後十六年，帝分齊地，立悼惠王庶子六人皆爲王。至景帝三年，齊、楚七國起兵，漢皆破之。漢七國衆山潰，咸被其害。按：文言潰七山者，七國之山皆水潰也。

叔服郕伯　志中上：文公二年，自十二月不雨，至于秋七月。天子使叔服會葬。按：事詳雜駁首條。又：十三年，自正月不雨，至于秋七月。先是，曹、杞、滕來朝，郕伯來奔，秦使來聘。城諸及鄆。二年之間，五國趨之，内城二邑，炕陽失衆。

易田謀萊　志下上：隱公八年，九月，螟。時鄭伯以邴將易許田，有貪利心。京房易傳曰：「貪，厥災蟲。蟲食根。」又中下：桓公五年，螽。劉向以爲介蟲之孽。易邑，興役。宣公六年，螽。劉向以爲宣比再如齊，謀伐萊。

五行志雜駁第十一

原注：春秋時事，違誤最多，總十五條。○按：此注的是原文，雜駁總不越春秋時也。

魯文公二年，不雨。班氏以爲自文即位，天子使叔服會葬，毛伯賜命，又會晉侯于戚。上得天子，外得諸侯，沛然自大，故致亢陽之禍。志中上。案周之東遷，日以微弱。故鄭取温麥，隱三。射王中肩。桓五。楚絶苞茅，僖四。觀兵問鼎。宣三。事同列國，變雅爲風。如魯者，方大邦不足，比小國有餘。安有暫降衰周使臣，遽以驕矜自恃，坐招厥罰，亢陽爲怪。一無「爲怪」二字。求諸人事，理必不然。天高聽卑，豈其若是也。

按：此條所駁，專主「上得天子」句，「外得諸侯」特帶引。從周衰入議，似隔膜。

會葬賜命會戚　本志師古注：會葬，葬僖公。賜命，賜以命圭爲瑞信也。會戚，大夫公孫敖會之。戚，衛地。

變雅爲風　黍離鄭箋：幽王之亂，宗周滅。平王東遷，政遂微弱，下列於諸侯。其詩不能復雅，而同歸於國風焉。

春秋成公元年，無冰。班氏以爲其時王札子一誤作「子札」，下同。殺召伯、毛伯。志中下。

案今春秋經札子殺毛、召，事在宣十五年。而此言成公時，未達其說。下去一訛作「云」。無冰，凡有三載。

按：此條糾年分之訛，本顏注立說。

今春秋至未達其說　本志師古注：王札子即王子捷。召伯、毛伯，皆周大夫。其下即「今春秋」五句之文。

去無冰三載　按：宣公之年盡於十八。今自宣十五，下距成公之元，凡三年也。

春秋昭公九年，陳火。董仲舒以爲陳夏徵舒弑君，楚嚴王原注：「嚴」即「莊」也。皆依本書不改其字。下同。託欲爲陳討賊，陳國闢門而待之，因滅陳。陳之臣子毒恨尤甚，極陰生陽，故致火災。志之上。案楚嚴王之入陳，乃宣十一年事也。始有蹊田之謗，取愧叔時；一訛作「取譏愧叔」。終有封國之恩，見賢尼父。毒恨尤甚，其理未聞。又一脱「又」字。案陳前後爲楚所滅者三，始宣十一年爲楚嚴王所滅，次昭八年爲楚靈王所滅，後哀十七年爲楚惠王所滅。今董生誤以陳次一脱「次」字。亡之役是楚始滅之時，遂妄有占候，虛辨物色。尋昭之上去於宣，魯易四公；一作「主」。嚴之下至於靈，楚經五代。雖懸隔頓別，而混雜無分。嗟乎！下帷三年，誠則勤矣。差之千里，何其闊哉！

按：舊評謂董誤以楚靈之事移於楚莊，是也。又有評云：宣十一年未嘗言滅陳，昭公八年乃滅之。以三滅之言爲不審。夫既縣之矣，非滅而何？其初滅而復封，其繼亦滅而復立，至哀十七年之滅，然後亡。子玄此條殊無不審之言也。

宣十一滅陳，本志董占及左傳杜注皆有明文。

蹊田　左宣十一：楚子爲陳夏氏亂故，伐陳，因縣陳。申叔時曰：「人亦有言曰：牽牛以蹊人之田，而奪之牛。牽牛以蹊者，信有罪矣；而奪之牛，罰已重矣。」

見賢尼父　史記陳世家：楚莊王伐陳，因縣陳而有之。申叔時諫，莊王乃迎陳靈公太子午於晉而立之，復君陳如故，是爲成公。孔子讀史記至楚復陳，曰：「賢哉楚莊王！輕千乘之國，而重一言。」

按：即如此注，王本全引左傳，而以「賢哉」一贊貫入之，亦不原所出之一端也。左傳烏有此贊哉？

陳爲楚滅者三　楚始滅陳，即宣十一縣陳事。注：滅陳以爲楚縣。昭八：楚公子棄疾帥師奉孫吳圍陳，宋戴惡會之。冬十一月，滅陳。晉侯問於史趙曰：「陳其遂亡乎？」對曰：「未也。」「歲在鶉火，卒滅。今在析木之津，猶將復由。」哀十七：楚白公之亂，陳人恃其聚而侵楚。楚既寧，楚子使武城尹帥師取陳麥，遂圍陳。秋，滅陳。

楚嚴至靈五代　楚世家：莊王卒，子共王審立。共王卒，子康王招立。康王卒，子員立，是爲郟敖。公子圍弑之而自立，是爲靈王。凡五世。

春秋桓公三年，日有蝕之，既。京房易傳以爲後楚嚴始稱王，志無「始」字。此用師古注語。兼地千里。志下下。案楚自武王僭號，鄧盟是懼，荆尸久舊訛「又」。傳。亦用師古注語。歷文、成、繆三王，一作「主」。方至於嚴。是則楚之爲王已四世矣，何得言嚴始稱之者哉？又魯桓公薨後，歷嚴、閔、釐、文、宣，**原注**：「釐」即「僖」，皆依本書，不改其字也。下同。凡五公而楚嚴始作霸，安有桓三年日蝕而已應之者邪？非唯敍事有違，亦自一無「自」字。占候失中者矣。

春秋釐公二十九年秋，大雨雹。劉向以爲釐公末年公子遂專權自恣，至於弑君，陰脅陽之象見。釐公不悟，遂後二年殺公子赤，立宣公。志中下。案遂之立宣殺子赤也，此乃文公末代。輒謂僖公暮年，世寔「世寔」，一作「年世」。懸殊，言何倒錯？

按：此與上條皆駁志中占事年世懸殊之繆。年既繆矣，占復何施？機祥家言，果可依據哉？

鄧盟　桓二：蔡侯、鄭伯會于鄧，始懼楚也。注：楚武始僭號稱王，欲害中國。蔡、鄭近楚，故懼而會盟。

荆尸　莊四：楚武王荆尸，授師孑焉。注：尸，陳也。更爲楚陳兵之法。揚雄方言：孑，戟也。然則楚始於此參用戟爲陳。

楚始稱王　楚世家：楚熊通伐隨，隨人之周，請尊楚。王室不聽。熊通怒曰：「吾先鬻熊，文王之師也。早終。成王令我先公以子男田居楚，蠻夷率服，而王不加位，我自尊耳。」乃自立爲武王。按：此楚始稱王明文也。評者云：楚先熊渠三子，有句亶王、鄂王、越章王之稱，稱王非始於武。以此駁劉。夫三號者，非當國本號，乃爲子時父名之，不久便除之，復何足算？且事在春秋前百年矣。雜駁諸條，皆不越春秋時事，題下注又甚明也。視短而喙長，可謂辯乎！

殺亦立宣　見編次篇。事在文公十八年。公子遂者，襄仲也。公子赤者，惡也。

春秋釐公十二年，日有蝕之。劉向以爲是時莒滅杞。志下下。案釐一無「案」字，一無「釐」字。十四年，諸侯城緣陵。公羊傳曰：曷爲城？杞滅之。孰滅之？蓋徐、莒也。如中壘所釋，當以公羊爲本耳。一作「爾」。然則作「然而」用。公羊所說，不如左氏之詳。左氏襄公二十九年，晉平公時，杞尚在云。「在」，一作「存」。舊贅二「云」字。

按：此等皆申左之餘。有據史記杞亡在獲麟後四十八年，而病劉未審者。不知劉但據春秋言春秋，持左氏已足折公羊矣，豈待更要其後乎？此亦失記題下注語者也。

杞尚在　左襄二十九：晉侯使司馬女叔來治杞田，弗盡歸也。晉悼夫人愠。叔侯曰：杞，夏餘也，而即東夷。魯，周公之後也，而睦於晉。何必瘠魯以肥杞。注：夫人，杞女也。

春秋文公元年，日有蝕之。劉向以爲後晉滅江。志下下。案本經書文四年，楚人滅江。今云晉滅，其說無取。本志師古注亦云。且江居南裔，與楚爲鄰；晉處北方，去江殊遠。稱晉所滅，其理難通。

按：此止一字之訛，或傳寫者誤，未可知。

左氏傳魯襄公時，宋有生女子赤而毛，棄之堤下。宋平公母共姬之御者見而收之，因名曰棄。長而美好，納之平公，生子曰佐。後宋臣伊一脫「伊」字。戾讒太子痤一訛「座」。而殺之。**原注**：事在襄二十六年。先是，大夫華元出奔晉，**原注**：事在成十五年。華合比奔衛。**原注**：事在昭六年。劉向以爲時則有火災赤眚之明應也。志中下。案災祥之作，將應後來；事迹之彰，用符前兆。如華元奔晉，在成十五年，參諸棄堤，實難符會。又合比奔衛，在昭六年，而與元奔，一作「華元奔晉」。俱云「先是」。惟前與後，事並相違者焉。

按：前後既不相會，後更不得云先，一志兩失。

伊戾讒　左襄二十六：宋寺人惠牆伊戾爲太子内師而無寵。楚客聘于晉，過宋。太子野享之，伊戾從。至則欿用牲，加書徵之，而騁告公曰：「太子將爲亂，既與楚客盟矣。」公使視之，信有焉，太子縊。

華元奔晉　成十五：華元曰：吾爲右師，公室卑而不能正，吾罪大矣，敢賴寵乎！乃出奔晉。

合比奔衛　昭六：宋寺人柳有寵，太子佐惡之。華合比曰：「我殺之。」柳聞之，告公曰：「合比將納亡人之族。」公逐華合比，合比奔衛。

春秋成公五年，梁山崩。志下上。七年，鼷鼠食郊牛角。志中上。襄公十五年，日有蝕之。志下下。董仲舒、劉向皆以爲自此前一無「前」字。後，晉爲雞澤之會，諸侯盟，大夫又盟。後爲溴音讀如「葛」。梁之會，諸侯一多「不」字。在而大夫獨相與盟，君若綴旒，不得舉手。又襄公十六年五月，地震。劉向以爲是歲三月，大夫盟於溴梁，而五月地震矣。志下上。又其二十八年春，無冰。班固以爲天下異也。襄公時，天下諸侯之大夫皆執國權，君不能制，漸將日甚。**原注：**穀梁云：「諸侯始失政，大夫執國權。」又曰：諸侯失政，大夫盟。政在大夫，大夫之不臣也。○志中下。**釋：**雜引志文止此。眼在「君若綴旒，不得舉手」、「大夫執權，君不能制」等句。案春秋諸國，權臣可得言者，如三桓、六卿、田氏而已。如雞澤之會、溴梁之盟，其臣豈有若向之所説者邪？**釋：**先折去董、劉之説。然而穀梁謂一作「爲」。大夫不臣，諸侯失政。穀梁傳作「正」，前注同。譏其無禮自擅，在兹一舉而已。非是如一作「知」，非。「政由甯氏，祭則寡人」，相承世官，遂移國柄。若斯之失也，若董、劉之徒，不窺左氏，直憑二傳，遂廣爲它説，多肆奓陟加切。或誤作「大多」二字，或改作「侈」，並非。言。仍云「君若綴旒」，「臣將日甚」，何其妄也？**釋：**原出董、劉之説，蓋本二傳而甚之。

雞澤之會　左襄三：六月，公會單頃公及諸侯，同盟于雞澤。陳成公使袁僑如會求成。晉侯使和組父告于諸侯。秋，叔孫豹及諸侯之大夫及陳袁僑盟，陳請服也。杜注：其君不來，使大夫盟之，匹敵之宜。

溴梁之盟　左襄十六：晉平公即位，改服修官，烝于曲沃。警守而下，會于溴梁，命歸侵田。晉侯與

按：所駁總由援左起見，亦與申左意同。雞澤、溴梁二盟，蘇黄門轍以爲合禮，趙氏鵬飛以爲尊卑之分正，及與諸釋經之言互證之，亦復往往而合。然至襄十六之盟，在晉平之世，權移之漸，亦自此矣。

諸侯宴於溫，使諸大夫舞，曰：「歌詩必類。」於是，叔孫豹、晉荀偃、宋向戌、衛甯殖、鄭公孫蠆、小邾之大夫盟曰：「同詩不庭。」

政由甯氏二句　左襄二十六：衛獻公自夷求復國，使子鮮與甯喜相要之言也。

二傳爲説　襄三穀梁：會雞澤，下即注中云云。又十六：會溴梁，下即注中「又曰」云云。又公羊：會溴梁，諸侯皆在是。其言大夫盟何？信在大夫也，君若贅旒然。

奓言　字書：奓言，猶夸言也。唐陸贄傳：奓言無驗。

春秋昭十七年六月，日有蝕之。董仲舒以爲時宿在畢，晉國象也。晉厲公誅四大夫，失衆心，以弑死。後莫敢復責一有「其」字。大夫，六卿遂相與比周，專晉國。晉君還事之。志下下。案一脱「案」字。晉厲公所尸唯三郤耳，何得云誅四大夫者哉？又州滿既死，**原注**：今春秋左氏本皆作「州蒲」，誤也。當爲州滿，事具王劭續書志。○**按**：「續」疑當作「讀」。悼公嗣立，選六官者皆獲其才，一作「事」。逐七人者盡當其罪。以辱及揚干，將誅魏絳，覽書後悟，引愆授職。此則生殺在己，寵辱自由。故能申五利以和戎，馳三駕以挫楚。威行夷夏，霸復文、襄。而云不復責大夫，何厚誣之甚也。自昭公謂晉昭公。已降，晉政多門。如以君事臣，居下僭上者，此乃因昭之失，漸至陵夷。匪由懲厲之弑，自取淪辱也。豈可輒持彼後事，用誣先代者乎？

按：節中凡三提句，三駁之。誅四大夫，一駁也；莫敢責大夫，又一駁也；還事其六卿，又一駁也。細審之，劉爲此駁，還似含糊。彼晉厲之事，在魯成十七、八年間，下距昭十七之蝕，且逾五十載。而董占如是，直緣成十七年亦有書蝕之文，因而誤牽及此。年迷遠近，言出支離，只從迷處醒之曰：渾將兩個十七，併做一番日蝕，桶底脱了也。劉唯勘未盡徹，所以從前書志篇小注，反誤「昭」爲「成」，而辯亦不中窾。會閲者宜取而參校之。

所尸唯三郤　左成十七：晉殺其大夫郤錡、郤犨、郤至。傳：長魚矯以戈殺之，皆尸諸朝。胥童以甲劫欒書、中行偃於朝，公曰：「一朝而尸三卿，余不忍益也。」對曰：「人將忍君。」

州滿　成十八：晉殺其君州蒲。按：厲公名也。其言州滿具王劭書，無考。

六官七人　左成十八：春王正月，晉人迎周子於京師而立之，生十四年矣。周子曰：「孤始願不及此。雖及此，豈非天乎！二三子用我今日，否亦今日。共而從君，神之所福也。」對曰：「敢不唯命。」庚午，盟而入，逐不臣者七人。二月，悼公即位於朝，始命百官。凡六官之長，皆民譽也。舉不失職，官不易方，所以復霸也。

魏絳　左襄三：會於雞澤。晉侯之弟揚干亂行於曲梁，魏絳戮其僕。晉侯怒，羊舌赤曰：絳無貳志，其將來辭。言終，魏絳至，授僕人書，將伏劍。士魴、張老止之。公讀書，跣而出曰：「寡人之過也，子無重寡人之過。」晉侯以魏絳能以刑佐民矣。反役，與之禮食，使佐新軍。又四：魏莊子請和諸戎，曰：和戎有五利焉，貴貨易土，穡人成功，四隣振動，師徒不勤，而用德度。公説，修民事，田以時。

三駕　襄九：同盟于戲。晉人不得志於鄭，歸謀所以息民。行之期年，國乃有節。三駕而楚不能與爭。十年：晉伐鄭師于牛首。十一年：四月，伐鄭，盟于亳城北。秋七月，伐鄭，會于蕭魚。注：此三駕也。

哀公十三年十一月，有星孛于一無「于」字。東方。董仲舒、劉向以爲周之十一月，夏九月，日在氐。出東方者，軫、角、亢也。或曰：角、亢，大國之一無「之」字。象，爲齊、晉也。其後田氏篡齊，六卿分晉。志下下。案星孛之後二年，春秋之經盡矣。又十一年，左氏之傳盡矣。自傳盡後八十二年，齊康公爲田和所滅。又七年，晉靜公爲韓、魏、趙所滅。上去星孛之歲，皆出百餘年。辰象所纏，氛祲所指，若一作「共」。相感應，何太疏闊者哉？釋：此層爲正駁。且當春秋既終之後，左傳未盡之前，其間衛弒君，越滅吳，魯遜越，舊衍「云云」二字。賊臣逆子破家亡國多矣。此正得東方之象，大國之徵，何故捨而不述，遠求他代者乎？釋：此層代考時事，益見彼強附之拙。又范與中行，早從殄滅。智入戰國，繼踵云亡。輒與三晉連名，總以六卿爲目，殊爲謬也。釋：此層爲拙駁。尋斯失所起，可以意測。何者？二傳所引，事終西狩獲麟。左氏所書，語連趙襄滅智。漢代學者，唯讀二傳，不觀左氏。故事有不周，言多脫略。且春秋之後，戰國之時，史官闕書，年祀難記。而學者遂疑篡齊分晉，時與魯史相鄰。故輕引災祥，用相符會。白圭之玷，何其甚歟？釋：後以優劣三傳結。

按：意亦歸於申左也。

三卿分晉，而云六卿。師古注亦同此誤。

亦可證雜駁所陳，只管在春秋年。

衛弑君　哀十七：衛侯貞卜，其繇曰：「如魚竀尾，衡流而方羊裔焉。」公使匠久。公欲逐石圃，石圃因匠氏攻公。公踰于北方而墜，折股。公入于戎州，謂己氏曰：「活我，我與女璧。」己氏曰：「殺女，璧將焉往？」遂弑之。

越滅吴　哀二十二：冬十一月，越滅吴。請使吴王居甬東。辭曰：「孤老矣，焉能事君。」乃縊。

魯遜越　在哀二十七年。語見惑經篇。

春秋釐公三十三年十二月，隕霜不殺草。志中下。○其下劉向占牽及三家逐昭公之文。成公五年，梁山崩。志下上。○劉向占亦及三家逐魯昭。七年，鼷鼠食郊牛角。劉向以似脱「爲」字。其後三家逐魯昭公，卒死於外之象。志中上。○單述一占，括上三災。案乾侯之出，事由季氏。孟、叔二孫，本所不預。况昭子以納君不遂，發憤而卒。論其義烈，道貫幽明。定爲忠臣，猶且無愧；編諸逆黨，何乃厚誣？夫以罪由一家，而兼云二族。以此題目，何其濫歟？

按：三志見三處，皆有三家逐昭之占，此蓋專駁「三家」二字也。本爲叔孫昭子洗雪，而筆端少縱，帶挈孟孫，不免失出。

蠹、成與昭，隔世三五，糾不及此，亦更失拈。

昭子發憤　昭二十五：季氏逐昭公，叔孫昭子自闞歸，平子稽顙曰：「苟使意如得改事君，所謂生死而肉骨也。」昭子從公于齊，與公言。公使昭子自鑄歸。平子有異志。十月辛酉，昭子齋於其寢，使祝宗祈死。戊辰，卒。

左氏傳昭公十九年，龍鬭於鄭時門之外洧淵。劉向以爲近龍孽也。鄭小國攝乎晉、楚之間，重以強吴，鄭當其衝，不能修德，將鬭三國，以自危亡。是時，子産任政，内惠於民，外善辭令，以交三國，鄭卒亡患，此能以德銷災之道也。志下下。案昭之十九年，晉、楚連盟，干戈不作。吴雖強暴，未擾諸華。鄭無外虞，非子産之力也。又吴爲遠國，僻在江干，必略中原，當以楚、宋爲始。鄭居河、潁，地匪夷庚，謂當要衝，殊爲乖角。求諸地理，不其爽歟？

按：此專駁「鄭當吴衝」一語也，故曰「地匪夷庚」。至云「非子産力」，不合兼頂晉、楚，語欠鈎畫，太抹煞了。

鄭居河潁　外傳鄭語：桓公爲司徒，問於史伯曰：「王室多故，余懼及焉，其何所可以逃死？」史伯對曰：其濟、洛、河、潁之間乎？是其子男之國，君若寄孥與賄焉，不敢不許。

夷庚　左成十八：塞夷庚。注：吴、晉往來之要道。疏：夷，平地也。詩序云：由庚，以庚爲道也。束皙補亡詩：蕩蕩夷庚，物則由之。

春秋昭公十五年六月〔八〕，日有蝕之。董仲舒以爲時宿在畢，晉國象也。又云：舊作「云云」，誤。「日比再蝕，其事在春秋後，故不載於經。」志下下。案自昭十五舊作「四」，誤。年，迄於獲麟之歲，其間日蝕復有九舊誤「七」，下同。焉。事列本經，披文立驗，安得云再蝕而已，又在春秋之後也？且觀班志編此九蝕，其八舊誤「六」。皆載董生所占。復不得言董以事後春秋，故不存編録。再思其語，三覆所由，斯蓋孟堅之誤，非仲舒之罪也。

按：此條所駁，主「日比再蝕」等句，故本文當作「又云」。其於「再蝕」三言，悟得是班文，非董語。擘畫最精。所謂彼節有間，而吾刃無厚，觀書不當如是耶？

九蝕八占　按：本志志日蝕，自昭十五年之後，于昭又有十七、二十一、二十二、二十四、三十一，凡五蝕。于定則有五年、十二、十五，凡三蝕。下至哀十四之蝕，而春秋盡，總九蝕也。董之占惟哀十四無占，總八占也。

春秋昭公九年，陳火。劉向以爲先是陳侯之弟招殺陳太子偃師，楚因滅陳。春秋不與蠻夷滅中國，故復書陳火也。志之上。案楚縣中國以爲邑者多矣，如邑有宜見於經者，豈可不以楚爲名者哉？蓋當斯時，陳雖暫亡，尋復舊國，故仍取陳號，不假楚名。獨不見鄭裨竈之說乎？裨竈之說一脱此五字。斯災也，曰：「五年，陳將復封。封五十二年而遂亡。」此其效也。一脱此四字。自斯而後，若顓頊之墟，宛丘之地，如有應書於國史者，一無「者」字。豈可復謂之陳乎。

按：此爲「陳火」二字申解義，以闢「不與蠻夷」之説也。陳火之義具兩解，史通從裨説，而杜注别爲一説，今以注補備之。

陳火　左昭九：夏四月，陳災。鄭裨竈曰：「五年，陳將復封。封五十二年而遂亡。」「陳，水屬也。火，水妃也，而楚所相也。今火出而火陳，逐楚而建陳也。妃以五成，故曰五年。歲五及鶉火，而後陳卒亡，楚克有之。天之道也。故曰五十二年。」杜預經注：天火曰災。陳既爲楚縣，而書陳災者，猶晉之梁山、沙鹿崩，不書晉災，繫於所災，故以所在爲名。

招殺偃師　昭八經：陳侯之弟招殺陳世子偃師。傳：陳哀公元妃鄭姬生悼太子偃師，二妃生公子留。二妃嬖，留有寵，屬諸司徒招。哀公有廢疾，招殺偃師而立留。哀公縊。干徵師赴于楚。楚滅陳。按：滅陳事見上。

校勘記

〔一〕鄭公子曼滿與王子伯廖語　「公子」原作「公孫」，據左傳改。

〔二〕國語周語　原作「史記世家」，按單襄告魯，通釋在「會于周」下注云：史記周本紀及魯、晉二世家皆不載，左氏成十六經、傳亦不書。其文乃在外傳周語下卷，今據改。

〔三〕成十七　「十七」原作「七」，據左傳改。

〔四〕載春秋時日蝕三十六而二不言其應　按今本漢書五行志所載春秋時日蝕共三十七次，每次皆言其應。

〔五〕漢時日蝕五十三　按今本漢書五行志所載漢時日蝕共五十四次。

〔六〕隕石凡十一　「十一」原作「十四」，據漢書改。

〔七〕孝景之時大旱者二　按五行志，記大旱不言其應者有二：一爲景帝中三年；一爲成帝永始三年、四年。故「孝、景之時」當爲「景、成二代」。

〔八〕春秋昭公十五年六月　按「十五年六月」、「十七年六月」，皆有日蝕，五行志載董仲舒之占於「十七年」條下。此處在「十五年」下，疑誤。但改爲「十七年」，則下文之「九」當改爲「八」，「八」當改爲「七」。

史通通釋卷二十

外篇

暗惑第十二十四條，前後有序跋。

夫人識有不燭，神有不明，則真僞莫分，邪正靡别。昔人一無「人」字。有以髮繞炙誤其國君者，有置毒於胙誣其太子者。一有「矣」字。夫髮經炎一作「炙」。炭，必致焚灼，毒味經時，無復殺害。而行之者僞成其事，受之者信以爲然。故使見咎一時，取怨千載。夫史傳敘事，亦多如此。其有道理難憑，欺誣可見，如古來學者，莫覺其非，蓋往往有焉。今聊舉一二，加以駁難，列之如左。

按： 全書糾繆，率皆顯迹。兹又摘諸習相傳而習不加察者糾之，故以暗惑名篇，篇序指明其義。大致頗似風俗通過譽等篇。

髮繞炙　王訓故：韓非子：文公之時，宰臣上炙而髮繞之，文公召宰夫而譙之。宰夫頓首再拜曰：「奉熾鑪炭，火盡赤紅，炙熟而髮不焦，臣之罪也。堂下得微有嫉臣者乎！」公乃召堂下而譙之，果然。

毒胙　左僖四：晉太子申生祭于曲沃，歸胙于公。公田，置之宮。六日，公至。毒而獻之。公祭之地，地墳；與犬，犬斃；與小臣，小臣亦斃。姬泣曰：「賊由太子！」杜注：毒酒經宿輒敗，而經六日，明公之惑。

史記本紀曰：瞽叟使舜穿井，爲匿空旁出。瞽叟與象共下土實井。瞽叟、象喜，以舜爲已死。象乃止舜宮。

難曰：夫杳冥不測，變化無恒，兵革所不能傷，網羅所不能制，若左慈易質爲羊，劉根竄形入壁是也。時無可移，禍有一作「所」。必至，雖大聖所不能免，若姬伯拘於羑里，孔父阨於陳、蔡是也。然俗之愚者，皆謂彼幻化，是爲聖人。豈知聖人智周萬物，才兼百行，若斯而已，與夫方内之士有何異哉！如史記云重華入於井中，匿空出去。此則其意以舜是左慈、劉根之類，非姬伯、孔父之徒。苟識事如斯，難以語夫聖道矣。且案太史公云：舊脱「云」字。黄帝、堯、舜軼事，時時見於他説，余擇其言尤雅者，著爲本紀書首。若如向之所述，豈可謂之一無「之」字。雅邪？

按：此事由孟子不置深辨，唯借其憂喜之端，指與親愛之本。史家採取雜説，據謂其事實然。得史通刊正，可補孟義。

匿空旁出　本紀注：正義曰：「言舜潛匿穿空，旁從他井而出也。」括地志云：舜井在嬀州懷戎縣西外城，其西又有一井。耆舊傳云並舜井也，舜自中出。按：此等皆出傳會。

左慈易質　見採撰篇。

劉根竄形　後漢方術傳：劉根隱嵩山，諸好事者就根學道。太守史祈以根爲妖妄，收執詣郡。根曰：「實無它異，頗能令人見鬼。」祈曰：「促召之。」根於是左顧而嘯，有頃，祈之亡父祖近親皆反縛〔二〕，向根叩頭，曰：「小兒無狀。」祈驚懼悲哀，頓首流血。根默而不應。忽然俱去，不知在所。

又舊本自此以下，節首並有「又」字，一本皆無。今從舊本。史記滑稽傳：孫叔敖爲楚相，楚王以霸。病死，居數年，其子窮困負薪。優孟即爲孫叔敖衣冠，抵掌談語。歲餘，象孫叔敖，楚王及左右不能別也。莊王置酒，優孟爲壽，王大驚，以爲孫叔敖復生，欲以爲相。

難曰：蓋語有之：「人心不同，有如其面。」故窊舊作「窳」。隆異等，修短殊姿，皆稟之自然，得諸造化。非由仿效，俾有遷革。著想滯。如優孟之象孫叔敖也，衣冠談說，容或亂真，眉目口鼻，如何取類？而楚王與其左右曾無疑惑者邪？一作「也」。昔陳焦既亡，累年吳志亦作「六日」。而活；秦諜從縊，六日而蘇。顧或訛「須」，一改「遂」。使竹帛顯書，古今或作「今古」。稱怪。况叔敖之歿，時日已久。楚王必謂其復生也，先當詰其枯骸再肉所由，闔棺重開所以。又是滯語。豈有片言不接，一見無疑，遽欲加以寵榮，復其禄位！此乃類夢中行事，豈人倫所爲者哉！

按：此滑稽耳。駁語粘埴，可以失笑。然謂子玄錯，却不錯。覆思敍優孟事，落第二手，决不一直當真，况國史更非游戲事也。

優孟　本傳：優孟者，故楚之樂人也。多辯，常以談笑諷諫。楚相孫叔敖知其賢人也，善待之。病且死云云。按：節首二句，小異其文。

陳焦　三國吳志：孫休永安四年，安吳民陳焦死，埋之。六日更生，穿土中出。

秦諜　左宣八：白狄及晋平。夏，會晋伐秦。晋人獲秦諜，殺之絳市，六日而蘇。

又史記田敬仲世家曰：田常成子以大斗出貸，以小斗收。齊人歌之曰：「嫗乎采芑，歸乎田成子。」

難曰：夫人既從物故，然後加以易名。田常見存，而遽呼以謚，此之不實，明一作「昭」。然可知。又案左氏傳，石碏曰：「陳桓公方有寵於王。」論語，陳司敗問孔子：「昭公知禮乎？」同史記文。史記，家令説太上皇曰：「高祖雖子，人主也。」諸如此説，其例皆同。然而事由過誤，易爲筆削。若田氏世家之論成子也，乃結以韻語，纂成歌詞，欲加刊正，無可釐革。故獨舉其失，以爲標冠云。

按：民謡或預兆謚成耶？郭評云。

陳司敗問昭公，時當在定、哀之世，記者舉謚，非誤也。子玄摘之，非是。餘所摘，皆是。此類，秦前漢初多有，李本寧乃謂公子遂生而賜氏，烏知此謚非此類。咦！弄巧成拙，奚自首眼不見史記？爲一笑。

田常成子　田齊世家：陳敬仲之如齊，以陳字爲田氏。五世孫田釐子乞事齊景公，其收賦稅於民，以小斗受之，予民以大斗。由是田氏得齊衆心，宗族益強。乞卒，子常代立，是爲田成子。齊簡公立，田常修釐子之政，齊人歌之云云。常卒，謚爲成子。按：史綴後句，尤露破綻。

陳桓高祖　「陳桓公」句，見左傳隱四年。高祖雖子，是史記高紀。

又史記仲尼弟子列傳曰：孔子既歿，有若狀似孔子，弟子相與共立爲師，師一作「事」。之如夫子。他日，弟子進問曰：「昔夫子當舊作「嘗」。行，使弟子持雨具，已而果雨。」「商瞿年一脫「年」字。長無子，母爲此二字一作「欲更」。取室。孔子曰：『瞿年四十後，當有五丈夫子。』已而果然。敢問夫子何以知此？」舊作「之」。有若默然無史有「以」字。應。弟子起曰：「有子一作「若」。避，史有「之」字，斷句。此非子之坐也！」

難曰：孔門弟子七十二人，柴愚參魯，宰言游學，俗作「宰我言語」，誤。師、商可方，回、賜非俗誤作「之」。類。此並聖人品藻，優劣已詳，門徒商榷，臧否又定。如有若者，名不隸於四科，譬無偕於十喆。同「哲」。逮尼父既殁，方取爲師。以不答所問，始令避坐。同稱達者，何見事之晚乎？且退老西河，取疑夫子，猶使喪明致罰，投杖謝愆。何肯公然自欺，詐相策一作「承」。奉？此乃童兒相戲，非復長老所爲。觀孟軻著書，首陳此説；馬遷裁史，仍習其言。得自委巷，曾無先覺，悲夫！

按：援舉四科，品騭有子。劉非講學家，故應襲此盲語，不須與辯也。乃其嗤是史文，儕諸童戲，龍門有口，此判不移。

有若似聖，幾如孔融之坐飲虎賁。學者遇此等語，雖孟子亦不可執。

西河取疑　檀弓：子夏喪其子而喪其明。曾子弔之曰：「吾與女事夫子於洙、泗之間，退而老於西河之上，使西河之民疑女於夫子，」「爾何無罪與？」子夏投其杖而拜曰：「吾過矣，吾過矣！」鄭注：言有師而不稱師也。疏：使西河疑與夫子相似，皇氏言疑子夏是夫子之身，非也。

又史記、漢書皆曰：上自史記作「在」，漢書作「居」。洛陽南宮，從複道望見諸將往往相與坐沙中語。漢書作「往往數人偶語」。上曰：「此何語？」留侯曰：「陛下所封皆故人親愛，所誅皆平生讎一作「仇」。忌。史、漢作「怨」。此屬畏誅，故相聚謀反爾。」上乃憂曰：「爲之奈何？」

留侯曰：「上平生所憎，誰最甚者？」上曰：「雍齒。」留侯曰：「今先封雍齒，以示羣臣。羣臣見雍齒封，則人人自堅矣。」於是上置酒，封雍齒爲侯。

難曰：夫公家之事，知無不爲，見無禮於君，如鷹鸇之逐鳥雀。案子房之一無「之」字。少也，傾家結客，爲韓報讎。一作「仇」。此則忠義素彰，名節甚著。其事漢也，何爲屬羣小聚一脫「聚」字。謀，將犯其君，遂默然杜口，俟問方對？倘若高祖不問，竟欲無言者邪？且將而必誅，罪在不測。如諸將屯聚，圖爲禍亂，密言臺上，猶懼覺知；羣議沙中，何無避忌？爲國當作「圖」。之道，必不如斯。然則張良慮反側不安，雍齒以嫌疑受爵，蓋當時實有其事也。如複道之望、坐沙而語，是説者敷演，妄溢其端耳。

按：一路説來，兩面搏擊，理事俱到，皆屬蹴下之文。節尾數言，是正指，真曉事人語。玉連環謹以解矣。涑水氏論此事，亦有帝見方對之疑，因爲之説曰：良以帝數任愛憎爲誅賞，諸將有自危之心，故因事納忠，以移帝意，使上下無猜忌也。此又一解，以謀反一語爲詭辭譎諫，又一妙會。

雍齒　留侯世家：雍齒與我故，數嘗辱我，我欲殺之，爲其功多，故不忍。又：封爲什方侯，注：括地志云益州什邡縣。

知無不爲　左僖九：晉荀息曰：「公家之利〔二〕，知無不爲，忠也。」

鷹鸇之逐　左文十八：季文子出莒僕之語。

將而必誅　公羊莊三十二：公子牙今將爾，辭曷爲與親弑者同？君親無將，將而誅焉。

又東觀漢記曰：赤眉降後，積甲與熊耳山齊云云。所難之指，文中已足。「云云」字疑衍。

難曰：案盆子既亡，棄甲誠衆。必與山比峻，則未之有也。昔武成云〔三〕：「前徒倒戈，」「血流漂杵。」孔安國曰：蓋言之甚也。如「積甲與熊耳山齊」者，抑亦「血流漂杵」之徒歟？

按：此條文簡，獨無駁句。如古書義疏，於諸條中最爲雅飭。

赤眉盆子　後漢書：劉盆子者，太山式人，城陽景王章之後。琅邪人樊崇起兵於莒，王莽遣廉丹、王匡擊之。崇恐其衆與莽兵亂，乃皆朱其眉相識別，由是號曰赤眉。赤眉將兵西求劉氏，共尊立之，遂立盆子爲帝，自號建世元年〔四〕。入長安城，更始來降。赤眉貪財物，出大掠。時三輔饑，引而東歸。光武要其還路，赤眉驚震乞降，曰：「盆子將百萬衆降，陛下何以待之？」帝曰：「待女以不死耳。」樊崇乃將盆子肉袒降。積兵甲宜陽城西，與熊耳山齊。

又東觀漢記曰：郭伋爲并州牧，行部到西河美稷，有童兒數百，各騎竹馬，於道次迎拜。伋問：一有「曰」字。「兒曹何自遠來？」對曰：「聞使君始到，喜，故奉迎。」伋辭謝之。事訖，諸兒送至一作「出」。郭外，問：「使君何日當還？」伋使別駕計日告之。既還，先期一日。伋爲違信，止於野亭，須期乃入。

難曰：蓋此事不可信者三焉。案漢時方伯，儀比諸侯，其行也，前驅竟一作「蔽」。野，後乘塞路，鼓吹沸喧，旌棨填咽。彼草萊稚子，齠齔童兒，非唯羞報不見，亦自驚惶失據。安能犯騶駕，凌襜帷，首觸威嚴，自陳襟抱？其不可信一也。又方伯案部，舉州振肅。至於墨綬長吏，黄綬羣官，率彼吏人，顒然佇候。兼復掃除逆旅，行李有程，嚴備供具，憩息有所。如棄而不就，居止無恒，一作「常」。必公私闕擬，客主俱窘。凡爲良二千石，固當知人所苦，安得輕赴數童之期，坐失百城之望？其不可信二也。夫以晉陽無竹，古今共知，假有傳檄它方，蓋亦事同大夏，訪知一作「諸」。商賈，不可多得。況在童孺，彌復難求，羣戲而乘，如何克辦？其不可信三也。凡説此事，總有三科。三科屬漢記言。推而論之，了無一實，異哉！**補注**：「傳檄」恐當作「轉致」。

按：三科揭辯，殊欠老成。傔從可省也，供頓可斷也，竹材可轉也。然必如史事，亦豈事理之常？其上文既言所到縣邑，老幼相逢迎矣，獨美稷曾無父老，盡童稚耶？其有導之使然，屏視隱處者耶？毋乃縣令丞喻指里陌，工爲媚者耶？將二千石上計史館，作新語相矜耀，稍增飾之也？千載美談，一經撲破，頓起人幾許疑端矣。

郭伋　後漢書本傳：伋字細侯。高祖父解，武帝時，以任俠聞。伋少有志行。世祖建武九年，徵拜潁川太守。帝勞之曰：「去帝城不遠，河潤九里，冀京師并蒙福也。」十一年，省朔方刺史屬并州，調役爲并州牧。前在并州，素結恩德，及入界，所到縣邑，老幼相攜，逢迎道路。其行部到西河。以下與東觀記同文。

晉陽無竹　困學記聞：史通云晉陽無竹，事不可信。閻若璩案：唐晉陽童子寺有竹，日報平安，而美稷乃在今汾州府也。按：爲竹報平安，則艱植可知。晉陽、汾州，地氣亦未必大異。然愚意此事疑辯，總不在此。

大夏不多得　史記大宛傳：張騫曰：臣在大夏時，見邛竹杖、蜀布。問曰「安得此？」大夏國人曰：「吾賈人往市之身毒。身毒在大夏東南可數千里。」以騫度之，此其去蜀不遠矣。

又魏志注：語林曰：匈奴遣使人一無「人」字。來朝，太祖令崔琰在座，而己握刀侍立。既而，使人問匈奴使者曰：「曹公何如？」對曰：「曹公美則美矣，而侍立者非人臣之相。」太祖乃追殺使者云云。二字亦贅。一本止一「云」字，亦衍。

難曰：昔孟陽臥一作「坐」。床，詐稱齊后，紀信乘纛，矯號漢王。或主遘屯蒙，或朝罹兵革。故權以取濟，事非獲已。如崔琰本無此急，何得以臣代君者哉？且凡稱人君，皆慎其舉措，況魏武經綸霸業，南面受朝，而使臣居君座，君處臣位，將何以使萬國具瞻，百寮僉矚也！又漢代之於匈奴，其爲綏撫勤矣。雖復賂以金帛，結以親姻，猶恐一脱「恐」字。虺毒不悛，狼心易擾。如輒殺其使者，不顯罪名，復何以懷四夷於外蕃，建五利於中國？

且曹公必以所爲過失，懼招物議，故誅彼行人，將以杜滋謗口，而言同綸綍，聲遍寰區，欲蓋而彰，止益其辱。雖愚暗之主，猶所不爲，況英略之君，豈其若是？夫芻蕘鄙說，閭巷讕舊作「讇」，或作「闊」，並非。言，凡一作「諸」。如此書，通無擊難。而裴引語林斯事，編入魏史注中，持彼虛詞，亂茲實録。蓋曹公多詐，好立詭謀，流俗相欺，遂爲此說。蓋曹公十七字，一本失去，一本綴注節末。細按之，定是正文，應置於此。故特申掎摭，辯其疑誤者焉。

按：裴注固饒博趣，史通雅惡譎辭，故往往排之。而此條通節責裴，至末結罪老瞞，正名詐詭，可云廷尉當是也。第嫌「具瞻」、「綸綍」等句，施非其分。又檢魏志注，不見此段，殊不可曉。

崔琰　魏志本傳：琰字季珪，清河人，爲東西曹掾屬，遷中尉。琰聲姿高暢，眉目疏朗，鬚長四尺，甚有威重。朝士瞻望，而太祖亦敬憚焉。按：語林事亦見世説容止篇。魏武將見匈奴使，自以形陋，使崔季珪代，帝自捉刀立牀頭云云。匈奴使曰：「牀頭捉刀人，乃英雄也。」

孟陽臥牀　左莊八：齊侯田于貝丘，墜車，反。徒人費遇賊於門，先入，伏公而出鬭，死于門中。遂入，殺孟陽于牀，曰：「非君也，不類。」

紀信乘纛　項羽本紀：漢王食乏，夜出女子滎陽東門。楚兵四面擊之，紀信乘黃屋車，傅左纛曰：「漢王降。」楚皆呼萬歲。漢王與數十騎從西門出。項王見紀信，問：「漢王安在？」信曰：「已出矣。」項王燒殺紀信。

又魏世諸小書，一訛作「事」。皆云文鴦侍講，殿瓦皆飛云云。二字贅。○此事列晉陽秋之前，亦指曹魏時。

難曰：案漢書云：項王叱咤，慴伏千人。然則呼聲之極大者，不過使人披靡而已。尋文鴦武勇，遠慚項籍，況侍君側，固當屏氣徐言，安能一多「使」字。檐瓦皆飛，有踰舊作「喻」。武安鳴鼓！且瓦既飄隕，則人必震驚，而魏帝與其羣臣焉得巋然無害也？

按：形容語，與「積甲山齊」同類，而「侍講瓦飛」語尤過當。故彼爲解詞，此爲詰詞。

文鴦　按：文鴦有二：一在魏高貴鄉公時，即文欽子；一在西晉末，遼西鮮卑段務勿塵子，匹磾弟也。文乃指魏時者。通鑑：高貴正元二年，鴦夜襲司馬師營。甘露三年，降於司馬昭。晉書景紀：鴦勇冠三軍。景帝目有瘤，割之。鴦來攻，驚而目出。即其人也。「小書侍講」事，無考。

武安鳴鼓　史記廉藺傳：秦伐韓，軍於閼與。王令趙奢將，救之，兵去邯鄲三十里。秦軍軍武安西，鼓噪勒兵，武安屋瓦盡振。

又晉陽秋曰：胡質爲荆州刺史，子威自京都一作「師」。省之，見父史有「停厩中」三字，文當摘二「停」字，乃成句。十餘日，告歸。質賜絹一疋，爲路糧。威曰：「大人清高，不審於何得此絹？」質曰：「是吾俸禄之餘。」

難曰：古人謂方牧爲二千石者，以其禄有二千石故也。名以定體，貴實甚焉。設使廉如伯夷，介若黔敖，恐當作「婁」。苟居此職，終不患於貧餒或作「餧」。者。如胡威之别其父也，一縑之財，猶且發問，則千石之俸，其費安施？料以牙籌，推以食一作「之借」。箸，察其厚薄，知不然矣。或曰觀諸史所載，兹流非一。**原注**：如張堪爲蜀郡，乘折轅車；吴隱之爲廣川，貨犬待客。並其類也。○「張堪」，舊作「張湛」，「貨犬」或作「貸米」，並誤。必以多爲證，則足可無疑。然人自有身安弊古通「敝」。緼，口甘粗糲，而多藏鏹帛，無所散用者。故公孫弘位至三公，而臥布被，食脱粟飯。汲黯所謂齊人多詐者是也。安知胡威之徒其儉亦皆如此，而史臣不詳厥理，直謂清白當然，一脱「當然」二字。繆矣哉！

按：流傳清節，刻用深文，過矣！然不怪其父而疵其子，人情王道，推隱入微。楚直證羊，齊廉咽李，聖賢不與，正見氣象光明。

仲長統論損益曰：「君子居位，爲士民之長，固宜重肉累帛，朱輪駟馬。今反謂薄屋者爲高，藿食者爲清，既失天地之心，又開虚僞之名[五]。」又張敞飭長吏奏曰：「假令京師先行讓畔異路，道不拾遺，其實無益廉貪貞淫之行，而以僞先天下，固未可也。即諸侯先行之，而僞聲軼於京師，非細事也。」其言與此段相發，故引申録之。

胡質并子威　晉良吏傳：胡威字伯武。父質，以忠清著稱，仕魏至征東將軍、荆州刺史。威早厲志尚。質之爲荆州也云云，與晉陽秋略同。威歷徐州刺史，入朝，武帝語平生，曰：「卿孰與父清？」

對曰：「臣父清，恐人知；臣清，恐人不知。是臣不及遠也。」

介若黔敖　檀弓：齊大飢，黔敖爲食於路。有餓者貿貿然來，黔敖曰：「嗟，來食！」曰：「予惟不食嗟來之食，以至於斯也。」按：介當屬餓者，文似誤。恐當作「黔婁」。法言重黎篇：或問賢，曰：「顏淵、黔婁。」皇甫高士傳：黔婁死，妻以「康」爲謚。曾子曰：先生食不充虛〔六〕，衣不蓋形，何樂而爲康？妻曰：昔君嘗賜粟三千鍾，先生辭不受，甘天下之淡味，求仁而得仁，謚爲「康」不亦宜乎？亦見列女傳。

史載非一　原注引張、吴二事。按：後漢張堪傳：堪在蜀，公孫述破，珍寶足富十世，而堪去職之日，乘折轅車，布被囊而已。晉書良吏傳：吴隱之將嫁女，謝石知其貧素，令助廚帳。使至，方見婢牽犬賣之，此外蕭然無辦。

布被脱粟　漢公孫弘傳：汲黯曰：「弘位三公，奉禄甚多，然爲布被，此詐也。」又：弘身食一肉，脱粟飯。西京雜記：弘故人高賀告人曰：「公孫内服貂蟬，外衣麻枲，内廚五鼎，外膳一肴。云何示天下！」於是朝廷疑其矯焉。弘聞之，歎曰：「寧逢惡賓，勿逢故人。」

又新晉書阮籍傳曰：籍至孝。母終，正與人圍碁。亦作「棋」。對者求止，籍留與決。史有「賭」字。既而飲酒二斗，舉聲一號，吐血數升。及史有「將」字。葬，食一蒸肫，飲二斗酒。一本「酒」字在「二斗」上。然後臨穴，史作「訣」。直言「窮矣」！舉聲一號，因復吐血數斗。史亦作

「升」。毀瘠骨立，殆致滅性。

難曰：夫人才雖下愚，識雖不肖，始亡天屬，必致其哀。但有舊誤作「以」。苴絰未幾，悲荒遽輟，如謂本無戚容，則未之有也。況嗣宗當聖善將歿，閔凶所鍾，合門惶恐，舉族悲咤。居里巷者猶停舂相一作「杵」。之音，在鄰伍者尚申匍匐之救，而爲其子者方對局求決，舉杯酣暢。但當此際，曾無感惻，則心同木石，志如梟獍者，安有既臨泉穴，始知摧慟者乎？求諸人情，事必不爾。又孝子之喪親也，朝夕孺慕，鹽酪不嘗，斯可至於癯瘠矣。如甘旨在念，則觔肉內寬；醉飽自得，一作「支」。則飢膚外博。況乎溺情犹酒，不改平素，雖復時一嘔慟，豈能柴毀骨立乎？已上兩駁，理解皆得，苦其煩絮。蓋彼阮生者，不修名教，居喪過失，而說者遂言其無禮如彼。又舊訛作「人」。以其志操本一作「尤」。異，才識甚高，而談者遂言其至性如此。惟毀及譽，皆無取焉。

按：無禮如彼，至性如此，猖狂生態，正復躍見楮墨間。愚意劉生此段，宜爲訓俗摭言，不須作箴史博議。

阮籍　見史官建置篇。又本傳：「殆致滅性」之下云：裴楷往弔之，籍散髮箕踞，醉而直視。楷弔唁畢便去。或問曰：「籍既不哭，君何爲禮？」楷曰：「阮籍方外之士，我俗中之人。」時人歎爲兩得。

愚謂：此一段語，乖誕尤甚。

春相　檀弓：鄰有喪，春不相。史記商君傳：趙良曰：「五羖大夫死，秦國男女流涕，童子不歌謡，春者不相杵。」

又新晉書王祥傳曰：祥漢末遭亂，扶母攜弟覽，避地廬一作「盧」，誤。江，隱居三十餘年，不應州郡之命。母終，徐州刺史呂虔檄爲别駕，年垂耳順，覽勸之，乃應召。于時，寇賊充斥，祥率勵兵士，頻討破之。時人歌曰：「海、沂之康，實賴王祥。」年八十五，太始五年薨。補按：魏志呂虔傳注：祥始仕，年過五十，以泰始四年，年八十九薨。其文較核。

難曰：祥爲徐州别駕，寇盜充斥，固是漢建安中獻帝第三改元。徐州未清時事耳。子玄粘看在此，疑端從此生。有魏受命凡四十一作「三十」，誤。五年，自丕至陳留王，全魏之數也。陳留即常道鄉公，後謚元帝。上去徐州寇賊充斥，下至晉太始武帝初元。五年，當六十年已上矣。祥於建安中年垂耳順，更加六十一多「六」字。載，至晉太始五年薨，則當年一百二十歲矣。而史云年八十五薨者，何也？如必以終時實年八十五，則爲徐州别駕，止可年「年」字一在「五六」下。二十五六矣。又云其未從官已前，隱居三十餘載者，但其初被檄時，止年二十五六，自此而往，安得復有三十餘年乎？必謂祥爲别駕在建安後，則徐州清晏，易代頻仍，么麽竊發，固亦時有，史不悉載耳。胡可臆泥？何得云「于時，寇賊充斥，祥率勵兵士，頻討破之」乎？求其前後，無一符會也。

按：祥應徐州檄時，年垂耳順。以太始五年年八十五計之，則與建安兵事無預矣。傳有從討毋丘儉之文，正是淮、徐用兵之事，而事在累官光禄勳後。則其先所謂别駕勵兵者，又非欽、儉等也。本條疑根，只在「徐州寇盜」四字，愚謂此四字活看爲得。

篇多專固之言，然所發覆，非無理即不情，功在懲戲遏僞，而貌取之，失子羽矣。

王祥　晉書本傳：祥字休徵，琅邪臨沂人。繼母朱氏不慈，每使掃除牛下，祥愈恭敬。母嘗欲生魚，冰凍忽解，雙鯉躍出。母又思黄雀炙，黄雀數十入其幕。鄉里稱爲孝感焉。漢末遭亂云云。

沂徐寇賊　建安初年，則有吕布、袁術之亂，是在魏之初起。至高貴鄉公時，則有毌丘儉、文欽、諸葛誕等據淮陽檄討司馬氏事，是在魏之末造。按：祥傳爲徐州别駕，在吕、袁等事後。從討毌丘儉，是爲司隸校尉時，非爲别駕時。補按：虔傳守徐，在魏文、明間，任别駕祥，有討定利城賊事。「徐寇」當謂此。

凡所駮難，具列如右。蓋精五經者，討羣儒之别義；練三史者，徵諸子之異聞。加以探賾索隱，然後辨其紕繆。如向之諸史所載則不然，何者？其敍事也，唯記一途，直論一理，而矛盾自顯，表裏相乖。非復牴牾，直成狂惑者爾！尋兹失所起，良由作者情多忽略，識惟愚滯。或采彼流言，不加銓一作「詮」。擇；或傳諸繆説，即從編次。用使真僞混淆，是非參錯。蓋語曰：君子可欺不可罔。至如邪説害正，虚詞損實，小人以爲信爾，君子知其不然。又一無「又」字。語曰：信書不如無書。蓋爲此也。夫書彼竹帛，事非容易，凡爲國史，可不慎諸！

按： 此爲篇尾，即是全書結尾。書中每以狂惑、愚滯、邪説、小人等字，輕易加人，子玄罪過。「採彼流言」數句，乃史通全部通指，凡所爲糾前失者，皆以嚴後式也。吹求病或過正，而銓次犂然就班，合條成章，合章成卷。通部一貫，豈苟作者？

惟史與經相爲對待，談經之書日益充棟，衡史之部邈焉孤行。其爲結體嚴重，寧詎説家等夷。涪翁老眼，乃與雕龍並稱。所由没其實者，蓋已久矣。

忤時第十三

孝和皇帝時，中宗初謚孝和。韋、武弄權，母媪一作「娼」。預政。士有附麗之者，起家而綰朱紫，予以無所傅會，取擯當時。**原注：** 一爲中允，四載不遷。會天子還京師，朝廷願從者衆。予求番次，在大駕後發日，此二句「後」字錯置，當云「予求番次在後大駕發日」。因古本有「因」字。逗留不去，守司東都。杜門却掃，凡經三載。**釋：** 上述忤時緣起。或有譖予躬爲史臣，不書國事而取樂丘園，私自著述者。由是驛召至京，令專執史筆。于時小人道長，綱紀日壞，仕於其間，忽忽不樂，遂與監修國史蕭至忠等諸官書求退，曰：**釋：** 滿肚不合時宜，具在簡蕭一牘。本篇之作，只欲録存此牘，編入部尾耳。已上當作小序觀。

僕幼聞詩、禮，長涉藝文，至於史傳之言，尤所耽悅。尋夫左史、右史，是曰春秋、尚書；素王、素臣，斯稱微婉志晦。兩京、三國，班、謝、陳、習闡其謨；中朝、江左，王、陸、干、孫紀其曆。劉、石僭號，方策委於和、苞。張：未詳。宋、齊應籙，惇史歸於蕭、沈。亦有汲冢古篆，禹穴殘編。孟堅所亡，葛洪刊其雜記；休文所缺，荀當作「謝」。綽裁其拾遺。凡此諸家，其流蓋廣。莫不賾一作「頤」。彼泉諱「淵」作「泉」。藪，尋其枝葉，原始要終，備知之矣。**釋：**牘首自述性耽史學，搜覽靡遺。

若乃劉峻作傳，自述長於論才；范曄爲書，盛言矜其贊體。斯又當仁不讓，庶幾前哲者焉。**釋：**次明素志，本以著述自許。然自策名仕伍，待罪朝列，三爲史臣，再入東觀，竟不能勒成國典，此句當與正史篇撰唐書八十卷、重修則天實録三十卷參互活看。貽彼後一脱「後」字。來者，何哉？**釋：**轉到遜避不爲，起下。

静言思之，其不可有五故也。**釋：**提「五不可」，是全篇柱棒。

何者？古之國史，皆出自一家，如魯、漢之丘明、子長，晉、齊之董狐、南史，咸能立言不朽，藏諸名山。未聞藉以衆功，方云絶筆。唯後漢東觀，大集羣儒，著述無主，條章靡立。由是伯度譏其不實，公理以爲可焚，張、衡。蔡邕。二子糾之於當代，傅、玄。范曄。謂劉向、[illegible]家嗤之於後葉。今者史司取士，有倍東京。人自以爲荀、袁，家自稱爲政、駿。

每欲記一事，載一言，皆閣筆相視，含毫不斷。故頭或作「首」。白可期，而汗青無日。其不可一也。釋：第一不可，謂古史成於一手，近世例取多員，遂致觀望相延，曠廢時日。

前漢郡國計書，先上太史，副上丞相。後漢公卿所撰，始集公府，乃上蘭臺。由是史官所修，載事爲博。爰自近古，此道不行。史官編録，唯自詢採，而左、右二史，闕注起居，衣冠百家，罕通行狀。求風俗於州郡，視聽不該；討沿革於臺閣，簿籍難見。雖使尼父再出，猶且成於管窺；況僕限以中才，安能遂其博物！其不可二也。釋：第二不可，謂史館聚書，漢懸公令。近須史臣自採，能無闕略稽時。

昔董狐之書法也，以示於朝；南史之書弑也，執簡以往。而近代史局，皆通籍禁門，深居九重，欲人不見。尋其義者，蓋由杜彼顔面，防諸請謁故也。然今館中作者，多士如林，皆願長喙，無聞齰同「齚」。舌。儻有五始初成，一字加貶，言未絶口而朝野具知，筆未栖毫而搢紳咸誦。夫孫盛實録，一作「紀實」。取嫉權門；王劭一作「王韶」。直書，見仇貴族。人之情也，能無畏乎？其不可三也。釋：第三不可，謂古時良史，秉直公朝；近制禁防，轉滋多口，人皆畏縮遲回矣。

古者刊定一史，纂成一家，體統各殊，指歸咸別。夫尚書之教也，以疏通知遠爲主；春秋之義也，以懲惡勸善爲先。史記則退處士而進奸雄，漢書則抑忠臣而飾主闕。斯並曩時得失之列，良史是非之準，作者言之詳矣。頃史官注記，多取稟監修，楊令公則云「必須直詞」，宗尚書則云「宜多隱惡」。十羊九牧，其令難行；一國三公，適從何在？其不可四也。**釋**：第四不可，謂古人作史，是非進退得自主張，近則例設監修，稟承牽制，無從下筆。

竊一作「切」。以史置監修，雖古無式，尋其名號，可得而言。夫言監者，蓋總領之義耳。如創紀編年，一作「創立紀年」，一脱「編」字。則年有斷限；草傳敘事，則事有豐約。或可略而不略，或應書而不書，此刊削之務也。屬詞比事，勞逸宜均，揮鉛奮墨，勤惰須等。某袠一訛「表」。某篇，付之此職；某傳某志，一作「某紀某傳」。歸之彼官。此銓配之理也。斯並宜明立科條，審定區域。儻人思自勉，則書可立成。今監之者既不指授，修之者又無遵奉，用使争學苟且，務相推避，坐變炎涼，徒延歲月。其不可五也。**釋**：第五不可，從上條來。既設監局，宜定科指，訖無配派，誰獨承當，廢職奚咎？

凡此不可，其流實多，一言以蔽，三隅自反。而時談物議，安得笑僕編次無聞者哉！**釋**：略一束勒。比者伏見明公，每汲汲於勸誘，勤勤於課責，或云「墳籍事重，努力用心。」或云「歲序已淹，何時輟手？」切一作「竊」。以綱維不舉，而督課徒勤，雖威以刺骨之刑，勖以懸金之賞，終不可得也。語曰：「陳力就列，不能者止。」所以比者布懷知己，歷抵舊作「詆」。羣公，屢辭載筆之官，願罷記言之職一作「責」。者，正爲此爾。**釋**：針對課督之詞，再一束勒。忤時正旨，已盡於此。

抑又有所未諭，古通「喻」。聊復一二言之。比奉高命，令隸名修史，而其職非一。如張尚書、崔、岑二吏部、鄭太常等，既迫以吏道，不可拘之史任。以僕曹務多閑，勒令專知下筆。夫以惟寂惟寞，乃使記事記言。苟如其例，則柳常侍、劉秘監、徐禮部等，並一脱「並」字，一作「幷」。門可張羅，府無堆案，何事置之度外，而使各無羈束乎！釋：自此以下，將言專寄責成，宜隆異數，先以陪員挑起。

必謂諸賢載削非其所長，以僕鎗鎗鉸鉸，故推爲首最。就如斯理，亦有其説。釋：轉入自身。何者？僕少小從仕，早躡通班。當皇上初臨萬邦，未親庶務，而以守兹介直，不附奸回，遂使官若土牛，棄同芻狗。逮鑾輿西幸，百寮畢從，自惟官曹務簡，求以留後。居臺常謂朝廷不知，國家於我已矣。釋：就本身作甘投閒散一跌，即指番次在後，守司東都時。豈謂一旦忽承恩旨，州司臨門，使者結轍。既而驅馹馬入函關，排千門謁天子。引賈生於宣室，雖歎其才；召季布於河東，反增其愧。釋：即前所云「驛召至京」，「忽忽不樂」意，正是目前光景。明公既位居端揆，本音上聲。望重台衡，飛沈屬其顧盼，一作「眄」。榮辱由其俯仰。曾不上祈宸極，申之以寵光；僉議搢紳，縻我以好爵。其相見也，直云「史筆闕書，爲日已久；石渠掃第，思子爲勞。」今之仰追，唯此而已。釋：此節剖明責有專歸，禮無加異之故。

抑明公足下獨不聞劉炫蜀王之説乎？昔劉炫仕隋，爲蜀王侍讀。尚書牛弘嘗問之曰：「君王遇子，其禮如何？」曰：「相期高於周、孔，見待下於奴僕。」弘不悟其言，請聞其義。炫曰：「吾王每有所疑，必先見訪，是相期高於周、孔。酒食左右皆饜，而我餘瀝不霑，是見待下於奴僕也。」僕亦竊不自揆，輕一作「輒」。敢方於鄙宗。劉炫同姓，故云。何者？求史才則千里降追，語宦途則十年不進。意者得非相期高於班、馬，見待下於兵卒乎！

釋：援古爲況，申足上意。

又人之品藻，貴識其性。明公視僕於名利何如哉？當其坐嘯洛城，非隱非吏，惟以守愚自得，寧以充詘攖心。但今者黽勉從事，攣拘就役，朝廷厚用其才，竟不薄加其禮。求諸隗始，其義安施？儻使士有澹雅若嚴君平，清廉如段干木，與僕易地而處，亦將彈鋏告勞，積薪爲恨。況僕未能免俗，能不蔕讀如「蔕」。芥於心者乎！釋：此節又拓開上説，自占身分。

當今朝號得人，國稱多士。蓬山之下，良直差肩；芸閣之中，英奇接武。僕既功虧刻鵠，筆未獲麟，詳此二句，非不草撰者，但未卒業耳。徒殫太官之膳，虚索長安之米。乞已本職，還其舊居，多謝簡書，請避賢路。唯明公足下，哀而許之。釋：牘尾結歸辭退。

至忠得書大慚，無以酬答，又惜其才，不許解史任。而宗楚客、崔湜、鄭愔等，皆惡聞其短，共仇嫉之。俄而蕭、宗等相次伏誅，然後獲免於難。**釋**：此是書後體，其文則配應篇頭。小人道長，至此歸杜也。

按：篇名「忤時」，其實只是與蕭至忠等一通簡劄也。其前作小序用，其後作附跋用，不必連屬。全劄所主，只在「五不可」。五層遞下，其本指更在後二不可。蓋緊對監領非人，多作鄙夷負氣語，故號其篇曰「忤時」也。

忤時與自敍相表裏，自敍主衡史，忤時主職史。衡史本於識定，識定故論定。史通作，而識寓焉。職史期於道行，道行故直行。史通成，而道存焉。是二篇者，函古秪今，屹然分峙，爲內、外篇之殿。器鑒風稜，不規不隨。

天子還京　武后紀：光宅元年，廢嗣聖皇帝爲廬陵王，遷于房州。改東都爲神都〔七〕，拜洛受圖。聖曆元年，召廬陵王於房州。長安五年，皇帝復于位。按：其時臨朝復辟，並在東都也。中宗紀：神龍二年十月，至自東都，賜行從官勛一轉。按：是爲中宗還京師也。

蕭至忠　唐書本傳：至忠同中書門下平章事，以韋后黨出。太平公主用事，附納丐還，復爲中書令。主謀逆，至忠遁入南山，捕誅之。至忠外方直而內無守，因武三思得中丞，附安樂主爲宰相。舊書：代韋巨源爲侍中，仍依舊修史。按：巨源傳云：仍舊監修國史〔八〕。則此云修史，即謂監修也。

素王素臣　家語：齊太史子餘歎美孔子曰：天其素王之乎！又見莊子及董子對策，賈、鄭序、論。又杜氏左傳序：說者謂仲尼自衛反魯，修春秋，立素王，丘明爲素臣。答曰：異乎余所聞。子路欲使門人爲臣，孔子以爲欺天。而云仲尼素王、丘明素臣，非通論也。

葛洪雜記　晉書本傳：洪著述不輟，抄五經、史、漢、百家之言，方技雜事三百一十卷〔九〕。

荀綽拾遺　按：隨經籍志：宋拾遺十卷，梁少府謝綽撰。書事篇亦云「謝拾沈遺」，此處作「荀綽」，誤。

東觀羣儒　詳漢書家及正史篇。

伯度譏其不實　淵鑑古文本注：杜伯度，漢末人，名操。按：即杜度也。庾肩吾書品：杜度，濫觴于草書，取奇于漢帝，品在上之中。然頗疑與譏漢紀無涉。及考常璩華陽士女志：李法字伯度。桓帝時，爲侍中。數表宦官太盛，椒房太重，史官記事，無實録之才，虚相褒述，必爲後笑。乃知此處伯度，是李非杜也。注書不可率意如此。

公理以爲可焚　後漢仲長統傳：統字公理。博涉書記，每論説古今及時俗行事，恒發憤歎息。著論名昌言，凡三十四篇。又作詩見志曰：「百家雜碎，請用從火。」

史局通籍禁門　見辨職篇。

王劭見仇　困學紀聞：文粹云：王韶直書，見仇貴族。宋王韶之爲晉史，敍王珣貨殖，王廞作亂。珣子弘、廞子華皆貴，韶之懼爲所陷，深附結徐、傅等。當從文粹。按：舊唐書亦作王韶。然觀史通於敍事、曲筆等篇及雜説中北齊、隋史等節，累累言王劭直書犯時忌，從本文作「劭」亦合。集内評家，歷詆王劭，正緣不悟此旨耳。

楊令公　唐書楊再思傳：再思爲人佞而智。張昌宗坐事，武后問：「昌宗於國有功乎？」再思言：「昌宗爲陛下治丹，餌而愈，此爲有功。」戴令言賦兩脚狐譏之。中宗立，拜中書令，監修國史。

宗尚書　唐書宗楚客傳：楚客字叔敖，武后從姊子，同鳳閣鸞臺平章事。韋后、安樂公主親信之，與紀處訥爲黨，世號「宗、紀」。韋氏敗，誅。楚客冒於權利，嘗諷陳延禧陳符命以媚帝，曰：「陛下承母禪，周、唐一統。」知幾本傳：楚客亦領監修。

張尚書　唐書張文瓘傳：弟子錫，久視初，爲宰相，請還廬陵王。不爲張易之所右，流循州。龍朔中，累遷工部尚書，兼修國史。

崔岑二吏部　唐書崔仁師傳：其孫湜，字澄瀾，少以文詞稱。附託昭容上官氏，數與宣淫於外。俄檢校吏部侍郎。後賜死。湜猜毒詭險，進趣不已，至於敗。又岑文本傳：其孫羲，字伯華。中宗時，遷秘書少監，進吏部侍郎〔一〇〕。時崔湜、鄭愔等分掌選，皆以賄聞。獨羲勁廉，爲時議嘉仰。但不能抑退，坐豫太平公主謀，誅。

鄭太常　疑即後所云鄭愔，新、舊書皆無傳，其名附見岑羲等傳。

惟寂惟寞　揚雄解嘲：惟寂惟漠，守德之宅。

柳常侍劉秘監徐禮部　柳常侍，北平補注以柳芳當之，而劉、徐無注。按：芳官非常侍，生亦少後。同時有柳澤者，疏諫斜封官，拜監察御史，進殿中侍御史。然亦未知是否？愚謂此三人官不甚著，本文亦未舉其名，不必强求其人以實之。

鎗鎗鉸鉸　恐即鐵中錚錚、庸中佼佼之義。未詳別見。

引賈生　漢書賈誼傳：誼爲長沙王太傅。後歲餘，文帝思誼，徵之。至，入見，上方受釐，坐宣室，因問鬼神之本。誼道所以然。夜半，文帝前席，曰：「吾久不見賈生，自以爲過之，今不及也。」

召季布　史記本傳：季布爲河東守。人有言其賢者，孝文召，欲以爲御史大夫。復有言其勇，使酒難近者。見罷。布因進曰：陛下無故召臣，人必有以臣欺陛下者。今罷去，人必有以毀臣者。陛下以一人譽而召臣，一人毁而去臣，臣恐有識聞之，有以窺陛下也。上默慚。

彈鋏積薪　彈鋏，見戰國齊策。史記汲黯傳：黯列爲九卿，故黯時丞相史皆與黯同列，或尊用過之。黯褊心，不能無少望。見上，前言曰：「陛下用羣臣如積薪耳，後來者居上。」

刻鵠　本見馬援傳。然此處語意，乃以積功未究爲言。王禹偁詩：收螢秋不倦，刻鵠夜忘疲。亦此用法也。

校勘記

〔一〕祈之亡父祖近親皆反縛　「反」原作「返」，據後漢書改。

〔二〕公家之利　「利」原作「事」，據左傳改。

〔三〕昔武成云　「武成」原作「太誓」，據尚書改。

〔四〕自號建世元年　「世」原作「始」，據後漢書改。
〔五〕又開虚僞之名　「名」原作「門」，據後漢書改。
〔六〕先生食不充虚　「虚」原作「膚」，據文選陶徵士誄注引改。
〔七〕改東都爲神都　「神都」原作「神州」，據新、舊唐書改。
〔八〕巨源傳云仍舊監修國史　「巨源傳云」下原有「至忠」二字，據舊唐書删。
〔九〕方技雜事三百一十卷　「方技」原作「力校」，據晉書改。
〔一〇〕進吏部侍郎　「侍郎」二字據新、舊唐書補。

附録　新唐書劉知幾本傳〔增注〕

劉子玄名知幾，以玄宗諱嫌，故以字行。年十二，父藏器按文藝傳：劉延祐，徐州彭城人。永徽初，以著作郎、弘文館學士與令狐德棻等撰次國史并實録，封陽城縣男。從弟藏器爲侍御史，劾還脅人爲妾者，其人私請帝，止其還。藏器曰：法，萬民所共，陛下用舍繇情，法何所施？今日從，明日改，下何所遵？乃詔可。稍遷比部員外郎〔二〕。子知柔，累官工部尚書、太子賓客，封彭城縣侯。知幾，別有傳。爲授古文尚書，業不進，父怒，楚督之。及聞爲諸兄講春秋左氏，冒往聽，退輒辨析所疑，歎曰：「書如是，兒何怠！」父奇其意，許授左氏。逾年，遂通覽羣史。與史知柔俱以善文詞知名。擢進士第，調獲嘉主簿。

武后證聖初，詔九品以上陳得失。子玄上書，譏「每歲一赦，或一歲再赦，小人之幸，君子之不幸」。又言：「君不虚授，臣不虚受。妄受不爲忠，妄施不爲惠。今羣臣無功，遭遇輒遷，至都下有『車載斗量，把椎椀脱』之諺。」又謂：「刺史非三載以上不可徙，宜課功殿，明賞罰。」后嘉其直，不能用也。

時吏横酷，淫及善人，公卿被誅死者踵相及。子玄悼士無良而甘於禍，作思慎賦以刺時。蘇味道、李嶠見而歎曰：「陸機豪士之流乎，周身之道盡矣。」子玄與徐堅、元行冲、吴兢等善，嘗曰：「海内知我者數子耳。」

累遷鳳閣舍人，兼修國史。中宗時，擢太子率更令，介直自守，累歲不遷。會天子西還，子玄自乞留東都，三年，或言子玄身史臣而私著述，驛召至京，領史事。遷秘書少監。時宰相韋巨源、紀處訥、楊再思、宗楚客、蕭至忠皆領監修，子玄病長官多，意尚不一，而至忠數責論次無功，又仕偃蹇，乃奏記求罷去。因爲至忠言「五不可」，此書全具忤時篇内，傳節採，今不録。至忠得書，悵惜不許。楚客等惡其言訐切，謂諸史官曰：「是子作書，欲致吾何地！」

始，子玄修武后實録，有所改正，而武三思等不聽。自以爲見用於時而志不遂，乃著史通内外四十九篇，原書五十二篇，内篇卷尾有注。譏評今古。徐堅讀之，歎曰：「爲史氏者宜置此坐右也。」此下傳又節採自敍之文。全文亦見本集，今亦不録。

子玄内負有所未盡，乃委國史於吴兢，按：正史篇云：長安中，余與正諫大夫朱敬則、司封郎中徐堅、左拾遺吴兢奉詔撰唐書八十卷。神龍元年，又與堅、兢等同修則天實録三十卷。據此，國史本皆同撰，傳言無據。別撰劉氏家史及譜考。上推漢爲陸終苗裔，非堯後；彭城叢亭里諸劉，出楚孝王囂曾孫居巢侯般，不承元王。按據明審，議者高其博。嘗曰：「吾若得封，必以居巢紹司徒舊邑。」後果封居巢縣子。鄉人以其兄弟六人當作「子」，謂兄弟及六子也。俱有名，號其鄉曰高陽，里曰居巢。

累遷太子左庶子、兼崇文館學士。皇太子將釋奠國學，有司具儀：從臣著衣冠，乘馬。子玄議：古大夫以上皆乘車，以馬爲騑服。魏、晉後以牛駕車。江左尚書郎輒輕乘馬，則御史劾治。顏延年罷官，乘馬出入閭里，世稱放誕。此則乘馬宜從褻服之明驗。今陵廟巡謁、王公册命、士庶親迎，則盛服冠履，乘輅車。他事無車，故貴賤通乘馬。比法駕所幸，侍臣皆馬上朝服。且冠履惟可配車，故博帶褒衣、革履高冠，是車中服。韉而鐙，跣而鞍，句意承「高冠」説，下當云「冕而鞍」，不當云「跣」。跣者裸足，義不可通，蓋仍舊書之誤也。非唯不師於古，亦自取驚流俗。馬逸人顛，受嗤行路。**按**：此議全文具於舊書，今録之。云子玄進議曰：古者自大夫已上皆乘車，而以馬爲騑服。魏、晉已降，迄乎隋代，朝士又駕牛車，經史具有其事，不可一一言也。至如李廣北征，解鞍憩息，馬援南伐，據鞍顧盼，斯則鞍馬之設，行於軍旅，戎服所乘，貴於便習者也。案江左官至尚書郎，而輒輕乘馬，則爲御史所彈。又顏延之罷官後，好騎馬出入閭里，當代稱其放誕。此則專車憑軾，可擐朝衣；單馬御鞍，宜從褻服。求之近古，灼然之明驗也。自皇家撫運，沿革隨時。至於陵廟巡謁，王公册命，則盛服冠履，乘彼輅車。其士庶有衣冠親迎者，亦時以服箱充馭。在於他事無復乘車，貴賤所行，通用鞍馬而已。臣伏見比者鑾輿出幸，法駕首途，左右侍臣皆以朝服乘馬。夫冠履而出，只可配車而行，今乘車既定，恐當作「停」。而冠履不易，可謂唯知其一，而未知其二也。何者？褒衣博帶，革履高冠，本非馬上所施，自是車中之服。必也韈而升鐙，跣當作「冕」。以乘鞍，非唯不師古道，亦自取驚今俗。求諸折中，進退無可。且長裾廣袖，襜如翼如，鳴珮紆組，鏘鏘奕奕，馳驟於風塵之内，出入於旌棨之間，儻馬有驚逸，人從顛墜，遂使屬車之右，遺履不收；清道之旁，絓驂相續。固以受嗤行路，有損威儀。今議者皆云，秘閣有梁武帝南郊圖，多有危冠乘馬者，近代故事，不可謂無。臣案此圖是後人所爲，非當時所撰。且觀代間有古今圖畫者多矣，如張僧繇畫羣公祖二疏，而兵士有著芒屩者；閻立本畫明君入匈奴，而婦人有著帷帽者。夫芒屩出於水鄉，非京華所有；帷帽創於隋代，非漢官所作。豈可假此二畫，以爲故實者乎！由斯而言，則梁氏南郊之圖，義同於此。又傳稱因俗，禮貴緣情。殷輅周冕，規模不一；秦冠漢佩，用捨無常。況我國家，道軼百王，功高萬古，事有不便，理資變通。乘馬衣冠，竊謂宜從省廢。臣懷此異議，其來日久，日不暇給，未及榷揚。今屬殿下親從齒胄，將臨國學，凡有衣冠乘馬，皆憚此行。輒進狂言，用申鄙見。太子從之，因著爲定令。

開元初，遷左散騎常侍。嘗議孝經鄭氏學非康成注，舉十二條左證其謬，當以古文爲正；易無子夏傳；老子書無河上公注，請存王弼學。宰相宋璟等不然其論，奏與諸儒質辯。博士司馬貞等阿意，共黜其言，請二家兼行，惟子夏易傳請罷。詔可。會子貺爲太樂令，抵罪，子玄請於執政，玄宗怒，貶安州别駕。卒，年六十一。

子玄領國史且三十年，官雖徙，職常如舊。禮部尚書鄭惟忠嘗問：「自古文士多，史才少，何耶？」對曰：「史有三長：才、學、識，世罕兼之，故史者少。夫有學無才，猶愚賈操金，不能殖貨；有才無學，猶巧匠無楩柟斧斤，弗能成室。舊書有「猶須好是正直」句，宜留「猶須」二字。善惡必書，使驕君賊臣知懼，此爲無可加者。」時以爲篤論。子玄善持論，辯據明鋭，視諸儒皆出其下，朝有論著輒豫。殁後，帝詔河南脱「府」字。就家寫史通，讀之稱善。追贈工部尚書，謚曰文。

六子：貺、餗、彙、秩、迅、迥。按：六子之序與舊書同，後迥附傳越次。

貺字惠卿。好學，多所通解。子玄卒，有詔訪其後，擢起居郎。歷右拾遺、内供奉。獻續説苑十篇，以廣漢劉向所遺，而刊落怪妄。貺嘗以竹書紀年序諸侯列會皆舉謚，後人追修，非當時正史。如齊人殲于遂，鄭棄其師，皆孔子新意，師春一篇録卜筮事，與左氏合，知案春秋經傳而爲也，因著外傳云。舊書云：六經外傳三十七卷。子滋、浹。

滋字公茂。通經術，喜持論。以蔭歷漣水令。楊綰薦材堪諫官，累授左補闕。久之，去，養親東都。河南尹李廙奏補功曹，母喪解。服除，以司勳員外郎判南曹，勤職奉法，進至給事中。興元元年，以吏部侍郎知南選。時大盜後，旱蝗相仍，吏不能詣京師，故命滋至洪洲調補，以振職聞。貞元二年，擢左散騎常侍、同中書門下平章事。爲相無所設施，廉抑畏慎而已。明年罷。又明年，復爲吏部侍郎，遷尚書。會御史中丞韋貞伯劾奏：「吏選不實，澄覆疏舛，吏因得爲奸。」詔與侍郎杜黄裳奪階。卒，贈陝州大都督，謚曰貞。

浹亦有學稱。生子敦儒，家東都。母病狂易，非笞掠人不能安，左右皆亡去，敦儒自侍疾，體常流血，母乃能下食，敦儒怡然不爲痛隱。留守韋夏卿表其行，詔標闕于閭。元和中，權德輿復薦之，乃授左龍武軍兵曹參軍，分司東都。在母喪，毀瘠幾死，時謂劉孝子。後爲起居郎，達禮好古，有祖風云。舊書：既明天文、律曆、音樂、醫、算之術，所著又有太樂令壁記三卷、真人肘後方三卷、天官舊事一卷。滋，舊書自有傳。敦儒在忠義傳，獎語有曰：「生於儒門，稟此至性。王祥篤行，起孝敬而不移；曾參養志，積歲年而罔怠。」

餗字鼎卿。天寶初，歷集賢院舊書作「殿」。學士，兼知史官。終右補闕。父子三人更涖史官，著史例，頗有法。舊書：史例三卷，又傳記三卷、樂府古題解一卷。李肇國史補序：餗集小説，涉南、北朝至開元爲傳記。又國朝舊事四十卷。書録解題：隋唐嘉話一卷。

彙，新、舊書傳不著字。左散騎常侍，終荆南節度使。子贊，以蔭仕爲鄂丞。杜鴻漸自劍南還，過鄂，廚驛豐給。楊炎薦彙當作「贊」。名儒子，當有「孫」字。擢浙西觀察判官。炎入相，進歙州刺史，政幹强濟。野媪將爲虎噬，幼女呼號搏虎，俱免。觀察使韓滉表贊治有異行，加金紫，徙常州。滉輔政，分所統爲三道，以贊爲宣州刺史、都團練觀察使，治宣十年。贊本無學，弟以剛猛立威，官吏重足一迹。宣既當饒，即厚斂，廣貢奉以結恩。又不能訓子，皆驕傲不度，素業衰矣。卒，贈吏部尚書，謚曰敬。舊書：彙有集三卷。贊自有傳。

迴傳亦不著字。以剛直稱，第進士，歷殿中侍御史，佐江淮轉運使。時新吏安、史亂，迴饋運財賦，力于職。大曆初，爲吉州刺史，治行尤異。累遷給事中。舊書：有集五卷。按：迴附傳當居末，此似越次。

秩字祚卿。開元末，歷左監門衞録事參軍事，稍遷憲部員外郎。坐小累，下除隴西司馬。安禄山反，哥舒翰守潼關，楊國忠欲奪其兵，秩上言：「翰兵天下成敗所繫，不可忽。」房琯見其書，以比劉更生。至德初，遷給事中。久之，出爲閬州刺史。貶撫州長史，卒。所著政典、舊書云三十五卷。止戈記、舊書云七卷。至德新議舊書云十二卷。等，凡數十篇。舊書又有指要三卷。又舊書志有論喪紀制度，論私鑄錢、改制國學等事。東坡志林：世之言兵者，咸取通典。通典雖杜佑所集，然其源出於劉秩。

迅字捷卿。歷京兆功曹參軍事。嘗寢疾，房琯聞，憂不寐，曰：「捷卿有不諱，天理欺矣！」新書多自撰句法，似此句殊不成語。陳郡殷寅名知人，見迅嘆曰：「今黄叔度也！」劉晏每聞其論，曰：「皇王之道盡矣！」上元中，避地安康，當作「慶」。卒。迅續詩、書、春秋、禮、樂五説。書成，語人曰：「天下滔滔，知我者希。」終不以示人云。新書志：六説五卷，在經解類。李邯鄲書目：劉迅作六説，以標六經作書之誼而著其目，惟易闕而不敍。李義山集：始僕得劉氏六説讀之，其語曰：「是非繫於褒貶，不繫於賞罰；禮樂繫於有道，不繫於有司。」常密記之。李華三賢論論劉眘虚略曰：名儒史官之家，兄弟以學著。五説條貫源流，備古今之變。在京嘗疾，太尉房公時臨扶風，聞之曰：「挺卿日若不起，無復有神道。」殷直清有識尚，恨言理少對，常想見其面。後避地，逝於安慶。而王氏香祖筆記謂：「晉虛惜不概見於後世，止傳五言詩十四篇。新、舊唐書皆不爲立傳。其字挺卿，今亦無知者。」又言：「予觀獨孤及三賢論，歎晉虛之長不止於詩。」按：李華論見文苑英華，所指即迅耳，晉虛必其别字。挺卿則文苑有注：「唐書作『捷卿』。」直清乃寅字無疑也。何云無傳？三賢論自稱遐叔，遐叔，華字也，又何云獨孤耶？又按：徐倬全唐詩録載劉晉虛江東人，爲夏縣令，與賀知章、包融、張旭號「吴中四士」，此又不知何本，豈别一人耶？然所録詩五言十四篇，即王所云也。豈唐書迅傳闕書爲夏縣令及嘗游吴中語耶？抑詩録所稱江東人，或因賀、包、張三士而臆揣其地也？是并三賢論亦未見，無論印及本傳矣。名輩如王、徐，著書若此，信乎！讀書證古能得其通者，世難其學也。

新唐書知幾與徐堅等六人同傳。史臣總論曰：「唐興，史官秉筆衆矣，知幾以來，工訶古人。」詳此是「訶古」一語非專謂劉。自執者偏據胸中，有物先入，詆諆四起焉。愚則謂必知知幾之人者，乃可與知史通之書。愚始時閲其書，怪其言自遷、固而下無完史，其謫之太過，至或失之褊以削，或失之泥以膠。意其人果談史之申、韓者邪？其春夏之氣少，秋冬之氣多者邪？及讀其本傳，詳其世履，不但身席清通，而六子齊著聲實，大官榮名，達於孫曾猶未衰止。又疑天之施澤於劉氏，何其深厚而加長如此也。自邇釋其書且數過，乃始寤其爲人也，雖口不談道，而實種道學之胚胎。觀採撰、載文等篇力屏誕幻誇誣，可見。故其爲言也雖貌似拂經，而實操經物之繩纆。觀疑古、惑經等篇寄憤篡奪叛逆，可見。蓋其根性壹至，晝而不過其坊。晝於坊者，取於物也必約，約必受之以豐。秋冬之爲嚴斂也，春夏之以長茂也。劉氏之澤深厚而加長，固其符也。訶人以爲悦，而能享是哉！愚故曰「知知幾之人者，可與知史通之書」也。三山倉父起龍書後。

校勘記

〔一〕稍遷比部員外郎　此下原有「監察御史」四字。按劉藏器僅遷比部員外郎，監察御史爲魏元忠，據新唐書魏元忠傳删。

＊附録新唐書劉知幾本傳，求放心齋刻本略有删節，這次排印時按新唐書原文補入。

附 史通補釋

陳漢章

序

伯弢先生治經，兼用今古文二家家法，以之治史，亦洪纖畢舉。是編鉤稽事實，疏通證明，古文家治經之法也。以唐事證疑古篇之説，使子玄文外微旨昭然若揭，此今文家治經之法也。文網荼密之時，述作之士不敢訟言其失，則陳古以刺今，自史公已然。讀其書者，不能論其世，徒泥文句之迹，高談疑古，是鍥舟求劍也。校讀既竟，竊述所窺，未識先生以爲何如？ 戊辰三月，柳詒徵。

象山先生之學，深於禮與史，爲當今之魁儒，即徵事數典，必窮其朔。平生所見，自儀徵劉君外，與先生酬醋，未有能如盛均之終席者也。頃承以史通補釋見示，受讀竟日，歡喜弗勝。聞先生於近儒瑞安孫君之周禮正義、定海黄君之禮書通故皆有補正之作，侃方將求讀之，此一編猶未足慰其飢渴也。 戊辰春三月下澣，門下士蘄春黄侃拜識。

卷一　史通内篇補釋

六家篇

得虞、夏、商、周四代之典，乃删其善者，定爲尚書百篇。

浦起龍按：百篇蓋古尚書原數。（此後但稱浦按、浦釋。）

漢章案：浦氏未釋「删」字。史記伯夷傳索隱引書緯云，孔子求得黄帝玄孫帝魁之書，迄秦穆公，凡三千三百三十篇，乃删以百篇爲尚書，十八篇爲中候。索隱所引有誤。孔穎達尚書序疏引尚書緯云：凡三千二百四十篇，斷遠取近，定可以爲世法者百二十篇，以百二篇爲尚書，十八篇爲中候。孫瑴古微書（卷五）、朱彝尊經義考（卷七十三）引尚書緯璇璣鈐，並與孔同。四庫全書總目提要（卷六十五）以爲此即史鈔之祖。

王肅曰：「上所言，下爲史所書，故曰尚書也。」

紀昀評：王肅之説先見王充論衡，但「上所言」作「上所爲」。（此後但稱紀評。）

漢章案：論衡正説篇：尚書者以爲上古帝王之書，或以爲上所爲，下所書，授事相實而爲名，不依違作意以見奇。

至如堯、舜二典直序人事，禹貢一篇唯言地理，洪範總述災祥，顧命都陳喪禮，兹亦爲例不純者也。

浦按：王者因事而有言，有言必有事，理勢本自相連，珥筆如何分記！況左右配屬，班、荀之與鄭、戴，又各牴牾。杜預以漢志爲誤，史通則又以漢志爲例，遂有「爲例不純」之議，並非。

漢章案：史通外篇説史官建置云：左史記言，右史記事。斯固從漢志爲例矣。其下又云：王莽改置柱下五史，蓋效古者動則左史書之。斯亦從禮記玉藻爲文，即鄭君六藝論。見於唐人所引者，互有異同，如徐彦公羊傳疏（卷一）引同玉藻，孔穎達禮記疏（卷二十九）引同漢志〔一〕。蓋左史爲大史，右史爲内史，史官通職，言事互書。而史通此篇必分尚書爲記言家，春秋爲記事家，故從漢志爲例：與荀悦申鑒時事篇、周書蕭圓肅傳同。若以漢志爲誤者，孔穎達春秋序疏，非杜預也。

可謂畫虎不成，反類犬也。

漢章案：此用後漢書馬援傳。「犬」字本作「狗」，故惠棟補後漢書注引爾雅「熊虎醜，其子狗」爲説。

國語云：「晉羊舌肸習於春秋，悼公使傅其太子。」

浦釋：外傳晉語。

漢章案：此文見晉語七。又楚語上：莊王使士亹傅太子箴。申叔時曰：「教之春秋，而爲之聳善而抑惡焉，以戒勸其心。」是亦言孔子未修前春秋，史通未引及。

故墨子曰「吾見百國春秋。」

紀評：今本墨子無此句，蓋逸篇之文。墨子又有周春秋、燕春秋、齊春秋，皆見明鬼下篇，子玄未引。

漢章案：畢沅輯墨子佚文：「吾見百國春秋史。」見隋李德林重答魏收書。孫詒讓校補，據隋書本傳及史通此文，删去「史」字。

微婉其說，志晦其文。

浦釋：杜序云云。

漢章案：此當引春秋傳本文，不當引杜序也。一見於成公十四年，傳曰：春秋之稱微而顯，志而晦，婉而成章。一見於昭公三十一年〔二〕，傳曰：春秋之稱微而顯，婉而辨。

蓋傳者，轉也。

漢章案：此用釋名釋書契文。

或曰傳者，傳也。

漢章案：此用釋名釋典藝文。

又以秦文王之繼周。

漢章案：史記秦本紀：昭襄王五十二年，周初亡，尚有東周君。至莊襄王元年，賜周君以陽人地。故周本紀：秦遷西周公於𢡟狐。後七歲，秦莊襄王滅東周。莊襄之父即孝文王。樂資以孝文繼周，是其序也。賈誼過秦論：及至秦皇，吞二周而亡諸侯。行文之便，不爲典要。

别爲春秋外傳國語。

浦釋：引韋昭序云云。

漢章案：春秋外傳之名，明見漢書律曆志三統術曆譜，不始於後漢季漢時人。錢氏大昕二十二史考異謂：今人稱國語爲外傳，漢志卻無此名目。蓋錢氏但據藝文志，未考律曆志耳。

世人皆尤其不量力，不度德。

漢章案：此用左傳隱公十一年傳文。

採訪家人。

浦按：或作「家乘」，恐非。

漢章案：史通採撰篇亦云，子長撰史記，殷、周已往，採彼家人。

因魯史舊名，目之曰史記。

漢章案：太史公百三十篇，漢志不名史記，至隋志始稱之。春秋繁露俞序篇：史記十二公之間。孔子世家：乃因史記作春秋。故杜預春秋序曰：「春秋者，魯史記之名也。」然史記不獨魯史舊名，如陳杞世家稱：孔子讀史記至楚復陳曰：「賢哉，楚莊王！」又周本紀稱：太史伯陽讀史記曰：「周亡矣。」張守節正義云：「諸國皆有史以記事，故曰史記。」然則史記本史家通詞，故漢五行志屢引史記爲説，考其文見於國語者八，不見於太史公秦本紀及始皇本紀者三，而顔師古注五行志顧云此志凡稱史記者皆謂司馬遷所撰也，史通殆本小顔之説爾。

上自太初。

漢章案：此「太初」與下云「自太初已下」爲漢武紀年之號不同。易緯乾鑿度：太初者，氣之始。列子天瑞篇、廣雅釋天同，亦見詩緯推度災。太平御覽（卷一）引其文。是「太初」猶楚辭天問言「遂古之初」。

二體篇

悠哉邈矣！

漢章案：司馬相如封禪文：軒轅之前，遐哉邈乎！潘岳西征賦：古往今來，邈矣悠哉！

其有賢如柳惠。

浦按：左傳僖二十六有「受命於展禽」明文，今云「不彰不顯」，是史通疏處。

漢章案：展禽又見文公二年傳[三]。若外傳魯語上更詳其「書三筴」之言。

載言篇

題爲制册章表書。

漢章案：自史通有此說，四庫全書總目史部有詔令奏議一類，其提要云：「紀言、紀動，二史分司。起居注，右史事也，左史所録箴聞焉。（案此亦從漢志，與唐荆川左、右編異。）王言所敷，惟詔令耳。唐志史部初立此門，黄虞稷千頃堂書目則移制誥於集部，次於別集。（案宋人文集多内外制詔。）夫涣號明堂，義無虚發，治亂得失，於是可稽。此政事之樞機，非僅文章類也。抑居詞賦，於理爲褻。尚書誓誥，經有明徵。今仍載史部，從古義也。文獻通考始以奏議自爲一門，亦居集末。考漢志載奏事二十篇(四)，（案漢志原注：「秦時大臣奏事及刻石名山文。」）列戰國策、史記之間，（案漢志無史記名，當云楚漢春秋之間。）附春秋末。則論事之文當歸史部，其證昭然。」此文可與史通相發。

本紀篇

吕氏春秋肇立紀號。

浦釋：其書有十二紀。

漢章案：其書紀月如明堂月令，與紀年體實不類。章學誠文史通義沿襲史通此説，不知其非也。洪飴孫史目表云：「太史公採世本而成史記。左傳襄二十一年正義引世本記文，史記索隱、路史注引世本紀文，「記」「紀」音同，此即史記篇目本紀之所本。今謂古書已有禹本紀，洪氏尚未考及。

全爲傳體，有異紀文。

漢章案：外篇雜説下云：觀揚雄蜀王本紀稱杜魄化而爲鵑，荆尸變而爲鼈，其言如是，何其鄙哉！以非正史，故此篇不及。

世家篇

故假以他稱，名爲世家。

漢章案：史目表：左傳襄十一年正義引世本世家文，言諸侯世代謚號。定元年正義亦引此篇。（原文又有桓二年、襄二十一年正義，未見。）是世家之名，亦本世本。

列傳篇

夫紀傳之興，肇於史、漢。

漢章案：史目表：史記魏世家索隱引世本傳文，述卿、大夫世代謚號。是傳之名亦非肇於史、漢。

譬諸閏位。

漢章案：漢書王莽傳贊「餘分閏位」注，服虔曰：「言莽不得正王之命，如歲月之餘分爲閏也。」

方之駢拇。

漢章案：莊子駢拇篇釋文：司馬云：「謂足拇指連第二指。」崔云：「諸指連大指也。」

表曆篇

旁行邪上，並效周譜。

漢章案：史目表：隋志世本王侯大夫譜二卷，是世本即周譜也。今考漢溝洫志，大司空掾王横引周譜云：定王五年河徙。可知周譜紀事不僅如世本紀姓氏世系而已。舊唐志又有世本譜二卷，唐志帝譜世本七卷，皆不名周譜。

浦按：歐陽五代諸世家名譜，本此。

漢章案：華嶠後漢書已名譜。

迷而不悟，無異逐狂。

漢章案：淮南子説山訓：狂者東走，逐狂者亦東走。

鳩居鵲巢，蔦施松上，附生疣贅，不知翦截。

漢章案：上二句用詩召南、小雅，下一句用莊子駢拇篇「附贅縣疣」。

書志篇

出於三禮。

漢章案：此文得其原本，鄭樵通志以爲出於爾雅，文史通義已糾正之矣。或以三禮中周禮爲疑，疑太史公時未列學官，則封禪書明言上與公卿諸生議封禪，羣儒采尚書、周官王制之望祀射牛事。周官即周禮也。中古文自有此書，太史公掌圖籍，誦古文，何俟劉向、歆校理始見之乎？史目表必謂世本作篇爲太史公八書所本，居篇爲後世地理志所仿，固未及三禮之賅備刑法、禮樂、風土、山川也。太史公囊括衆典，豈止採世本一書。

析郊祀爲宗廟。

浦釋：後漢有此篇名，然非總類名。

漢章案：司馬彪續漢書析之。

縣象出於天文。

浦釋：魏書作天象。

漢章案：何法盛晉中興書有縣象記，非謂魏書。

百官、輿服，謝拾孟堅之遺。

漢章案：續漢書百官志序本漢書百官公卿表而作，不云謝承。又後漢書蔡邕傳注十意有車服意。隋志又云魏博士董巴撰大漢輿服志一卷。

古之天猶今之天也。

漢章案：論衡談天篇：古天與今無異〔五〕。

若乃體分濛澒。

漢章案：後漢書張衡傳注引孝經援神契：天度濛澒。宋均曰：「濛澒，未分之象也。」文選思玄賦注引作「鴻」。

寸有所長。

漢章案：莊子秋水篇〔六〕、楚辭卜居篇文。

續漢已還，祖述不暇。

漢章案：今二十四史，自漢藝文志後，直至隋書始有經籍志，續漢書無之，據廣宏明集引七録序知袁山松後漢書亦有藝文志，劉氏所見後漢書及諸家晉書，當更有之，故云祖述不暇。

何異以水濟水，誰能飲之者乎？

漢章案：此用左傳昭二十年，齊晏子語，原文「飲」作「食」。

莫不各踰三篋。

漢章案：三篋書，見漢書張安世傳。然此文上承天文、藝文二志爲言，恐「三篋」爲「三筴」之誤。魯語上，展禽論祀爰居，以是歲多大風，冬暖。臧文仲使書其言，以爲三筴。三筴正闗合天文。

非唯循覆車而重軌。

漢章案：説苑善説篇：魏公乘不仁引周書曰：「前車覆，後車戒。」吴越春秋句踐歸國外傳：大夫種曰：「前車已覆，後車必戒。」漢書賈誼傳引鄙諺曰：「前車覆，後車戒。」

移的就箭。

浦釋：未詳所本。

漢章案：韓非子說林下篇：羿執抉持扞，操弓關機，則越人爲持的。北堂書鈔（卷一百二十六）引作「越人争爲持的」。此即「移的就箭」所本。

掩耳盜鐘。

浦釋：引淮南說山。

漢章案：淮南子本呂氏春秋自知篇。

故理絶河漢。

漢章案：莊子逍遥遊篇：吾聞言於接輿，大而無當，往而不返。吾驚怖其言，猶河漢而無極也。

多見其老生常談。

漢章案：三國魏志管輅傳：鄧颺曰：「此老生之常譚〔七〕。」（序例篇「老生之恒説」亦本此。）

無爲强著一書。

漢章案：三國魏志陳思王植傳注引典略曰：楊修答植曰：「修家子雲，老不曉事，强著一書，悔其少作。」

則有邛竹傳節，蒟醬流味。

漢章案：二語本左太沖蜀都賦。

晉宮闕名。

浦按：此指東晉者，隋、唐二志不載。

漢章案：詩豳風七月疏、水經穀水注、文選王文考魯靈光殿賦、謝玄暉直中書省詩注及北堂書鈔舟部，藝文類聚舟車部、菓部、木部，初學記居處部、器物部，太平御覽居處部、舟部，俱引晉宮閣記、晉宮閣名，亦作晉宮闕名，不著撰人名氏。

譬夫涉海求魚，登山採木。

漢章案：語本抱朴子鈞世篇：古書雖多，未必盡美，要當以爲學者之山淵，使屬筆者采伐、漁獵其中。

論贊篇

皇甫謐、葛洪列其所號。

漢章案：雜述篇亦云玄晏抱朴。

丘明君子曰者，其義實在於斯。

漢章案：隋書魏澹傳：澹以爲丘明發揚聖旨，言「君子曰」者，無非甚泰，其間尋常，直書而已。今所撰史，可爲勸戒者，論其得失，其無損益者，所不論也。子玄説本此。

序例篇

昔夫子修經，始發凡例。

浦釋引成十四年左傳及杜氏序爲例之情有五。

漢章案：浦氏未得史通之意，春秋序云：其發凡以言例，皆經國之常制，周公之垂法，史書之舊章，仲尼從而修之，以成一經之通體。孔疏引釋例終篇云：稱凡者五十，其別四十有九，蓋以母弟二凡，其義不異故也。

左氏立傳，顯其區域。

漢章案：春秋釋例曰：丘明之傳有稱周禮以正常者，諸稱凡以發例是也；有明經所立新意者，諸顯義例而不稱凡者是也。諸凡雖是周公之舊典，丘明撮其體義，約以爲言，非純寫故典之文。此丘明會意之微致，所以釋仲尼春秋。仲尼春秋皆因舊史之策書，義之所在，則時加增損，或仍舊史之無，亦或改舊史所有。雖因舊文，固是仲尼之書也。丘明所發，因是仲尼之意也，然則區域之顯，即釋例四十。

科條一辨，彪炳可觀。

漢章案：春秋公羊傳疏春秋説云：春秋設三科九旨，何氏之意，言三個科段之内，有此九種之意，故作文謚例，云新周故宋，以春秋當新王，此一科三旨也；所見異辭，所聞異辭，所傳聞異辭，二科六旨也；又内其國而外諸夏，内諸夏而外夷狄，是三科九旨也。宋氏注春秋，説三科者一曰張三世，二曰存三統，三曰異外内。蓋科即條，故公羊有胡母生條例、何休條例，左氏傳亦有賈逵條例、劉寔條例。

貪天之功，以爲己力。

漢章案：左傳僖二十四年，介之推語。

異夫范依叔駿。

浦注：「叔」一作「政」，非。

漢章案：隋志史部總敘云：「南、董之位，以禄貴游；政、駿之司，罕因才授。」是謂劉子政、子駿。

柳先生曰：叔駿宜從浦説。黄氏訓故補謂范依叔駿，指劉平、江革等傳序，全録華嶠之詞，似得其旨。叔駿與子長爲偶，若是政、駿，則二人矣。

題目篇

夫名以定體，爲實之賓。

漢章案：莊子逍遥遊：「名者，實之賓。」

姚察。

浦按：陳書姚察傳撰梁、陳史，無梁略之名，而劉氏云爾，定是察稿初名。

漢章案：此「察」字爲「最」之誤。雜述篇梁昭後略、雜説下篇自注：梁後略，並稱姚最。周書藝術傳姚最撰梁後略十卷〔八〕，隋志同。唐志作梁昭後略，亦不作姚察。最乃察之弟，思廉之叔父也。

柳先生曰：何義門批史通已引隋志姚最撰梁後略，改「察」爲「最」。盧抱經校宋本亦改爲「最」。

斷限篇

以舜爲始，而云「粤若稽古帝堯」。

漢章案：虞書皋陶謨亦云「若稽古」，則非獨堯典有此文，史通當云以夏爲始。墨子明鬼下篇：故尚書夏書，其次商、周之書。是尚書本夏史所記。左傳僖二十七年，晉趙衰引「賦納以言」三句爲夏書。古皋陶謨與益稷合一篇〔九〕，皋謨爲夏書明矣。（今舜典首「曰若稽古」四字，姚方興、劉炫所加，史通文雖多用晉出古文尚書，於舜典廿八字亦不信。）

其殆侵官離局者乎？

浦注：「局」或作「扃」。

漢章案：「扃」字非。左傳成十六年，晉欒鍼曰：「且侵官，冒也；離局，姦也。」

膠柱調瑟。

漢章案：膠柱鼓瑟，見史記趙奢傳。又法言先知篇：譬猶膠柱而調瑟。鹽鐵論相刺篇：膠柱而調瑟，固而難合矣。

非唯理異犬牙。

漢章案：漢書文帝紀「地犬牙相制」注：師古曰：「言地形如犬之牙交相入也。」此借地理以言事理。

固亦事同風馬。

漢章案：左傳僖四年，楚屈完曰：「唯是風馬牛不相及也。」

編次篇

位先不窋。

漢章案：左傳文二年，文、武不先不窋。

蓋逐兔爭捷，瞻烏靡定。

漢章案：吕氏春秋慎勢引慎子曰：「今一兔走，百人逐之，非一兔足爲百人分也，由未定。」又尹文子大道上篇：「雉兔在野，衆人逐之，分未定也。」子思子佚文作「追」。下句用詩小雅正月篇：瞻烏爰止，于誰之屋。

但鵬鷃一也，何大小之異哉？

漢章案：莊子逍遥遊篇注：夫大鳥一去半歲，至天池而息；小鳥一飛半朝，搶榆枋而止。此比所能，則有間矣，其於適性一也。又注：苟足於其性，則雖大鵬無以自貴於小鳥，小鳥無羡於天池，而榮願有餘矣。故小大雖殊，逍遥一也。又世説文學篇注引支遁逍遥論曰：「莊生建言大道，而寄指鵬鷃。鵬以營生之路曠，故失適於體外，鷃以在近而笑遠，有矜伐於心内。」「苟非至足，豈所以逍遥乎？」

沈、魏繼作，相與因循。

浦按：今止魏書志編傳後，范、沈二書，後人易置矣。

漢章案：洪邁所輯南朝史精語十卷，其目次録宋書本紀第一，列傳第二、第三，志第四，是宋本沈書猶是舊第，志在傳後。

何異沐猴而冠。

稱謂篇

漢章案：史記項羽本紀：說者曰：「人言楚人沐猴而冠耳，果然。」集解：張晏曰：「沐猴，獮猴也。」

若王晉之十士、寒儁。

浦按：列傳中篇名。王隱晉書已亡，無可考證。

漢章案：採撰篇：至如江東「五儁」，始自會稽典録，而修晉史者，徵彼虚譽。是「寒儁」本作「五儁」。

柳先生曰：盧校史通，改「十士」爲「處士」。

採撰篇

蓋珍裘以衆腋成温。

漢章案：吕氏春秋用衆篇：天下無粹白之狐，而有粹白之裘，取之衆白也。墨子親士篇：千鎰之裘，非一狐之白也。漢書匡衡傳「狐白之裘」注：師古曰：「謂狐腋下之皮，其色純白，集以爲裘，輕柔難得，故貴。」

廣厦以羣材合構。

漢章案：意林引慎子：廊廟之材非一木之枝，（亦見漢書四十三傳贊注。）狐白之裘非一狐之腋。史通語意本此。又陳書世祖紀：「天嘉元年詔：庶衆材必萃，大廈可成。」「大廈」即「廣廈」。

自古探穴藏山之士，懷鉛握槧之客。

漢章案：上句本史記自敘，下句本方言答劉歆書〔一〇〕。

蓋當時有周志、晉乘、鄭書、楚杌等篇。

漢章案：左傳文二年，晉狼譚引周志。襄三十年、昭二十八年，鄭子産、晉司馬叔游兩引鄭書。鄭司農注周禮「小史邦國之志」，引春秋傳所謂周志，國語所謂鄭書。鄭注「外史四方之志」，謂若晉之乘，楚之檮杌。今國語無引鄭書之文，當以晉語載齊姜氏言，連引西方之書與鄭詩而誤。

至如禹生啓石。

浦按：韻府言禹通轘轅，謂塗山氏：「欲餉，聞鼓乃來。」禹跳石，誤中鼓。塗山忽至，見禹方作熊，慚而去，至嵩山下化爲石。禹曰：「歸我子。」石破北方，生啓云云。謂是淮南之文，淮南實無其文，亦編書家不根之一班也。

漢章案：韻府所引淮南子並本漢書武帝紀元封元年詔師古注，太平御覽地部引淮南子亦與師古注同，初非不根之説。今本淮南修務訓作「啓生於石」，高郵王氏已疏證之矣。郭璞注穆天子傳「啓母化爲石」，云見淮南子，不獨中山經泰室之山注，王氏尚未引及也。

雹班、華之寸札。

浦注：「華」一作「曄」，非。

漢章案：言語篇以董狐、南史與班固、華嶠並舉，此篇亦上云南、董，則此文班、華是矣。

而王喬鳧履，出於風俗通。

浦釋引後漢方術傳。

漢章案：此當引風俗通正失篇葉令祠。

左慈羊鳴，傳於抱朴子。

浦釋引後漢方術傳。

漢章案：今抱朴子辨問篇但云「左慈兵解而不死」，至理篇但云「近世左慈、趙明等以炁禁水，水爲之逆流一二丈」，無羊鳴事。惟繼昌所輯抱朴子佚文引舊寫本北堂書鈔札篇云：「獄中有七慈，形狀如一。魏武帝使盡殺之〔二〕，須臾六慈盡化爲札，而一慈徑出，走赴羊羣。」

尤苦南國。

浦注：尤苦，謂污衊之。

紀評：「苦」字出史記高祖紀「欲苦之」，又晉譽道王曰：「生平不識士衡，不知何忽見苦？」即是此意，以污衊訓之，意是而語未明。

漢章案：史記「苦」本作「笞」，集解徐廣曰：「笞」一作「苦」。漢書高帝紀注：師古曰：今書

「苦」字或作「笞」。此「苦」字當如莊子達生篇司馬注、吕氏春秋權勳篇高注：苦，病也。

重以加諸。

浦注：一作「重加誣語」。

漢章案：一作之本，不達古語而妄改也。説文：加，語相增加也。從力，從口，會意。「增」古通「譖」。説文：譖，加也。誣，加也。荀子致仕篇注：加累，以罪惡加累誣人也。然則「加」即「誣」，不當又有「誣」字。又「加諸」二字本論語公冶長篇。舊唐書僕固懷恩傳：共生異見，〔一二〕妄作加諸。韓昌黎争臣論：吾聞君子不欲加諸人，而惡訐以爲直者。並用「加諸」二字，與此文意同。

王、虞之所糠粃。

漢章案：莊子逍遥遊篇：是其塵垢粃糠。又世説排調篇：簸之揚之，穅秕在前。「秕」爲「粃」之正字。

此何異魏朝之撰皇覽。

浦釋引魏志劉劭傳及魏略王象撰皇覽。

漢章案：隋志：皇覽一百二十卷，繆襲等撰。梁有六百八十卷。

梁世之修徧略。

浦釋引梁文學傳徐勉舉何思澄等五人，又引諸傳劉杳、顧協、鍾嶼，謂止四人，其一人無考。

漢章案：其一人徐僧權，隋志：「華林遍略六百二十卷，梁綏安令徐僧權等撰。」舊唐志：「華林編略六百卷，徐勉撰。

柳先生曰：史通訓故補已引隋志。

烏白馬角，救燕丹而免禍。

浦釋引博物志。

漢章案：此出燕丹子。

惡道聽塗説之違理，街談巷議之損實。

漢章案：漢志：小説家者流，蓋出於稗官。街談巷説，道聽塗説者之所造也。

三志競爽。

漢章案：上文已言史記採家人之失，則此文三志非謂三史，謂晉乘、楚檮杌、魯春秋。

載文篇

春秋録其大隧、狐裘之什。

漢章案：見左傳隱元年、僖五年。

柳先生曰：訓故補已引左傳文。

福不盈眥。
浦注：「眥」或訛作「眥」。
漢章案：語本班固答賓戲，作「眥」，非。
夫鏤冰爲璧，不可用也。
漢章案：鹽鐵論殊路篇：若畫脂鏤冰，費日損功。又晉裴頠女史箴：冰璧雖澤，難以見日。
畫地爲餅，不可得而食也。
漢章案：三國魏志盧毓傳：詔曰：「選舉莫取有名，名如畫地作餅，不可啖也。」
蓋山有木，工則度之。
漢章案：左傳隱十一年文〔一三〕。
此皆言成軌則。
漢章案：史記律書：物度軌則。又庾信彭城公夫人爾朱氏墓誌：動合詩禮，言成軌則。
爲世龜鏡。
漢章案：北史長孫紹遠傳：揚榷而言，足爲龜鏡。
持以不刊。
漢章案：方言答劉歆書：張伯松曰：「是縣諸日月不刊之書也。」

補注篇

常璩之華陽士女。

浦按：周、常二書注，皆無考。

漢章案：今華陽國志士女多自注，惟周處陽羨風土記無考耳。

此之注釋，異夫儒士者矣。

紀評：班志已有自注。

庶憑驥尾，千里絶羣。

漢章案：史記伯夷傳：附驥尾而行益顯〔一四〕。索隱：蒼蠅附驥尾而致千里。

難以味同萍實者矣。

漢章案：説苑辯物篇：楚昭王渡江，有物大如斗，直觸王舟，使問孔子。曰，萍實也。家語致思篇襲其文而更加益之。

固以察及泉魚。

漢章案：「泉」字避諱，本作「淵」。列子説符篇：察見淵魚者不祥。韓非子説林上篇：知淵中之魚者不祥。又見史記吴王濞傳。

辨窮河豕。

漢章案：呂氏春秋察傳篇：子夏之晉，過衞，有讀史記者曰：「晉師三豕涉河。」子夏曰：「非也，是己亥也。」夫「己」與「三」相近，「豕」與「亥」相似，至於晉而問之，則曰「晉師己亥涉河」也。又見家語七十二弟子解。

言殊揀金。

漢章案：世說文學篇：孫興公云：「陸文若排沙簡金，往往見寶。」詩品上作謝混語，「排」字作「披」。

事比雞肋。

漢章案：三國魏志武帝紀注引九州春秋曰：「夫雞肋棄之如可惜，食之無所得。」

因習篇

故傳稱因俗。

漢章案：史記齊太公世家：太公至國，修政，因其俗。又魯世家作「從其俗」。

易貴隨時。

漢章案：周易隨卦彖曰〔一五〕：隨，大亨貞無咎，而天下隨時，隨時之義大矣哉！

此所謂膠柱而調瑟。

漢章案：已詳斷限篇。

曾無先覺者矣。

漢章案：語出宋書謝靈運傳論。

注爲列女、高隱等目。

漢章案：今范氏後漢書逸民傳無高隱之目。

題爲「僞史」。還依阮録。

漢章案：今隋志題曰「霸史」，唐志作「僞史」。

子貢著越絶。

浦按：書内有春申、秦皇、漢祖諸人，又有毗陵、無錫、鹽宫、太末、丹陽、豫章諸地，皆後世名，其非子貢撰可知。

漢章案：四庫全書史部載記類提要：越絶書中吳地傳稱：勾踐徙瑯琊，到建武二十八年，凡五百六十七年。則後漢初人也。書末敍外傳記，以廋詞隱其姓名。云以去爲姓，得衣乃成，是「袁」字。厥名有米，覆之以庚，是「康」字。禹來東征，死葬其疆，是會稽人。又云文詞屬定，自于邦賢，以口爲姓，承之以天，是「吴」字。楚相屈原與之同名，是「平」字。然則此書爲會稽袁康所作，同郡吴平所定也。王充論衡案書篇吴君高之越紐録，殆即此書。楊慎丹鉛録、胡侍珍珠船、田藝蘅留青日札皆有是説。隋、唐志皆云子貢作，非其實矣。

邑里篇

其地皆取舊號，施之於今。原注：近代史爲王氏傳，云「琅焉臨沂人」，爲李氏傳，曰「隴西成紀人」之類是也。非惟王、李二族久離本居，亦自當時無此郡縣，皆是晉、魏已前舊名號。

紀評：子玄此論甚偉，而唐書猶稱族望，何也？豈舊史已混其籍，無可遍考，故姑從舊耶？

漢章案：唐人重族望亦自有故。柳芳姓系論曰：魏時有司選舉必稽譜籍。故官有世胄，譜有世官，賈氏、王氏譜學出焉。唐貞觀氏族志：凡第一等則爲右姓。柳冲姓族系録：凡四海望族則爲右姓。善言譜者，繫之地望而不惑，質之姓氏而無疑，綴之婚姻而有别。人無所守，則士族削；士族削，則國從而衰。又子玄之子秩選舉論亦曰：隋氏罷中正舉選不本鄉曲，故里閭無豪族，井邑無衣冠，人不土著，萃處京畿，士不飾行，人弱而愚。此林寶撰元和姓纂所以必辨郡望也。

蓋語曰：「難與慮始，可與樂成。」

漢章案：商君書更法篇：語曰：「愚者闇於成事，知者見於未萌。民不可與慮始，可與樂成。」史記商君傳無「語曰」二字。

此莊生所謂安得忘言之人而與之言。

漢章案：此莊子外物篇文。

言語篇

蓋樞機之發，榮辱之主。

漢章案：此周易繫辭上傳文。

言之不文，行之不遠。

漢章案：左傳襄二十五年文，本作「行而不遠」。

人持弄丸之辨。

浦釋：文心論説篇：轉丸騁其巧辭。尹知章鬼谷子序：蘇秦、張儀受捭闔之術，又受轉丸、胠篋二章。按弄丸兼用莊子市南宜僚事。

紀評：「弄丸」乃「轉丸」之訛，浦氏以爲兼用宜僚事，謬也。

漢章案：弄丸見莊子徐無鬼，轉丸亦見莊子齊物論。古今注：蜣螂，一名弄丸，一名轉丸。則「弄丸」亦即「轉丸」。

而僞修混沌。

浦釋引莊子天地篇。

漢章案：此當用莊子應帝王篇鑿七竅而混沌死，故下句云「失彼天然」。

先王桑梓，翦爲蠻貊，被髮左衽，充牣神州。

漢章案：文選劉孝標辯命論：自金行不競，天地板蕩，左帶沸脣，乘閒電發。遂居先王之桑梓，竊名號於中縣。種落繁熾，充仞神州。

其中辯若駒支。

浦注：哀十四。

漢章案：「哀」當作「襄」。

猶鑑者見嫫母多嗤，而歸罪於明鏡也。

漢章案：文子符言篇：鑑見其醜則自善。淮南子詮言訓作「則善鑑」。又太平御覽(九百十五)引楊泉太玄經：醜婦以明鏡爲害，而無所逃其陋。此反其意用之。

庶幾可與古人同居，何止得其糟粕而已。

漢章案：莊子天道篇：然則君之所讀者，古人之糟魄已夫！釋文：「魄」本又作「粕」。許慎云：粕，已漉粗糟也。文選陸士衡文賦注引司注：爛食曰粕。

浮詞篇

此則詐而安忍，貪而無親。

漢章案：左傳隱四年：阻兵而安忍，阻兵無衆，安忍無親。又九年：輕而不整，貪而無親。

鯨鯢是儔，犬豕不若。

漢章案：左傳宣十二年：古者明王伐不敬，取其鯨鯢而封之。下句列子仲尼篇：長幼羣聚而爲牢籍庖廚之物，奚異犬豕之類乎？又文子上德篇：犬豕不擇器而食。

蕭何知韓信賢。

浦按：史通指實韓信殊屬牽合。

漢章案：何自追信，有國士無雙之言，並非牽合。

周身之防靡聞，知足之情安在？

漢章案：春秋序：聖人包周身之防。下句用老子。

或先經張本，或後傳終言。

紀評：「張本」字出左傳杜氏注，「終言」亦杜氏注文。

皎如星漢，非靡沮所移。

浦注：「靡沮」或作「磨湼」，俱未穩，此二句竟可省去。

漢章案：此用詩大雅雲漢篇「靡神不舉，靡愛斯牲」及「旱既太甚，則不可沮」。六朝唐初文往往有此摘用經語式。其「星」字亦本是詩「有嘒其星」。若無此二句，下文「塵點」字無根。

敍事篇

昭昭然若日月之代明。

漢章案：見尚書大傳。

説事者莫辨乎書，説理者莫辨乎春秋。

漢章案：見法言寡見篇。

桑榆既夕。

漢章案：淮南子天文訓：日西垂景在樹端，謂之桑榆。注：言其光在桑榆樹上也〔一六〕。後漢書馮異傳注：桑榆，謂晚也。

垂翅不舉。

漢章案：後漢書馮異傳：始雖垂翅回谿，終能奮翼黽池。注：以鳥爲喻。

懘籥無聞。

漢章案：樂記：五者不亂，則無怗懘之音矣。又：羽、籥、干、戚，樂之器也。鄭注：怗懘，敝敗不和貌。釋文、正義並云：懘，敗也。

粹駁相縣。

漢章案：荀子王霸篇：故曰：粹而王，駁而霸。

夫以鈍者稱敏。原注：魯人，謂鈍人也。禮記中已有注解。

浦按：「魯」字之訓，大、小戴禮皆無是語，唯孔疏有其文，曰「魯鈍之人」。

漢章案：禮記檀弓下篇即有二注解：一、徐君使容居弔含邾婁考公，曰容居魯人也。注：魯，魯鈍也。二、叔仲皮死，其妻魯人也。注：言雖魯鈍。浦氏何以謂無其文乎？

夫聞之隕，視之石，數之五。

漢章案：春秋僖十六年公羊傳：霣石記聞，聞其磌然，視之則石，察之則五。穀梁傳：隕而後石也。後數，散辭也，耳治也。

既執而罝釣必收。

浦注：「既執而」三字恐有訛脫文，當是廣罝之義。

記評：「既執」上似脫「魚鳥」二字。

晦也者，省字約文，事溢於句外。

紀評：即彥和隱秀之旨。

漢章案：文心雕龍隱秀篇今闕其文，有云：夫隱之爲體，義主文外，秘響旁通，伏采潛發。譬爻象之變玄體，川瀆之韞珠玉也，故玄體變爻而化成四象，珠玉潛水而瀾變方圓。宋張戒歲寒堂詩話引劉勰云：情在詞外曰隱，狀溢目前曰秀。二語今本所無。然史通「晦」字自本春秋「志而晦」爲義，未必祖述彦和。

所能斥苦其説也。

浦注：「斥苦」舊作「斥非」，于文不順。

紀評：「斥苦」當作「非斥」。

柳先生曰：訓故補本作「所能斥非其説也」。

董生乘馬，三年不知牝牡。

浦釋：王訓故：鄒子：董仲舒勤學，三年不窺園，乘馬不知牝牡。按：史記、漢書止有「不窺園」一句。

漢章案：王惟儉訓故所引鄒子，乃晉鄒湛所著書，非鄒衍之鄒子，故得言董子事。引見太平御覽八百四十。然與史通上文史、漢無涉，故浦氏疑之。御覽六百一十一又引漢書曰〔一七〕：十年不窺園圃，乘馬三年不知牝牡。文與史通所説合，是唐、宋漢書有異於今本者。

盤石加建侯之言。

漢章案：周易屯：初九，磐桓，利建侯。史記文帝紀：高帝王子弟，地犬牙相制，此所謂盤石之宗也。索隱：言其固如盤石〔一八〕，此語見太公六韜。又荀子富國篇：國安於盤石。注：盤石，盤薄大石也。

帶河申俾侯之誓。

漢章案：史記功臣表序：使河如帶，泰山若厲，國以永寧〔一九〕，爰及苗裔。此文「俾侯」二字又用詩魯頌閟宮。

論逆臣則呼爲問鼎。

漢章案：此用左傳宣三年楚子觀兵於周疆事。

稱巨寇則目以長鯨。

漢章案：左思吴都賦：長鯨吞航，又木華海賦：魚則横海之鯨。史通此文又用左傳宣十二年：取其鯨鯢而封之，以爲大戮。杜注云：鯨鯢，大魚〔二〇〕，以喻不義之人。孔疏引裴淵廣州記云：鯨鯢長百尺，雄曰鯨，雌曰鯢。

邦國初基，皆云草昧；帝王兆跡，必號龍飛。

漢章案：草昧本周易屯彖，龍飛本乾九五。

昔禮記檀弓，工言物始。

漢章案：禮記於禮之變皆曰始，曾子問、郊特牲、玉藻、雜記皆有之，不獨檀弓。説詳困學紀聞卷二十。

夫近世通無案食。

漢章案：案食盛行於兩漢，考工記玉人：案十有二寸〔二一〕。鄭注：玉飾案也。文選張衡四愁詩注引楚漢春秋淮陰侯曰：「漢王賜臣玉案之食。」（類聚六十九、御覽七百十引同。）漢書外戚傳：初許后親奉案上食。後漢書逸民梁鴻傳：妻爲具食，舉案齊眉。鹽鐵論取下篇：垂拱持案而食。焦氏易林：玉杯大案。王褒僮約：滌杯整案。説文：案，几屬。方言：案，陳、楚、宋、魏之間謂之楬，自關東、西謂之案。禮記禮器注：禁，如今方案，隋長局足，高三寸。急就篇顔師古注：有足曰案，無足曰槃。槃即盤之小篆字，魏、晉以後始用盤，不用案耳。晉書樂志有杯柈舞。（「柈」亦「盤」字。）五盞盤，見齊書崔祖思傳。五辛盤，見周處陽羨風土記。

胡俗不施冠冕。

漢章案：説文：冠，弁冕之總名也。「帽」本作「冃」，蠻夷頭衣也。

又自雜種稱制。

漢章案：雜種諸蠻見後漢書度尚傳。雜種諸羌見馬融傳。又晉書載記燕慕容皝贊曰〔一二〕：蠢兹雜種。

明如日月，難爲蓋藏。

漢章案：御覽八百七十引蔡氏化清論：白日非我燭，藏之默之〔一三〕。史通語意所本，而反用之。譬夫烏孫造室，雜以漢儀。

漢章案：「烏孫」當作「龜兹」。漢書西域傳：龜兹王治宮室，作徼道周衛，如漢家儀。外國胡人皆曰：「驢非驢，馬非馬，若龜兹王，所謂羸也。」其傳上言龜兹王留烏孫公主女，故史通誤作

「烏孫」。

而刻鵠不成反類於鶩者也。

漢章案：此亦用後漢書馬援傳語。

品藻篇

薰蕕不同器，梟鸞不比翼。

漢章案：此用劉孝標辯命論語。「比翼」本作「接翼」。文選注引家語，顏回曰：「聞薰蕕不同器而藏。」孫盛晉陽秋：王夷甫論曰：「鸞鳳之不與梟鴞同棲〔二四〕，天理固然。」

奚必差肩接武。

漢章案：吕氏春秋觀世篇：千里而有一士，比肩也；累世而有一聖人，繼踵也。又見鬻子守道篇。

用使蘭艾相雜。

漢章案：楚辭離騷：户服艾以盈要兮，謂幽蘭其不可佩〔二五〕。又：蘭芷變而不芳兮，今直爲此蕭艾。

朱紫不分。

漢章案：論語陽貨篇：「惡紫之奪朱也。」孟子盡心下篇：「惡紫，恐其亂朱也。」又楚辭九思怨上篇：「朱紫兮雜亂，曾莫兮別諸。」

顏稱殆庶。

漢章案：見周易繫辭下，本云「其殆庶幾乎！」

夫寧人負我。

漢章案：三國魏志武帝紀注：孫盛雜記曰：「寧我負人，無人負我！」史通反其語意。其後陸宣公奏議則曰：「帝王之道，寧人負我，無我負人。」

或珍甋甎而賤璠璵。

漢章案：爾雅釋宮：「甋甎謂之甓。」注：「甎，甎也。」說文：「璵璠，魯之寶玉。」孔子曰：「美哉璵璠！遠而望之，奐若也；近而視之，瑟若也。一則理勝，二則孚勝。」楚辭九懷株昭篇：「瓦礫進寶兮，捐棄隋、和。」九思哀歲篇：「寶彼兮沙礫，捐此兮夜光。」並即此意。

或策駑駘而捨騏驥。

漢章案：楚辭九辨之五云：「卻騏驥而不乘兮，策駑駘而取路。」又見七諫謬諫篇。

能中藻鏡。

漢章案：江總讓尚書僕射表：「藻鏡官方，品才人物。」

直書篇

樹之風聲。

漢章案：晉古文尚書畢命篇：彰善癉惡，樹之風聲。本左傳文六年文。

不能申其強項之風，勵其匪躬之節。

漢章案：強項，見後漢書酷吏傳。匪躬，見周易蹇六二。

而披沙揀金，有時獲寶。

記評：「披沙」二句出鍾嶸詩品。

漢章案：詩品之前，已有世説，詳見前補注篇。

蓋近古之遺直歟？

漢章案：左傳昭十四年：仲尼曰：「叔向，古之遺直也。」

箕裘未隕。

漢章案：禮記學記：良冶之子，必學爲裘；良弓之子，必學爲箕。

薪構仍存。

漢章案：左傳昭七年：其父析薪，其子弗克負荷。又周書大誥篇：若考作室，既厎法〔二六〕，厥子乃弗肯堂，矧肯構。

剛亦不吐。

漢章案：詩大雅烝民篇文。

貫三光而洞九泉，曾未足喻其高下也。

漢章案：潘岳西征賦文。文選注引鄧析子曰：賢愚之相覺，若九地之下與重天之顛。

曲筆篇

班固受金而始書，陳壽借米而方傳。

浦釋引困學紀聞云：受金事未詳。（案見卷十四注。）又云：予考陳壽傳有謂丁廙子，覓千斛米，丁不與竟不立傳之説。但有「或云」二字。或之者，疑之也，恐亦未可盡信。

漢章案：周書柳虯傳、唐書文藝劉允濟傳並有「班生受金，陳壽求米」之語。文心雕龍史傳篇則云：班固徵賄鬻筆之愆，公理辨之究矣。今仲長統（字公理。）昌言多佚文，無以見其辨。何焯注困學紀聞又云：文帝誅丁儀、丁廙，并其男口，安得晉時猶有子在？覓米事誣。

語曰：「明其爲賊，敵乃可服。」

漢章案：漢書高帝紀新城三老董公語，本作「故曰」。史通下文「此所謂兵起無名，難爲制勝」者，亦用董公語，本作「兵出無名，事故不成。」

蓋霜雪交下，始見貞松之操。

漢章案：莊子讓王篇：霜雪既降，吾是以知松柏之茂也〔二七〕。亦見呂氏春秋慎人篇，淮南子俶真篇。

昔秦人不死，驗苻生之厚誣；蜀老猶存，知葛亮之多枉。

浦釋：未詳。又引困學紀聞云：武侯事蹟湮没多矣。（案見卷十三。）然則蜀老事，王氏亦未有所考也。

紀評：秦人事，見羊衒之洛陽伽藍記。蜀老事，見魏書毛修之傳，浦氏以爲無考，非也。

漢章案：紀氏此説，於四庫書目提要及小説如是我聞並及之，然孫志祖讀書脞録亦有此説。

得失一朝，榮辱千載。

漢章案：荀悦申鑒時事篇文。

鑒識篇

王充著書，既甲班而乙馬。

原注：王充謂彪文義浹備，記事詳贍，觀者以爲甲，以太史公爲乙也。

浦釋：不詳。

漢章案：今論衡超奇篇：「班叔皮續太史公書百篇以上，記事詳悉〔二八〕，義淺理備。觀讀之者以爲甲，而太史公乙。子男孟堅爲尚書郎，文比叔皮，非徒五百里也，乃夫周、召、魯、衛之謂。苟可高古，而班氏父子不足紀也。」然則王充語意未嘗甲班乙馬，不過引覽讀者所云而已。史通似失於檢核，然論衡此篇上文有云「彼子長、子雲說論之徒，君山爲甲。」則已甲桓而乙馬。

豈謂雖濬發於巧心，反受嗤於拙目也。

漢章案：二句陸機文賦文。「嗤」本作「欰」。

必令同文舉之含異。

浦注：疑當作「末異」。魏文帝典論：文本同而末異。

紀評：孔氏卓卓，信含異氣。亦文帝語，注失引。

窮達，命也。

漢章案：李康運命論文。

探賾篇

案子思有言：「吾祖厄於陳、蔡，始作春秋。」

浦釋：孔叢子居衞篇：祖君屈陳、蔡，作春秋。按太史公自序及公羊篇首注，並宗此説。又按：孔叢子，先儒多以爲僞。

漢章案：史通誤信孔叢子，猶前篇誤信梅氏古文尚書，其實止據史記自序已足以辨正。説左氏者，謂孔子自衞反魯，始撰述春秋。

夫以彼聿修，傳諸詒厥。

漢章案：六朝、唐初文，多以詩大雅文王篇「無念爾祖，聿修厥德」，及文王有聲篇「詒厥孫謀」爲祖孫之代名詞。

然後追論五始。

漢章案：穀梁傳疏：何休注公羊，取春秋緯黄帝受圖，立五始。以爲元者[二九]，氣之始；春者，四時之始；王者，受命之始；正月者，政教之始；公即位者，一國之始。五者同日並見，相須而成。

定名三叛。

漢章案：左傳昭三十一年傳：三叛人名。謂襄二十一年，邾庶其以漆、閭丘來奔；昭五年，莒牟夷以牟婁及防兹來奔；昭三十一年，邾黑肱以濫來奔。又小邾射以句繹來奔，在春秋獲麟後，不與三叛人之數。

可謂强奏庸音，持爲足曲者也。

漢章案：陸機文賦：放庸音以足曲。

蓋明月之珠不能無瑕，夜光之璧不能無纇。

漢章案：文子上義篇：夏后氏之璜不能無瑕，明月之珠不能無穢。淮南子氾論訓同，「瑕」作「考」，「穢」作「纇」。注：考，瑕釁也。纇，若瘢。

摸擬篇

後予相怨。

漢章案：晉古文尚書仲虺之誥：東征西夷怨，南征北狄怨，曰奚獨後予。孟子梁惠王下篇、滕文公下篇並作「奚爲後我」。

書事篇

遞相瘡痏。

漢章案：張衡西京賦：所好生毛羽，所惡成瘡痏。

上智猶其若此，而況庸庸者哉！

漢章案：劉孝標辨命論：聖賢且猶若此〔三〇〕，而況庸庸者乎！

雖擢髪而數。

異乎三史之所書。

漢章案：史記范雎傳：擢賈之髮不足以贖賈之罪。

漢章案：此三史即謂上所引國語、左傳、史記，觀下列後漢書之迂誕詭越，可知三史非史記及兩漢書，與他處不同。

蓋惟槐鼎而已。

漢章案：周官朝士掌建邦外朝之法，面三槐，三公位焉。又漢書五行志中之下：鼎三足，三公象。史通下文丞相、大夫爲西京三公，司徒、太尉爲東都三公。

人物篇

此而不載，闕孰甚焉。

浦按：散宜、閎夭二人，明列尚書君奭篇，史通乃與元、凱等同以闕載爲疑，疏矣。

漢章案：杜預注文十八年左傳八元云：此即稷、契、朱虎、熊羆之倫。注八愷云：此即垂、益、禹、皋陶之倫。鄭玄注論語亦云：皋陶號曰庭堅。孔穎達曰：尚書更有夔龍之徒，亦應有在元、愷内者。然則史通之疏不惟散、閎二人矣。且六家篇方以尚書載言，謂二典、禹貢、顧命爲例不純，此篇反議其載事之闕，亦復自相矛盾。（人物篇四凶列於尚書，亦即據文十八年左傳。）

此而不書，無乃太簡。

浦按：左傳無百里奚之名。惟僖十三年有「秦伯問百里」一語，亦無奚名。又按：公羊書盟柯，手劍，曹子無名。左、穀則名曹劌。故曰：三傳不書曹沫。

漢章案：古字「沫」「劌」通。莊十年。二十三年左傳曹劌，明即史記刺客傳曹沫。又大夫種見哀元年左傳，若公儀休則在春秋後，是皆史通之疏。

夫雖逐麋之犬，不復顧兔。

漢章案：呂氏春秋士容：論良狗志在獐麋豕鹿不在鼠。淮南子說林訓：逐鹿者不顧兔。漢書外戚上官皇后傳：逐麋之狗，當顧兔耶！

此亦網漏吞舟。

漢章案：史記酷吏傳：網漏於吞舟之魚。

覈才篇

遂乃哺糟歠醨。

漢章案：楚辭漁父文。

披褐懷玉。

漢章案：老子知難章本作「被褐懷玉」。此從家語三恕篇作「披」。

序傳篇

降及司馬相如，始以自敍爲傳。

浦按：子玄之前，隋劉炫自贊已言之。

漢章案：困學紀聞（卷十二）：今考之本傳，未見其爲自敍。意者相如集載本傳，如賈誼新書末篇，故以爲自敍歟！說詳外篇雜說上。

從風而靡。

漢章案：史記淮陰侯傳：燕從風而靡。漢書楊惲傳作「隨風」。文選潘岳閒居賦：訓若風行，應如草靡。

以春秋所諱，持爲美談。

漢章案：用張衡東京賦。

夫自媒自衒，士女之醜行。

漢章案：韓詩外傳（卷二）：士不中道相見，女無媒而嫁者，君子不行也。說苑尊賢篇作「士不中而見，女無媒而嫁，君子不行也。」不中而見，即自衒，說文本作「衙」，行且賣也，亦作「衒」。

喜稱閥閱。

漢書東方朔傳：自衒鬻者以千數。（抱朴子正郭篇：自衒自媒，士女之醜事也。）

漢章案：史記高祖功臣侯年表：古者人臣功有五品，明其等曰伐，積日曰閱。漢書車千秋傳亦作「伐閱」。師古注：伐，積功也。閱，經歷也。後漢書章帝紀「或起甽畝，不繫閥閱」注，引史記曰：明其等曰閥，積其功曰閱。韋彪傳「士宜以才行爲先，不可以純以閥閱」注，引史記亦以「積日」爲「積功」，與師古注「伐」字同。章懷注則釋閥閱作門地。正韻又云：門在左曰閥，在右曰閱。後起義也。後漢書鄭玄傳：仲尼之門不稱官閥。

斯皆不因真律，無假寧楹。

浦釋：未詳。

紀評：「真律」疑是「殷律」，「殷」以聲近而爲「真」，用孔子吹律自知爲殷人事。「寧楹」疑是「晏楹」，「晏」以形近而爲「寧」，用晏子鑿楹留書與子事。

漢章案：御覽卷十六引春秋演孔圖：孔子曰：丘援律吹命〔三一〕，陰得羽之宫。（路史注襲用之。）又引孝經援神契：聖王吹律有姓。又卷三百六十二引易是類謀：黄帝吹律以定姓。漢書京房傳：房本姓李，吹律自定爲京氏。白虎通姓名篇：古者聖人吹律定姓，以紀其族。人含五常而生，正聲有五，轉而相雜，五五二十五，轉生四時，異氣殊音悉備，故姓有百也。潛夫論卜列篇：凡姓之有音也，必隨其本生祖所王也〔三二〕。據此，紀欲改「真律」爲「殷律」無據，不如竟作「不因直律」矣。「寧」與「宴」或形近，與晏子之「晏」不近。晏子雜篇雖有「鑿楹納書」之文，與辨姓族無涉。竊謂說文寧訓安。詩商頌殷武篇：旅楹有閑，寢成孔安。鄭箋：以修寢廟爲言，寢廟所以奠繫世，辨昭穆。則「寧楹」之義，或即取殷武之詩。

班門之雄朔野。

漢章案：班固幽通賦：雄朔野以颺聲。

煩省篇

及干令升史議。

漢章案：二體篇已引及其文。

巴、梁語詳於二國。

浦注：兼壽所撰益部者舊傳而言。

漢章案：此言蜀志所載季漢輔臣傳爲魏、吳二志所無。

雜述篇

實著山經。

漢章案：漢志數術形法家山海經十三篇，隋志二十三卷，改入史部地理類，唐、宋志同，惟四庫全書總目改入子部小説。

樂資山陽載記。

漢章案：隋志雜史類山陽公載記十卷，舊唐志編年類作山陽義記，唐志亦作載記。

王韶晉安陸紀。

漢章案：宋書王韶之撰晉安帝陽秋。

小説巵言。

漢章案：莊子寓言篇：巵言日出。釋文：字略云：巵，圓酒器也。王云：夫巵器，滿即傾，空則仰，隨物而變，非執一守故者；施之於言，而隨人從變，已無常主者也。司馬云：謂支離無首尾言也。

陽玠松談藪。

浦注：「玠松」或作「松玠」，引書録解題。

漢章案：宋志小説家：陽松玠八代談藪二卷。

江、漢英靈。

漢章案：左思蜀都賦：近則江、漢炳靈，世載其英。

若楊雄家牒。

漢章案：漢書楊雄傳師古注：雄自序譜牒。亦引見桓譚新論。（世説識鑒篇注引楊氏譜〔三三〕。）又文選王儉集序注引七略，稱子雲家牒。

殷敬世傳。

浦釋：唐志作殷氏家傳三卷，殷敬撰。

漢章案：舊唐志作殷敬淳。又世説文學篇注引殷氏譜。

孫氏譜記。

漢章案：三國魏志孫資傳注引孫氏譜。

陸宗系歷。

浦釋：唐志作吴郡陸氏宗系譜，陸景獻撰。

漢章案：舊唐志陸煦陸史十五卷，世説文學篇注亦引陸氏譜。

陰陽爲炭，造化爲工。

漢章案：史記賈生傳：天地爲爐兮，造化爲工，陰陽爲炭兮，萬物爲銅。索隱謂上二句莊子文，文選鵩鳥賦注亦引莊子，然莊子大宗師篇本作「大冶」，賈賦改作「工」以協韻。

辛氏三秦。

浦按：後漢李膺傳章懷注引之。

漢章案：尚書釋文、水經河水渭水注：續漢書郡國志注、通典州郡，並引其書。

羅含湘中。

浦按：文獻通考云云。

漢章案：亦引見郡國志注、水經湘水注。

帝王桑梓，列聖遺塵。

漢章案：此左思魏都賦文，「帝王」本作「先王」。

建康宫殿。

浦釋：無考。

漢章案：御覽居處部引建康宫闕簿〔三四〕。

褻狎鄙言，出自牀笫。

漢章案：左傳襄二十七年：晉趙孟曰：牀笫之言不踰閾。

劉昞之該博。

浦注：「昞」或作「炳」，非。

漢章案：隋志霸史類：敦煌實録十卷，注：劉景。舊唐志雜傳類有二十卷，作劉延明，皆避唐諱改。唐志作劉昞，又誤作敦煌實録。

事惟三族。

漢章案：儀禮士昏禮：唯是三族之不虞〔三五〕。注：謂父昆弟，己昆弟，子昆弟。又周禮小宗伯：掌三族之别。又禮記喪服小記：親親以三爲五，以五爲九。是九族本乎三族。

不出胸臆。

漢章案：論衡超奇篇：實誠在胸臆，文墨著竹帛。其上文又云：眇思自出於胸中。又云：文由胸中而出。故陸士衡文賦亦云：思風發於胸臆。李善失注。

非由機杼。

漢章案：魏書祖瑩傳：文章須自出機杼，成一家風骨，何能共人同生活也。

若朱贛所採，浹於九州。

浦按：隋志所列見存書，無朱贛撰九州書名，豈在零失中耶？

漢章案：漢地理志：漢承百王之末，國土變改，民人遷徙〔三六〕，成帝時劉向略言其域分，丞相張禹使屬潁川朱贛條其風俗，猶未宣究，故輯而論之，終其本末著於篇。然則朱贛所採，即漢志所言風俗矣。

闞駰所書，殫於四國。

浦釋：駰撰十州志。唐志：十州志十卷。

漢章案：隋志闞駰十三州志十卷，唐志十四卷，並作「十三州」，非止「十州」。

蓋語曰：「衆星之明，不如一月之光。」

漢章案：文子上德篇：百星之明，不如一月之光。淮南子説林訓同。又藝文類聚卷九十二引張顯析言論：衆星不如一月明（三七）。御覽九百二十二引亦同（三八）。

古人以比玉屑滿篋。

紀評：玉屑滿篋，王充論衡之文。

漢章案：論衡書解篇：或曰古今作書者非一，各穿鑿失經傳之實，謂之蕞殘，比之玉屑。故曰：蕞殘滿車，不成爲道；玉屑滿篋，不成爲寶。（案：「蕞」爲「叢」字誤。）前乎王充者，則有鹽鐵論相刺篇：大夫曰：「有華言矣，未見其寶。」「故玉屑滿篋，不爲有寶；誦詩書負笈，不爲有道。」後乎王充者，又有抱朴子自敍篇：或曰玉屑滿車不如全璧。浦氏但於序傳篇注引抱朴子而已，此篇無釋，故紀氏補之。

則書有非聖。

漢章案：史通外篇雜説下，揚雄自序又云不讀非聖之書。

言多不經。

漢章案：史記孟子荀卿傳：鄒衍作怪迂之變，終始、大聖之篇十餘萬言。其語閎大不經。

又封禪書：其語不經見，搢紳者不道。

辨職篇

無假七貴之權。

漢章案：潘岳西征賦：窺七貴於漢庭，譸一姓之或在。文選注：七貴爲吕、霍、上官、趙、丁、傅、王也。然此七貴自吕氏外，並不與著史記時相值，蓋漢武帝時將相如衞、霍、公孫、張、杜等耳。或曰漢臣著史記，非止謂太史公。

江左以不樂爲謡。

浦釋：未詳。

漢章案：「不樂」當作「不落」。隋志：南、董之位，以禄貴游；政、駿之司，罕因才授。故梁世諺曰：「上車不落則著作，體中何如則秘書。」於是尸素之儔，盱衡延閣之上；立言之士，揮翰蓬茨之下。此文正與史通此篇意同。

又案：郭茂倩樂府詩集引南史曰：宋時用人乖實，有謡云：「上車不落爲著作，體中何如作秘書〔三九〕。」與隋志不同，要皆江左之謡也。（通典職官引「不落」之諺二句爲齊、梁之世。）

柳先生曰：何義門已改「樂」爲「落」，盧校本同。

洛中以不閑爲説。

浦釋：未詳。

漢章案：「不閑」當作「職閑」，沿上句而誤「職」爲「不」也。北堂書鈔卷五十七引閻纂集四言詩啓云：臣少學，博士登祭鄭湛謂可著作，語秘書監華嶠，嶠報書云：著作郎職閑稟重，勢貴多争，不暇表其才，用臣遂紆思草萊。今晉書閻纘傳：國子祭酒鄒湛以纘才堪佐著作〔四〇〕，薦於秘書監華嶠，嶠曰：「此職閑廩重，貴勢多争之，不暇求其才。」遂不能用。

創於私室。

浦釋引陳壽傳云云。

漢章案：私室，語有所本。魏書李彪傳：國之大籍，成於私家，末世之弊，乃至如此，史官之不遇，時也。

自敘篇

年在紈綺。

漢章案：隋書盧思道傳：夫人之生也，皆未若無生。在余之生，勞亦勤止，紈綺之年，伏膺教義。巾冠之後，濯纓受署。是紈綺年在巾冠之前。

每與其鑿枘相違，齟齬難入。

漢章案：楚辭離騷：不量鑿而正枘兮。又九辨：圜鑿而正枘兮，吾固知其鉏鋙而難入。

故陸景典語生焉。

浦釋：隋志：典語十卷。新、舊唐志：典訓十卷。或作「語」，或作「訓」，未知孰是。

漢章案：黄以周儆季雜著：典語又作典訓。太平御覽又引作陸景典略，誤也。藝文類聚又載陸景誡盈〔四二〕，其亦典語之一篇歟？（案類聚卷二十三引。）

故劉勰文心生焉。

紀評：此段全摹莊子天地篇。

漢章案：「天地」或「天下」之誤。然史通此段全摹淮南要略。

史通外篇補釋

史官建置篇

若蜉蝣之在世。

漢章案：詩曹風：蜉蝣之羽。傳：蜉蝣，朝生夕死。爾雅釋蟲：蜉蝣，渠略。説文：⿱耳䖵蟟，一曰浮游，朝生莫死者。淮南子詮言訓：蜉蝣不過三日。又道應訓：朝秀不知晦朔。注：朝秀，朝生暮死之蟲也。又説林訓：蜉蝣朝生而暮死。

如白駒之過隙。

漢章案：莊子知北遊：人生天地間，若白駒過隙，忽然而已。釋文：或云白駒，日也。又見史記留侯世家、漢書魏豹傳。

黄君侃曰：禮記三年問：若駟之過隙。釋文：駟，馬也。

猶且恥當年而功不立，疾没世而名不聞。

漢章案：此二語用韋昭博弈論。「聞」字本作「偁」。

大事書之於策，小事簡牘而已。

漢章案：此二語杜預春秋經傳集解序文，非蒙上曲禮曰，猶上文「左史記言，右史記事」二語，非蒙上周官、禮記文也。

備於周室。

漢章案：尚書大傳：命五史以書五帝之蠱事。（引見周易集解。）又禮記内則篇：五帝三王皆有惇史。史通並未引及。

一同王者。

漢章案：莊三十二年左傳〔四二〕：史嚚。注：號大史。閔二年：史華龍滑與禮孔。曰：「我大史也。」是衛大史。文十八年，魯有大史克〔四三〕。是魯大史。又襄三十年，鄭有大史。同年史趙及昭廿九年蔡墨，注並曰：晉大史。襄十四年：左史。注亦曰：晉大史。則昭十二年左史倚相，亦楚大史。又昭二十年：齊史嚚。服注曰：大史。哀十四年：齊大史子餘。則不獨襄二十五年之大史南史。孔疏於春秋序謂南史當是小史。魯有外史，見襄廿三年傳。惟内史、御史不見於傳。傳惟詳周内史。故春秋序疏謂諸侯無内史，其無御史可知。至戰國趙策乃曰：敢獻書於大王御史。然則諸侯史官位號，初非一同王者。

至如孔甲、尹逸，名重夏、殷。

漢章案：漢志：雜家孔甲盤盂二十六篇注：黄帝之史，或曰夏帝孔甲，似皆非。七略及漢書田蚡傳應劭注並曰「黄帝之史」，明非夏史。

史佚、倚相譽高周、楚。

浦釋尹逸，引史記云：「尹佚筴祝。」按「逸」通「佚」，疑即史佚。今以二人屬夏、殷，豈別有據耶？

漢章案：史記周本紀尹佚，周書克殷解明作尹逸，而世俘解亦作史佚，故大戴禮記保傅篇、周語下、左傳僖十五年、文十五年、成五年、襄十四年、昭元年之史佚，説者並謂周大史尹佚。淮南子道應訓「成王問政於尹佚」，與説苑政理篇「王問政於尹逸」同。尚書洛誥但曰逸，明即史佚。史通分作殷、周二史，亦其疏也。

有直臣書過，操簡筆於門下。

浦注：「有」上一有「猶」字。又釋引說苑。

紀評：一本「猶」字不可删。

漢章案：事見韓詩外傳七及新序雜事一。

此則春秋「君舉必書」之義也。

漢章案：左傳隱五年文。

故史臣等差，莫辨其序。

漢章案：戰國史臣可考者，自御史外，楚策史疾，魏策、楚策史舉，韓策史舍、史惕，史記趙世家史援、史敢，吕氏春秋士容篇唐尚爲史，又先識篇有史驎，說苑權謀作史理，又臣術有史叟，並未詳是何史。或有氏史者，如春秋史鰌、史狗。惟秦策有大史啓，史記田完世家有大史敫，趙世家稱徐越爲内史，博物志稱楚太史唐勒，此大史、内史之名著者也。秦又以内史治民，御史大夫副丞相，見漢表。

先上太史，副上丞相。

漢章案：此文又見内篇探賾、外篇忤時。

而兼掌曆象、日月、陰陽、管數。

浦釋引百官志注引漢官「太史待詔三十七人」云云。

漢章案：史通此文上云古太史之職，非徒言漢官也。周官大史屬本有馮相氏、保章氏二職，不在五史之數。禮記王制：大史典制，執簡記，奉諱惡。又月令：乃命大史，守典奉法，司天日月星辰之行，宿離不貸。

來知史務。

浦按：劉向、揚雄知史務又見正史篇。但如漢書志傳所稱，皆不言知史務，未詳何據。

漢章案：後漢書班彪傳注亦云揚雄、劉歆、陽城衡〔四四〕、褚少孫、史孝山之徒續史記。又隋志史部敍以「南、董之位」與「政、駿之司」並言，政、駿正謂劉子政、子駿。

此其義也。

浦釋引王莽傳：柱下五史，秩如御史。

漢章案：柱下史本御史別名，見論語述而篇、鄭注，及禮記曾子問疏引史記。今史記老子傳但云：守藏室史。又張蒼傳：秦時爲御史，主柱下方書。索隱：周、秦皆有柱下史。北堂書鈔設官部引漢官儀云：侍御史，周曰柱下史，秦改爲御史。唐六典：周官有御史，以其在殿柱之間，亦謂之柱下史。秦改爲侍御史。是秦、漢侍御史即柱下史。王莽於侍御史十五人外，別置柱下五史，蓋即漢武帝禁中起居注之職，故曰聽政事，侍旁記疏言行。又漢初有柱下令。師古曰：柱下令，今主柱下書史也，見功臣表。莽或襲其名，而注莽傳者，並不能詳。

後燕之董統。

浦釋：晉載記缺其人。

漢章案：已見内篇直筆及下篇正史。

高齊及周，迄於隋氏。

漢章案：通典職官：北齊置著作郎、著作佐郎各二人，隋著作郎二人、佐郎八人，煬帝加佐郎爲十二人。

遠效江南。

漢章案：辨職篇引晉起居注載康帝詔，盛稱著述任重，理藉親賢，遂以武陵王領秘書監。此即江南故事。

西京則與鸞渚爲鄰，東都則與鳳池相接。

浦釋：文兼兩京言，即謂鸞臺、鳳閣。

漢章案：唐六典史館注：代亦謂著作爲史閣，亦謂之史館。貞觀初別置史館於禁中。唐書職官志：貞觀三年始移史局於禁中，在門下省北。及大明宫成，置於門下省南。至開元二十五年，又移中書省北。浦氏失考。

著作一曹，殆成虚設。

漢章案：唐六典：秘書省著作局著作郎二人，著作佐郎四人。龍朔二年改爲司文郎中、司文郎。咸亨元年復故。開元二十六年減佐，於郎置二人。（通典云：徒有撰史之名，而實無其任〔四五〕，其任盡歸於史館。）

郎左舍人右。

浦釋：唐百官志：門下省之屬，起居郎二人，後復置起居舍人二人。

漢章案：唐六典：門下省起居郎二人，中書省起居舍人二人。是起居舍人非門下省之屬，其注云：隋煬帝三年，減内史舍人四員，始置起居舍人，次内史舍人下，皇朝因之。貞觀二年，省起居舍人，移其職於門下，置起居郎二員。顯慶二年，又置起居舍人，始與起居郎分任左右。（通典本此。）

仍從國初之號焉。

漢章案：唐六典：龍朔三年，改爲左、右史。咸亨元年，復舊。天授元年，又爲左、右史。神龍初，復舊。是史通今上即位，謂中宗。而中間略去咸亨復舊及天授再改事。

古今正史篇

聞故秦博士伏勝。

浦釋：漢儒林傳注：伏生名勝。

紀評：伏生名，漢史不載，始見於晉書伏滔傳，注家據此爲説也。

漢章案：張晏注：伏生碑云名勝。又後漢書伏湛傳即云「九世祖勝」，非始見於晉書。

復有河内女子得泰誓一篇獻之。

浦釋引隋書經籍志。

漢章案：當引論衡正説篇，但論衡言益一篇，而尚書二十九篇始定。史通則云一篇與伏生所誦合三十篇。

和帝元興十一年，鄭興父子奏請重立於學官。

漢章案：此沿孔穎達春秋傳疏之誤。困學紀聞（卷六）：愚嘗考和帝元興止一年，安得有十一年，一誤也。鄭興子衆，終於章帝建初八年，不及和帝時，二誤也。釋文序録亦云元興十一年，皆非。

爲其注解者凡二十五家。

浦按：師古漢書敘例所述止二十二人。荀悦、服虔、應劭，並後漢人，伏儼、劉德、鄭氏、李奇，皆不著代。鄧展、文穎、張揖、蘇林、如淳、孟康，並魏人，張晏、項昭，皆不著代。韋昭，吴人。晉灼、劉寶、郭璞、蔡謨，並晉人。崔浩，後魏人（四六）。合師古亦止二十三人，其二人不可詳矣。

漢章案：浦氏所列名氏，數之止二十一人，合師古二十二，尚缺三人，不止二人不詳也。且荀悦非注解漢書之人。今考漢書敘例尚有李斐、臣瓚，其不見於敘例，而見於隋志者，尚有劉顯、夏侯詠、包愷等三家音，陸澄、劉孝標、梁元帝之注，蕭該之音義，韋稜之續訓，姚察之訓纂、集解、定疑，項岱之敘傳，無名氏之疏，合師古敘例及師古數之，共三十五家。（唐書：師古叔父游秦，亦注漢書。）宋景祐二年，余靖上言，顏師古總先儒注解名姓可見者三十五人，齊召南考證謂三十五，係二十三傳寫之訛，是據今本敍例二十三人言之。王鳴盛以「三十五」作「二十五」，謂二十三人外，增師古及張佖。然張佖非唐人，不得入數。蓋師古所列二十三人，史通所見二十五家，或今本敍例脱去二家，宋余靖所見，亦曰「二十五」誤「三十五」也。

凡八十篇。

浦注：舊作「二十三」。

漢章案：隋志司馬彪續漢書八十三卷，校晉書本傳，多「三」字。

爲編年者四族。

漢章案：四族謂張璠後漢紀三十卷，劉艾靈獻二帝紀六卷〔四七〕，袁曄獻帝春秋十卷，（見隋志及注。）孔衍漢春秋十卷。（見唐志。）

創紀傳者五家。

漢章案：五家謂謝承後漢書一百三十卷，薛瑩後漢紀一百卷，（案此紀非編年。）謝沈後漢書一百二十二卷，張瑩後漢南記五十五卷，袁山松後漢書一百卷。（並見隋志及注。）

有詔以前後晉史十有八家。

浦釋：據隋、唐二志蓋十九家。

漢章案：隋志注：梁有鄭忠晉書七卷，沈約晉書一百一十一卷，庾銑東晉新書七卷，亡。史通内篇斷限、採撰及外篇雜説多言沈約晉書，是唐初猶有傳本。

裴略爲上，沈書次之。

漢章案：宋編年史又有王智深宋紀三十卷，見南齊書文學傳；王琰宋春秋二十卷，見隋、唐志；鮑衡卿宋春秋二十卷，見唐志。而宋書徐爰、沈約外，又有孫嚴，隋志六十五卷，舊唐志四十六卷，唐志五十八卷，史通並未及。

並傳於後。

漢章案：前篇言齊、梁修史學士，首舉劉陟，隋志劉陟齊紀十卷，舊唐志八卷，唐志齊書十三卷，在沈約齊紀之前，而吴均齊春秋後又有王逸齊典五卷，無名氏齊典十卷，（南齊書檀超傳：時熊襄著齊典。）史通亦未及。

秘書監謝昊。

浦釋：謝昊，梁書無傳，見前卷。

漢章案：昊亦梁修史學士，前篇劉陟下言之。隋志：梁中書令謝昊梁書四十九卷，本一百卷。「昊」誤作「吴」。唐志又有謝昊梁典二十九卷。

其書不就。

漢章案：隋志：姚察梁書帝紀七卷。

定爲梁書五十卷。

今並行世焉。

漢章案：「五十」下脱「六」字。

漢章案：陳書載許亨傳：撰梁史，成者五十八卷。隋書許善心傳：父亨撰著梁史，未就而殁，善心續成七十卷。是許氏父子正如姚氏父子，史通未及。而梁之編年史，自劉璠、何之元、謝昊三梁典外，又有陰僧仁梁撮要三十卷，蕭韶太清紀十卷，姚最梁後略十卷。史通内篇題目、雜述稱姚最之書，外篇雜説亦言之，注中又引蕭韶之紀，此篇並未之及。

魏史官私所撰，盡於此矣。

漢章案：魏書山偉傳：國史自鄧淵、崔琛、崔浩、高允、李彪、崔光以還，諸人相繼撰録，綦儁及偉等以爲國書正應代人修緝，不宜委之餘人。是以儁、偉等更主大籍，初無述著，自崔鴻死後，迄終偉身，二十許載，時事蕩然，萬不記一，後人執筆，無所憑據，史之遺闕，偉之由也。

杜臺卿。

浦釋：名見隋書李德林傳。

漢章案：内篇敍事注引臺卿齊紀。隋書本傳：著齊紀二十卷。北史同，隋志失之。

號曰齊志，十有六卷。

浦按：唐藝文志作十七卷。

漢章案：隋書王劭傳：劭初撰齊誌，爲編年體，二十卷。復爲齊書紀傳一百卷。隋、唐志並失收齊書。

疑古篇

漢章案：此篇所謂古，實皆言今也。唐初君臣、父子、兄弟間，多見慚德。劉氏身爲臣子，不敢昌言，乃假古以切今，實懲前而毖後。如韓非之送難，同王充之抵巇，作謗書而擬史公，爲良史而援蠱事。紀評削去其言，固非劉氏知己。然不善讀者，徒執所疑，封其所見，又從而揚其波，拾其唾，巵言日出，變本加厲，又爲劉氏之罪人，誤人而實自誤。今一一以唐事證之，可見劉氏之疑非古事矣。

其疑一也。

浦按：十疑之中，不言嬗代之事者，獨此首條耳。

漢章案：唐高宗上元元年，上高祖大武皇帝謚曰神堯皇帝，神堯之朝如裴寂、封德彝等皆被寵用，故借堯時羣小在位言之。不然韓非難一篇已以耕、漁之争，陶器之窳，言堯爲天子之不明察矣，史通何取其牙後慧，而爲此重架之説哉？

其疑二也。

漢章案：隋大業十三年十一月，唐公淵克長安，迎代王侑即皇帝位，改元義寧，遥尊煬帝爲太上皇。是廢祖而立其孫。次年五月，遂受禪，改元武德。篇中所謂「始則示相推戴，終亦成其篡奪」，「以古方今，千載一揆者也」。

浦按：嬗局至元、明始轉。

漢章案：沙陀李存勖已轉局，何待奇渥温氏？史通所見自曹丕、司馬炎以後，或廢父立子，或黜兄奉弟，皆近古之姦雄也。

人風婐劃。

浦注：謂文身。

漢章案：左思魏都賦：風俗以韰果爲嫿。文選注引方言曰：惈，勇也。説文曰：嫿，静好也〔四八〕。「惈嫿」與「婐劃」通，非謂文身。

其疑三也。

漢章案：隋代王侑義寧二年五月，遜位於唐王，六月封爲酅國公。唐武德二年五月公死，年十五，謚曰恭帝。蓋亦不善終者，唐史諱之耳。

其疑四也。

漢章案：唐武德元年五月，唐王既篡立，東都王世充亦立越王侗爲皇帝。二年夏四月，世充自立，亦稱受禪，奉侗爲潞國公。五月，縊殺之，亦謚曰恭帝。四年，唐破世充，降之。是亦劉裕時一桓玄，故合論之。

又案墨子云。

浦案：墨子云云，莊子亦載之。

漢章案：今本墨子無之，畢沅、孫詒讓輯墨子佚文，亦失引史通。又莊子讓王篇載務光語，不如韓非説林上篇與墨子同。

其疑五也。

漢章案：隋持節兼太保蕭造、兼太尉裴之隱奉皇帝璽綬于唐王，唐王辭讓，百僚上表勸進，至于再三，乃從之，所謂「比跡堯、舜，襲其高名者乎？」

其疑六也。

漢章案：此言祖君彦爲李密檄煬帝文，初非實録。

其疑七也。

漢章案：此言隋秦王浩爲宇文化及所制。

其疑八也。

漢章案：此言晉陽起義兵，由唐公晉爵爲王，或信此篇遂謂周文王實不事殷，豈非癡人説夢。

其疑九也。

漢章案：此實言唐武德九年六月，玄武門臨湖殿之變，秦王立爲皇太子，八月即内禪。

其疑十也。

漢章案：此二叔明謂隱太子與巢剌王，史通具有史識，其識奚至如鮮卑慕容盛。（盛詆周公，詳見晉書載記。）

校其得失，固未可量。

漢章案：此用墨子説，墨子經説下：在堯善治，自今在諸古也；自古在之今，則堯不能治也。

惑經篇

遂皆書卒。

漢章案：此劉氏不知春秋經有從訃一例。

迹涉瓜李。

漢章案：樂府詩集平調曲君子行：君子防未然，不處嫌疑間。瓜田不納履，李下不正冠。

乃凝脂顯録。

浦釋：中華古今注：燕脂，以紅藍花汁凝作脂。

漢章案：此釋非所證，故紀氏删之。禮紀内則疏：凝者爲脂，釋者爲膏。

又釋：舊唐書崔仁師傳：凝脂猶密，秋荼尚煩。蓋謂刑峻。

漢章案：鹽鐵論刑德篇：昔秦法繁於秋荼，而網密於凝脂。乃此文所本，何必引唐書。

亦何異魯酒薄而邯鄲圍。

浦釋：莊子胠篋有魯酒句，郭注云云。

漢章案：此非郭注，乃釋文之説。釋文又有許慎注淮南一説，與今淮南子繆稱訓高注同。

城門火而池魚及。

浦釋：清波雜志不知所出。廣韻以池仲魚爲人姓名。白樂天詩：火發城門魚水裏，救火竭池魚失水。不主姓名爲説。

漢章案：此出風俗通。通鑑（一百六十）：城門失火，殃及池魚。注引風俗通，有池仲魚。城門失火，仲魚燒死，故諺曰：「城門失火，殃及池魚。」一曰城門失火，汲城下之池水以救之，池涸則魚受其殃。今本風俗通無之，亦引見意林及藝文類聚、（八十，又九十六。）太平御覽。（八百六十九（四九），又九百三十五。）

其虛美一也。

漢章案：此條與上未諭之三自相矛盾。

其虛美二也。

漢章案：此條與上未諭之一自相重複，又與申左矛盾。

其虛美三也。

漢章案：此條與上未諭之八亦犯重複，亦與申左矛盾。

其虛美四也。

漢章案：此劉氏不知三世例。

申左篇

蓋左氏之義有三長。

漢章案：公羊傳疏：賈逵作長義四十一條，云公羊理短，左氏義長。隋志有漢侍中賈逵左氏長經二十卷，服虔春秋成長說九卷。

論時則與宣尼不接。

漢章案：桓譚新論：左氏傳世後百餘年，魯穀梁赤爲春秋傳，多所遺失。又齊人公羊高緣經文作傳，彌離其本事矣。王充論衡案書篇：公羊高、穀梁寘、胡母氏皆傳春秋，各門異户，獨左氏傳爲近得實。又：諸家去孔子遠，遠不如近，聞不如見。

相須而成。

漢章案：新論：左氏經之與傳，如衣之表裏，相待而成。

儒者苟譏左氏作傳，多敘經外別事。

漢章案：晉書王接傳：接常謂左氏辭義贍富，自是一家書，不主爲經發。公羊附經立傳，經所不書，傳不妄起，於文爲儉，通經爲長。

點煩篇

蓋語曰：「百聞不如一見。」

漢章案：此漢書趙充國語。

品類可知。

漢章案：史通之前，陸德明經典釋文條例云：今以墨書經本，朱字辯注，用相分別，使較然可求。史通之後，張守節史記正義論例云：字或數音，觀義點發。亦朱點也。又張參五經文字序例：詳其證據，各以朱字記之。

黄君侃曰：魏志王肅傳注引魏略載董遇事曰：「善左氏傳，更爲作朱墨別異。」又經史證類本草載梁陶隱居序曰：並朱墨雜書。

雜説上篇

亦有雲泥路阻。

漢章案：梁荀濟詩：雲泥已殊路。

連蹤丁、郭。

浦引黄氏叔琳補注：逸士傳：丁蘭河内人，刻木爲親刑像，事之如生。又氏族箋釋：郭巨林縣人，埋兒得金。

漢章案：丁蘭刻木事，本孫盛逸人傳，引見初學記人部〔五〇〕，非皇甫謐逸士傳。若郭巨事，本劉向孝子圖及宋躬孝子傳，引見太平御覽人事部，不當據氏族箋釋。

語曰：「彭蠡之濱，以魚食犬。」

漢章案：此語本論衡定賢篇。今本「犬」下有「豕」字。御覽鱗介部引無之，與此同。

亦與物理全爽者矣。

漢章案：詩小雅無羊箋云：魚者，庶人之所以養也。然則西周亦以魚爲菲食，史通失考。

列行縈紆以相屬。

漢章案：西都賦：步甬道以縈紆。李善注引説文曰：縈紆，猶回曲。與今本説文不同。

編字戢孴而相排。

漢章案：魯靈光殿賦：芝栭攢羅以戢孴。李善注：戢孴，衆貌。孴，乃立切。説文：孴，盛貌。讀若薿薿，魚紀切。

高祖之長歌鴻鵠。

浦引史記留侯世家，又引容齋三筆，按本條辯語闕。

漢章案：章宗源考證隋經籍志：苑泮水輯楚漢春秋，並云鴻鵠歌無考。

雜說中篇

蓋語曰：「知古而不知今，謂之陸沈。」

紀評：二句出論衡謝短篇。

又曰：「一物不知，君子所恥。」

紀評：二句出陶弘景傳。

罪又甚焉者矣。

浦按：此復抽論令狐隋書之猥雜也。

漢章案：此「令狐」二字誤。正史篇以隋書屬諸顏師古、孔穎達，若令狐德棻唯預修五代志耳。

雜說下篇

豈唯其間可容數人而已。

漢章案：世説新語排調篇：王丞相枕周伯仁膝，指其腹曰：「卿此中何所有？」答曰：「此中空洞無物，然容卿輩數百人。」史通用其意。

語曰：「蟬翼爲重，千鈞爲輕。」

漢章案：語本楚辭卜居。又晉書周顗傳：質輕蟬翼，事重千金。

又曰不依仲尼之筆，非書也。

漢章案：法言吾子篇：好書而不要諸仲尼，書肆也。又問神篇：書不經，非書也。

杜元顗撰列女記。

紀評：此條當連上，浦氏未及改正。

夫鄒好長纓，齊珍紫服。

漢章案：並見韓非子外儲説左上。

高視六經。

漢章案：全唐文卷三百七十二柳并意林序言：莊、老亦云，高視六經，爲天下式。

掛壁不行。

漢章案：三國志陳泰傳：泰爲并州刺史，京邑貴人多寄寶貨，因泰市奴婢，泰悉掛之于壁。

綴旒無絶。

漢章案：春秋襄十六年經：三月戊寅，大夫盟。公羊傳：君若贅旒然。釋文：「贅」本又作「綴」。

子雲參聖。

紀評：語見論衡超奇篇。

漢書五行志錯誤篇

先稱史記周單襄公告魯成公。

浦釋引史記世家。

漢章案：此志稱春秋內、外傳並曰史記，非謂大史公書。周語下明有單襄公告魯成公晉將有亂之文，故下與內傳宣公六年云云相連，可以不云左氏。史通既不察，浦注更貤謬。

志云史記成公十六年。

浦釋：史記周紀及魯、晉二世家皆不載，本當云國語，而誤書史記。

漢章案：此即國語稱史記之證，史通失考。

豈所謂人之情僞盡知之矣者乎？

漢章案：左僖二十八年傳文。「人」本作「民」。

五行志雜駁篇

此正得東方之象。

漢章案：上云：「出東方者軫、角、亢也。」周禮春官保章氏注：鶉尾，楚。壽星，鄭。則軫、角、亢與衞、越、魯無涉，史通此文失考。

暗惑篇

有以髮繞炙。

浦釋引王訓故：韓非子。

漢章案：當云韓非内儲説下六微篇。

豈可謂之雅耶？

漢章案：史公不若通史取烏工、龍工諸語，故云擇言尤雅。匿空旁出，則焦循孟子正義已有釋。

蓋語有之：「人心不同，有如其面。」

漢章案：見左襄三十一年傳。

蓋亦事同大夏。

浦釋引史記大宛傳，張騫在大夏見邛竹杖事。

漢章案：上云傳檄它方，則非在它方所見矣。漢書律曆志：黄帝使泠綸自大夏之西，昆侖之陰，取竹之解谷生，其竅厚均者。呂氏春秋古樂篇、風俗通音聲篇、説苑修文篇、宋書律志説略同，此爲事同大夏也。

忤時篇

母媪預政。

浦注：「媪」一作「娼」。

紀評：確是「媪」字，用史記文也。子玄，唐之臣子，必不敢用趙王母事，一作「娼」，非。

漢章案：史記高祖紀有劉媪、王媪，外戚世家有魏媪，又衛將軍驃騎傳有衛媪。集解引文穎曰：幽州及漢中皆謂老嫗爲媪。孟康曰：長老尊稱也，音烏老反。索隱引韋昭曰：婦人長老之稱。又云：媪是婦人之老者通號。又文選漢高祖功臣頌注引漢書音義曰：媪，母別名。又漢書禮樂志注引張晏曰：媪，老母稱。皆其證也。然史通此文呼后爲媪，實本戰國趙策觸讋稱趙太后語，非用史記。

皆願長喙。

無聞齺舌。

漢章案：莊子徐無鬼篇：丘願有喙三尺。釋文：三尺，言長也。

浦注：「齺」同「齚」。

漢章案：説文齺本訓齒相值，一曰齧也。又齰訓齧，其或體字作「齚」，是「齺」「齚」通用。史記魏其武安侯傳：韓御史曰：「魏其必内愧，杜門齚舌。」又後漢書馬援傳：豈有知其無成，而但萎腇，咋舌、叉手。「咋」亦「齰」之變體字。

十羊九牧，其令難行。

漢章案：隋書、北史楊尚希傳以爲人少官多，十羊九牧。又唐書魏元忠傳：古謂十羊九牧〔五一〕，羊既不得食，人亦不得息。

一國三公，適從何在？

漢章案：用左僖五年晉士蔿語。

語曰：「陳力就列，不能者止。」

漢章案：論語季氏篇引周任之言。

門可張羅。

漢章案：漢書鄭當時傳：下邽翟公爲廷尉，賓客亦填門，及廢，門外可設爵羅。師古注：言其寂靜，無人行也。唐方干詩：又爲門前張雀羅。

府無堆案。

漢章案：嵇康與山巨源絶交書：素不便書，又不喜作書；而人間多事，堆案盈機。不相酬答，則犯教傷義。

遂使官若土牛。

漢章案：世説排調篇：州泰答尚書鍾毓曰：「君，名公之子〔五二〕，少有文采，故守吏職；獼猴騎土牛，一何遲！」三國志鄧艾傳注引世語同，但鍾毓誤作鍾繇。

棄同芻狗。

漢章案：莊子天運篇：芻狗之未陳也，盛以篋衍，巾以文繡，尸祝齋戒以將之。及其已陳也，行者踐其首脊，蘇者取而爨之而已。又淮南子齊俗訓：譬若芻狗、土龍之始成也，文以青黄，絹以綺繡，纏以朱絲，尸祝袀袨，大夫端冕，以送迎之。及其已用之後，則土壤草薊而已，夫有孰貴之。

國家於我已矣。

漢章案：用李少卿答蘇子卿書語。

寧以充詘攖心。

漢章案：禮記儒行篇：不充詘於富貴。注：充詘，歡喜失節之貌。

求諸隗始。

漢章案：戰國燕策：郭隗曰：「今王誠欲致士，先從隗始，隗且見事，況賢於隗者乎？」

徒殫太官之膳。

漢章案：漢百官公卿表：少府屬官有太官令丞。續漢百官志：太官令掌御飲食。唐六典光禄寺太官署令注：後魏、北齊分太官令爲尚食、中尚食。尚食、中尚食掌知御膳，太官掌知百官之饌，史官並供。

虛索長安之米。

漢章案：漢書東方朔傳：臣言可用，幸異其禮；不可用，罷之，無令但索長安米。

史通補釋自序

史通內、外篇自郭延年評釋後，王惟儉注之，黄叔琳補之，浦起龍集其成，其序有云：「一言之安，一事之會，周顧而旁質，豐取而矜擇。」紀昀據浦釋本作評，間有拾其遺者。歲在彊圉單閼，余膺南京大學之聘，撰次史學通論，旁覽史通，覺浦釋紀評猶未盡得劉子玄言事所出，或失其意，爰據唐以前書補釋之，分內、外篇爲二卷。間或糾及本書，亦有舊例，生木食木之讖，吾知免矣。象山陳漢章識。

原載史學雜誌第一至二卷

校勘記

〔一〕孔穎達禮記疏卷二十九引同漢志　「二十九」原作「三十」，據禮記疏改。

〔二〕一見於昭公三十一年　「三十一」原作「三十二」，據左傳改。

〔三〕展禽又見文公二年傳　「二」原作「三」，據左傳改。

〔四〕考漢志載奏事二十篇　按「二十」四庫全書總目提要原誤引作「十八」，今據漢書改。

〔五〕古天與今無異　「今」下原有「天」字，據論衡删。

〔六〕莊子秋水篇　按今本莊子秋水篇無「寸有所長」四字，見楚辭卜居王逸章句引。

〔七〕此老生之常譚　「老」下原有「先」字，據三國志删。

〔八〕周書藝術傳姚最撰梁後略十卷　「藝術」原作「儒林」，據周書改。

〔九〕古皋陶謨與益稷合一篇　「益」原作「棄」，據尚書改。

〔一〇〕下句本方言答劉歆書　「答」原作「與」，據方言改。

〔一一〕魏武帝使盡殺之　「使」下原有「人」字，據繼昌輯抱朴子佚文删。

〔一二〕共生異見　「異」原作「意」，據舊唐書改。
〔一三〕左傳隱十一年文　「隱」字據左傳補。
〔一四〕附驥尾而行益顯　「顯」原作「彰」，據史記改。
〔一五〕周易隨卦彖曰　「彖」原作「象」，據周易改。
〔一六〕日西垂景在樹端謂之桑榆注言其光在桑榆樹上也　按今本淮南子天文訓無此文，見初學記卷一、太平御覽卷三引。
〔一七〕御覽六百一十一又引漢書曰　「六百一十一」原作「六百四十一」，據太平御覽改。
〔一八〕言其固如盤石　「固」原作「國」，據史記索隱改。
〔一九〕泰山若厲國以永寧　「若」原作「如」，「寧」原作「存」，據史記改。
〔二〇〕鯨鯢大魚　原作「鯨大鯢魚」，據左傳杜注改。
〔二一〕案十有二寸　「寸」字據考工記補。
〔二二〕又晉書載記燕慕容皝贊曰　「晉」原作「傳」，據晉書改。
〔二三〕藏之默之　「默之」原作「默默」，據太平御覽改。
〔二四〕鸞鳳之不與梟鴟同棲　「之」字據文選注補。
〔二五〕謂幽蘭其不可佩　「幽」字據楚辭補。
〔二六〕既厎法　「厎」原作「底」，據尚書改。
〔二七〕吾是以知松柏之茂也　「松」字據莊子補。

〔二八〕班叔皮續太史公書百篇以上記事詳悉 「史」字原無,「事」原作「義」,據論衡補改。

〔二九〕以爲元者 「爲」字據穀梁傳疏補。

〔三〇〕聖賢且猶若此 「且猶」原作「猶且」,據辨命論改。

〔三一〕丘援律吹命 原作「某援律而吹」,據太平御覽改。

〔三二〕必隨其本生祖所王也 「王」原作「生」,據潛夫論改。

〔三三〕世説識鑒篇注引楊氏譜 「鑒」原作「量」,據世説新語改。

〔三四〕御覽居處部引建康宫闕簿 「闕」原作「殿」,據太平御覽改。

〔三五〕唯是三族之不虞 「唯」上原有「記」字,據儀禮删。

〔三六〕民人遷徙 「民人」原作「人民」,據漢書改。

〔三七〕衆星不如一月明 「如」原作「及」,據藝文類聚改。

〔三八〕御覽九百二十二引亦同 「百」字原無,「引」原作「駰」,據太平御覽補改。

〔三九〕體中何如作秘書 「作」原作「爲」,據樂府詩集改。

〔四〇〕國子祭酒鄒湛以纘才堪佐著作 「作」字據晉書補。

〔四一〕藝文類聚又載陸景誡盈 「誡」原作「誠」,據藝文類聚改。

〔四二〕莊三十二年左傳 「三十二」原作「三十」,據左傳改。

〔四三〕魯有大史克 「克」原作「固」,據左傳改。

〔四四〕陽城衡 「衡」原作「衞」,據後漢書注改。

〔四五〕 而實無其任 「實」原作「寶」，據通典改。

〔四六〕 崔浩後魏人 「崔浩」上，浦按原有「臣瓚」一人，補釋引用時遺漏。因此，案語中所説「浦氏所列名氏，數之止二十一人，合師古二十二，尚缺三人，不止二人不詳也」，誤，而「今考漢書敍例尚有李斐、臣瓚」句中也當删去「臣瓚」。

〔四七〕 劉艾靈獻二帝紀六卷 「劉艾」隋書經籍志作「劉芳」。

〔四八〕 静好也 「好」字據説文補。

〔四九〕 八百六十九 原作「八百七十」，據太平御覽改。

〔五〇〕 引見初學記人部 「人」下原有「事」字，據初學記删。

〔五一〕 古謂十羊九牧 「九牧」原作「牧九」，據唐書改。

〔五二〕 君名公之子 「名」原作「明」，據世説新語改。

史通通釋補

楊明照

浦起龍史通通釋，徵事數典，頗稱詳贍；然抉發亦有未盡者。余昔治劉彦和文心雕龍，嘗旁及子玄書，輒條舉所知，用補其闕，固未意陳伯弢先生已先我爲之；陳先生所撰曰史通補釋，分載史學雜誌第一、二兩卷。乃刊除重複，别寫清本，聊備遺忘，非敢以示人也。兹因年報徵文，疲役難應，爰以此稿埋責，續貂之誚，其自仞夫！民國二十九年三月三日明照記。

内篇

六家

蓋書之所主，本於號令。按漢書藝文志六藝略：「書者，古之號令。」

甚有明允篤誠。

按左文十八年傳：「齊聖廣淵，明允篤誠。」杜注：「允，信也。篤，厚也。」

以爲國史所以表言行，昭法式。

按漢書藝文志六藝略：「古之王者，世有史官，君舉必書，所以愼言行，昭法式也。」

據行事，仍人道，就敗以明罰，因興以立功，假日月而定曆數，籍朝聘而正禮樂。

按漢書藝文志六藝略：「據行事，仍人道，因興以立功，就敗以成罰〔二〕，假日月以定曆數，藉朝聘以正禮樂。」

蓋傳者，轉也；轉受經旨，以授後人。　信聖人之羽翮，而述者之冠冕也。

按文心雕龍史傳篇：「傳者，轉也；轉受經旨，以授於後。實聖文之羽翮，記籍之冠冕也。」

夫謂之策者，蓋録而不序，故即簡以爲名。

按文心雕龍史傳篇：「秦并七王，而戰國有策，蓋録而弗敍，故即簡而爲名也。」

二體

其有賢如柳惠，仁若顔回，終不得彰其名氏，顯其言行。

按葉大慶考古質疑卷一：「大慶按：論語：『子曰：臧文仲其竊位者與？知柳下惠之賢，而不與立也。』注云：『柳下惠，展禽也。』按國語：柳下惠，姓展名獲，字季禽。明照按：並見魯語上。今左傳亦引仲尼曰：『臧文仲不仁者三，下展禽。』原注云：文二。又魯犒齊師，受命於展禽。原注云：僖二十六。杜氏皆以柳下惠釋之，非不明甚，是則展禽即柳下惠也。今曰賢如柳下惠，終不彰其名氏，無乃劉子不細考歟！」其説甚允，故移録之。

本紀

呂氏春秋肇立紀號，蓋紀者，綱紀庶品，網羅萬物，考篇目之大者，其莫過於此乎？

按文心雕龍史傳篇：「子長繼志，甄序帝勣」，「故取式呂覽，通號曰紀。紀綱之號，亦宏稱也。」子玄此文即本彦和爲説，然皆未安。

守而勿失。

按史記曹相國世家：百姓歌之曰：「曹參代之，守而勿失。」

世家

豈不以開國承家。

按易師：「上六，大君有命，開國承家。」

緜緜瓜瓞。

按詩大雅緜：「緜緜瓜瓞。」毛傳：「緜緜，不絕貌。瓜，紹也。瓞，瓝也。」

列傳

蓋以其因人成事。

按史記平原君傳：「公等録録，所謂因人成事者也。」

表曆

迷而不悟，無異逐狂。

按韓非子說林上篇：「慧子曰：『狂者東走，逐者亦東走，其東走則同，其所以東走之爲則異。』」

自可方以類聚，物以羣分。

按易繫辭上：「方以類聚，物以羣分。」

不附正朔，自相君長。

浦起龍校云：「『長』，一作『臣』。」按題目篇：「則有不奉正朔，自相君長。」語法與此同，「臣」字非是。

書志

故海田可變。

按葛洪麻姑傳：「麻姑是説云：『接侍以來，已見東海三爲桑田，向到蓬萊，水又淺於往者，會時略半也。豈將復還爲陵陸乎？』」

不知紀極。

按左文十八年傳：「聚斂積實，不知紀極。」

謂莒爲大國。

按漢書五行志中之上：「莒牟夷以二邑來奔，莒怒，伐魯，叔弓帥師距而敗之，昭得入晉。外和大國，内獲二邑，取勝鄰國，有炕陽動衆之應。」

菽爲強草。

按漢書五行志中之下：「定公元年，十月，隕霜殺菽，」「董仲舒以爲菽，草之強者。」

鶖著青色。

按漢書五行志中之下：「昭帝時有鵜鶘，或曰秃鶖，集昌邑王殿下，王使人射殺之。劉向以爲水鳥，色青，青，祥也。」

自可觸類而長。

按易繫辭上：「引而伸之，觸類而長之。」

夫圓首方足。

按大戴禮記曾子天圓篇：「曾子曰：『天之所生上首，地之所生下首；上首謂之圓，下首謂之方。』」

吉凶形於相貌，貴賤彰於骨法。

按史記淮陰侯傳：「貴賤在於骨法，憂喜在於容色。」

茫茫九州。

按左襄四年傳：「虞人之箴曰：『芒芒禹迹，畫爲九州。』」

京邑翼翼，四方是則。

按詩商頌殷武：「商邑翼翼，四方之極。」毛傳：「商邑，京師也。」後漢書樊準傳：「故詩曰：『京師翼翼，四方是則。』」章懷注：「韓詩之文也。」

千門萬户。

按文選班固西都賦：「張千門而立萬户。」

任土作貢。

按書禹貢序：「禹别九州，隨山濬川，任土作貢。」孔傳：「任其土地所有，定其貢賦之差。」

郡正州曹。

浦云：「『曹』，舊作『都』。」按宋書恩倖傳序：「州都郡正，以才品人。」文選卷五十李善注：「傅子曰：『魏司空陳羣始立九品之制，郡置中正，平人才之高下，各爲輩目；州置州都，而總其義。』」是「都」字未誤，無煩改作。

序例

難以曲得其情。

按淮南子説林篇：「以鏡視形，曲得其情。」

累屋重架。

按世説新語文學篇：「庾仲初作揚都賦成，」「謝太傅云：『不得爾，此是屋下架屋耳。』」

夫事不師古，匪説攸聞。

按書僞説命下：「事不師古，以克永世，匪説攸聞。」

題目

其位號皆一一具言。

浦云：「一一，別作一二。」按別本是也。序傳篇：「皆剖析具言，一二必載。」忤時篇：「聊復一二言之。」並以一二連文。書事篇：「乃敍其名，一二無遺。」或作一一。據浦校，後同。雜説下篇：「莫不一一列名。」或作一二，已淆誤之矣。漢書司馬遷傳：「事未易一二爲俗人言也。」揚雄傳下：「不能一二其詳。」文選丘遲與陳伯之書：「不假僕一二談也。」皆其旁證。

蓋法令滋章，古人所慎。

按老子第五十七章：「法令滋彰，盜賊多有。」

牀上施牀。

按顏氏家訓序致篇：「魏、晉已來，所著諸子，理重事複，遞相模斅，猶屋下架屋，牀上施牀耳。」

附贅居身，非廣形於七尺。

按淮南子精神篇：「吾生也有七尺之形。」

編次

天命未改。

按左宣三年傳：「周德雖衰，天命未改。」

稱謂

孔子曰：「唯名不可以假人。」

按左成二年傳：「仲尼聞之曰：『惜也！不如多與之邑。唯器與名，不可以假人。』」

古者，天子廟號，祖有功而宗有德。

按賈子新書數寧篇：「禮，祖有功宗有德。」

採撰

何以能殫見洽聞？

按西都賦：「元元本本，殫見洽聞。」

可謂助桀爲虐，幸人之災。

按史記留侯世家：「此所謂助桀爲虐。」文選阮瑀爲曹公作書與孫權：「幸人之災，君子不爲。」

逝者不作，冥漠九泉。

按禮記檀弓下：「趙文子與叔譽觀乎九原，文子曰：『死者如可作也，吾誰與歸？』」

載文

夫觀乎人文，以化成天下。

按易賁：「彖曰：『觀乎人文，以化成天下。』」

蓋不虛美，不隱惡故也。

按漢書司馬遷傳贊：「不虛美，不隱惡[二]。」

蓋語曰：「不作無益害有益。」

按書僞旅獒：「不作無益害有益，功乃成。」

昔大道爲公，以能而授。

按禮記禮運：「大道之行也，天下爲公，選賢與能。」

彤弓盧矢，新君膺九命之錫。

按書文侯之命：「王曰：『父！義和！其歸視爾師，寧爾邦，用賚爾秬鬯一卣，彤弓一，彤矢百，盧弓一，盧矢百。』」孔傳：「彤，赤。盧，黑也。」韓詩外傳八：「傳曰：『諸侯之有德，天子錫之：一錫車馬，再錫衣服，三錫虎賁，四錫樂器，五錫納陛，六錫朱户，七錫弓矢，八錫鈇鉞[三]，九錫秬鬯。』」

白馬侯服，舊主蒙三恪之禮。

按詩周頌有客：「有客有客，亦白其馬。」序：「有客，微子來見祖廟也。」大雅文王：「商之孫子，其麗不億，上帝既命，侯于周服。」左襄二十五年傳：「以備三恪。」杜注：「周得天下，封夏、殷二王後，又封舜後謂之恪，并二王後爲三國。其禮轉降，示敬而已，故曰三恪。」

蓋天子無戲言。

按呂氏春秋重言篇：「天子無戲言。」

則謂其珪璋特達。

按禮記聘義：「珪璋特達，德也。」

至於近代則不然。

浦云：「『代』，一作『古』。」按上文有此句者三，皆作「近古」，則此當以一本爲是。

持一不刊。

浦云：「『以』，一作『之』。」按「之」字蓋涉上句而誤，浮詞篇「持用不刊」，可證。「用」與「以」誼同。

古猶今也。

按莊子知北遊篇：「冉求問於仲尼曰：『未有天地，可知邪？』仲尼曰：『可，古猶今也。』」

補注

庶憑驥尾，千里絶羣。

按文選王褒四子講德論：「夫蚊虻終日經營，不能越階序，附驥尾則涉千里。」

因習

蓋聞三王各異禮，五帝不同樂。

按禮記樂記：「五帝殊時，不相沿樂；三王異世，不相襲禮。」

此略外别内之旨也。

按公羊隱十年傳：「春秋録内而略外。」

邑里

淄、澠可分。

按呂氏春秋精諭篇：「孔子曰：『淄、澠之合者，易牙嘗而知之。』」高注：「淄、澠，齊之兩水名也。」

言語

獻可替否。

按左昭二十年傳：「君所謂可而有否焉，臣獻其否以成其可；君所謂否而有可焉，臣獻其可以去其否。」國語晉語九：「夫事君者」，「薦可而替否」。

後之視今，亦猶今之視昔。

按漢書京房傳：「臣恐後之視今，猶今之視前也。」晉書王羲之傳：「後之視今，亦由今之視昔。」

庶幾可與古人同居。

按尸子：「孔子云：『誦詩讀書，與古人居。』」意林一、太平御覽六百十六引。

浮詞

多歷年所。

按書君奭：「故殷禮陟配天，多歷年所。」

敍事

自非作者曰聖。

按禮記樂記：「作者之謂聖。」

然則意指深奧，詁訓成義。

浦云：「『詁』，一訛『誥』。」按「誥」字非是。漢書藝文志六藝略：「書者，古之號令。號令於衆，其言不立具，則聽受施行者弗曉。古文讀應爾雅，故解古今語而可知也。」後漢書賈逵傳：「逵數爲帝言，古文尚書與經傳爾雅詁訓相應。」文心雕龍宗經篇：「書實記言，而詁訓此依唐寫本。茫昧，通乎爾雅，則文意曉然。」並言書之詁訓成義也。

雖殊途異轍，亦各有差焉。

浦云：「『差』，舊訛作『美』。」按「美」字不誤。此爲總上文論尚書、春秋之詞，即謂尚書之意指深奧，詁訓成義，春秋之微顯闡幽，婉而成章，雖不相同，然固各有其美耳。若改作「差」，則不諧矣。

求其善者，蓋亦幾矣。

浦云：「『亦』下一有『無』字。」按以雜述篇「而能傳諸不朽，見美來裔者，蓋無幾焉」例之，有「無」字似勝。

則煥炳可觀。

按文選王延壽魯靈光殿賦：「煥炳可觀。」

昔禮記檀弓，工言物始。

按梁書處士何胤傳：「胤曰：『檀弓兩卷，皆言物始。』」補釋説誤。

品藻

而世之稱悖逆，則云商、冒；論忠順，則曰伊、霍者。

按抱朴子內篇論仙篇：「是猶見趙高、董卓，便謂古無伊、周、霍光；見商臣、冒頓，而云古無伯奇、孝己也。」浦釋引證嫌晚。

將何勸善。

按左宣四年傳：「子文無後，何以勸善？」

是則三甥見幾而作。

按易繫辭下：「君子見幾而作。」

砥節礪行。

按蔡中郎集卷二郭有道碑文：「若乃砥節礪行，直道正辭。」

子曰：「以貌取人，失之子羽；以言取人，失之宰我。」

按韓非子顯學篇、史記仲尼弟子傳、家語子路初見篇並載此文。

直書

故寧順從以保吉，不違忤以受害也。

按文選禰衡鸚鵡賦：「寧順從以遠害，不違迕以喪生。」

蓋烈士徇名，壯夫重氣。

按史記賈誼傳：「列（鶡冠子世兵篇作「烈」。）士徇名。」文選張衡西京賦：「都邑游俠」，「輕死重氣」。

寧爲蘭摧玉折。

按世說新語言語篇：「毛伯成既負其才氣，常稱寧爲蘭摧玉折，不作蕭敷艾榮。」

曲筆

史氏有事涉君親，必言多隱諱。

按公羊閔元年傳：「春秋爲尊者諱，爲親者諱，爲賢者諱。」

國家喪亂，方驗忠臣之節。

按老子第十八章：「國家昏亂有忠臣。」

彰善癉惡。

按書僞畢命：「彰善癉惡，樹之風聲。」

高下在心。

按左宣十五年傳：「諺曰：『高下在心。』」

鑒識

五霸之擅名也，逢孔宣而見詆。

按孟子梁惠王上篇：「孟子對曰：『仲尼之徒，無道桓文之事者。』」荀子仲尼篇：「仲尼之門人，五尺之豎子，言羞稱乎五伯。」

苟不能探賾索隱，致遠鉤深。

按易繫辭上：「探賾索隱，鉤深致遠。」

夫史之敍事也，當辯而不華，質而不俚，其文直，其事核。

按漢書司馬遷傳贊：「自劉向、揚雄博極羣書，皆稱遷有良史之材，服其善序事理，辨而不華，質而不俚，其文直，其事核。」

探賾

昔夫子之刊魯史，學者以爲感麟而作。

按春秋緯演孔圖：「獲麟而作春秋，九月書成。」公羊哀十四年傳疏引。杜預春秋左傳集解序：「麟鳳五靈，王者之嘉瑞也，今麟出非其時，虛其應而失其歸，此聖人所以爲感也；絶筆於獲麟之一句者，所感而起，固所以爲終也。」

以爲自反袂拭面，稱吾道窮。

按公羊哀十四年傳：「有以告者曰：『有麕而角者。』孔子曰：『孰爲來哉！孰爲來哉！』反袂拭面，涕沾袍」，「『吾道窮矣』」。

此非獨學無友，孤陋寡聞之所致耶！

按禮記學記：「獨學而無友，則孤陋而寡聞。」

蓋所以賤夷狄而貴諸夏也。

按公羊成十五年傳：「春秋内其國而外諸夏，内諸夏而外夷狄。」

馬遷乘傳求自古遺文。

按西京雜記卷下：「太史公司馬談世爲太史，子遷年十三，使乘傳行天下，求古諸侯史記。」

如葛洪有云：「司馬遷發憤作史記百三十篇，伯夷居列傳之首，以爲善而無報也；項羽列於本紀，以爲居高位者非關有德也。」

按見西京雜記卷下。其文居作「踞」。上奪「爲」字，當據此補之。

摸擬

不失舊物也。

按左哀元年傳：「祀夏配天，不失舊物。」

人不聊生。

按戰國策秦策四：「百姓不聊生。」高注：「聊，賴。」新序善謀篇作「民不聊生」，子玄作「人」，避唐太宗諱。

鎔鑄之象物。

按左宣三年傳：「鑄鼎象物。」

前稱子產，則次見國僑。

浦云：「國，當作『曰』。」以配「下曰叔牂」之句。按浦説非是。後書事篇亦有「詢彼國僑」語，則此「國」字未誤。陸士龍集卷五晉故散騎常侍陸府君誄：「國僑殞鄭。」文心雕龍才略篇：「國僑以修辭扞鄭。」並稱子產爲國僑也。果如浦説，改「國」爲「曰」，與上叔牂句何能相配？

書事

苟書而不法，則何以示後？

按左莊二十三年傳：「書而不法，後嗣何觀？」

又傅玄之貶班固也：論國體則飾主闕而折忠臣，敘世教則貴取容而賤直節，述時務則謹辭章而略事實。

按此文又見意林五引。今本錯入楊泉物理論中。「折」當依彼作「抑」。後忤時篇「漢書則抑忠臣而飾主闕」，亦用傅子語，不作「折」。

上智猶其若此，而況庸庸者哉！

按「其」疑「且」之形誤。列傳篇：「上智猶且若斯，則中庸故可知矣。」是其證。梁書文學下劉峻傳：「聖賢且猶若此，而況庸庸者乎！」此文補釋曾引之。蓋此語之所自出，「且猶」與「猶且」意同。稱謂篇：「上才猶且若是，而況中庸者乎！」「且」，一作「其」，誤與此同。

故聖人於其間，若存若亡而已。

按管子心術下篇：「聖人之道，若存若亡。」

固異乎記功書過。

按後漢書皇后紀論：「女史彤管，記功書過。」

人物

可以治國字人。

按逸周書本典解：「今朕不知明德所則，政教所行，字民之道。」子玄避諱作「人」。

夫天下善人少而惡人多。

按莊子胠篋篇：「天下之善人少而不善人多〔四〕。」

覈才

然觀侏儒一節，而他事可知。

按桓譚新論：「諺曰：『侏儒見一節，而長短可知。』」御覽四百九十六引。

但當鋤而去之。

按史記齊悼惠王世家：「章曰：『深耕穊種，立苗欲疏，非其種者，鋤而去之。』」

亦猶灞上兒戲，異乎真將軍。

按史記絳侯世家：「文帝曰：『嗟乎！此真將軍矣。曩者霸上、棘門軍，若兒戲耳。』」

懷獨見之明。

按文選袁宏三國名臣序贊：「文若懷獨見之明。」

此管仲所謂用君子而以小人參之，害霸之道者也。

按說苑尊賢篇：「桓公曰：『何如而害霸？』管仲對曰：『不知賢，害霸；知而不用，害霸；用而不任，害霸；任而不信，害霸；信而復使小人參之，害霸。』」

序傳

夫自媒自衒，士女之醜行。

按曹子建文集卷八求自試表：「夫自衒自媒者，士女之醜行也。」

謙以自牧者歟？

按易謙：「象曰：『謙謙君子，卑以自牧也。』」

失之彌遠者矣。

按呂氏春秋論人篇：「其求之彌彊者，失之彌遠。」

蓋諂祭非鬼，神所不歆。

按左僖十年傳：「神不歆非類，民不祀非族。」又僖三十一年傳：「鬼神非其族類，不歆其祀。」

雜述

夏禹敷土，實著山經。

按劉歆上山海經表：「禹别九州，任土作貢，而益等類物善惡，著山海經。」論衡别通篇：「禹主治水，益主記異物，海外山表，無遠不至，以所聞見，作山海經。」

街談巷議。

按西京賦：「若其五縣遊麗，辯論之士，街談巷議，彈射臧否。」

弃世載德。

按國語周語上：「弃世載德，不忝前人。」韋注：「弃，弃前人也。載，成也。」

流形賦象，於何不育。

按文選左思蜀都賦：「異類衆夥，于何不育。」

則福善禍淫。

按書僞湯誥：「天道福善禍淫〔五〕。」

則人自以爲樂土。

按文選皇甫謐三都賦序：「家自以爲我土樂。」

辨職

夫設官分職。

按周禮天官冢宰：「設官分職，以爲民極。」

欲使上無虚授，下無虚受。

按曹植求自試表：「故君無虚授，臣無虚受。」

斯則負乘致寇。

按易解：「六三，負且乘，致寇至。」

繡衣直指所不能繩。

按漢書百官公卿表上：「侍御史有繡衣直指。」顏注引服虔曰：「指事而行，無阿私也。」

自敘

共責以爲童子何知。

按左成十六年傳：「文子執戈逐之曰：『國之存亡，天也，童子何知焉〔六〕！』」

非欲之而不能，實能之而不敢也。

浦云：「『敢』舊作『欲』，誤。」按「欲」字未誤，浦氏自誤耳。西京賦：「豈欲之而不能，將能之而不欲歟？」蓋子玄此文所本。曹子建文集卷十魏德論：「非能之而弗欲，蓋欲之而弗能。」亦可證。

務爲小辨，破彼大道。

按大戴禮記小辨篇：「小辨破言，小言破義，小義破道。」漢書揚雄傳下：「雖小辯，終破大道。」

儒者之書，博而寡要。

按史記自序：「儒者博而寡要。」

淚盡而繼之以血也。

按韓非子和氏篇：「和乃抱其璞而哭之於楚山之下，三日三夜，淚盡而繼之以血。」

外篇

史官建置

墳土未乾，則善惡不分，妍媸永滅者矣。

按曹植求自試表：「墳土未乾，而身名並滅。」

其利甚博。

按左昭三年傳：「君子曰：『仁人之言，其利博哉！』」

借爲美談。

按公羊閔二年傳：「魯人至今以爲美談。」

古今正史

其篇所載年月，不與序相符會，又與左傳、國語、孟子所引泰誓不同，故漢、魏諸儒，咸疑其繆。

按陸德明經典釋文序録：「然泰誓年月，不與序相應，又不與左傳、國語、孟子衆書所引泰誓同，馬、鄭、王肅諸儒皆疑之。」

劉向取校歐陽、大小夏侯三家經文，脱誤甚衆。

按漢書藝文志六藝略：「劉向以中古文校歐陽、大小夏侯三家經文，酒誥脱簡一，召誥脱簡二，率簡二十五字者，脱亦二十五字，簡二十二字者，脱亦二十二字；文字異者七百有餘，脱字數十。」

王肅亦注今文尚書，而解大與古文孔傳相類，或肅私見其本，而獨秘之乎？

按經典釋文序録：「王肅亦注今文，而解大與古文相類，或肅私見孔傳而秘之乎？」

孔子應聘不遇，自衞而歸，乃與魯君子左丘明觀書於太史氏，因魯史記而作春秋，上遵周公遺制，下明將來之法。

按經典釋文序録：「孔子應聘不遇，自衞而歸，西狩獲麟，傷其虚應，乃與魯君子左丘明觀書於太史氏，因魯史記而作春秋，上遵周公遺制，下明將來之法。」此二句陸氏又本杜預左傳集解序。

經成，以授弟子，弟子退而異言，丘明恐失其真，故論本事而爲傳，明夫子不以空言説經也。春秋所貶當世君臣，其事實皆形於傳，故隱其書而不宣，所以免時難也。及末世口説流行，故有公羊、穀梁、鄒、夾之傳，鄒氏無師，夾氏有録無書。

按漢書藝文志六藝略：「有所褒諱貶損，不可書見，口授弟子。弟子退而異言。丘明恐弟子各安其意，以失其真，故論本事而作傳，明夫子不以空言説經也。春秋所貶損大人當世君臣，有威權勢力，其事實皆形於傳，是以隱其書而不宣，所以免時難也。及末世，口説流行，故有公羊、穀梁、鄒、夾之傳。四家之中，公羊、穀梁立於學官，鄒氏無師，夾氏未有書。」子玄此段行文，亦襲用經典釋文序録。

必方諸魏伯起，亦猶張衡之蔡邕焉。

按「之」下疑奪一字。

疑古

唯夫博物君子。

按左昭元年傳：「晉侯聞子産之言曰：『博物君子也。』」

兼復二妃不從。

按禮記檀弓上：「舜葬於蒼梧之野，蓋三妃未之從也。」漢書劉向傳、文選張衡思玄賦、風俗通義正失篇，並作「二妃」。梁玉繩瞥記卷二有辨。

欲加之罪，能無辭乎？

按左僖十年傳：「欲加之罪，其無辭乎？」

劉向又曰：「世人有弑父害君，桀、紂不至是，而天下惡者，必以桀、紂爲先。」

浦云：「『下』下當有『歸』字。」按不增「歸」字，文意自明。風俗通義正失篇：向對曰：「桀、紂非殺父與君也，而世有殺君父者，人皆言無道如桀、紂。」

此則春秋荆蠻之滅諸姬。

按左僖二十八年傳：「欒貞子曰：『漢陽諸姬，楚實盡之。』」又定四年傳：「周之子孫，在漢川者，楚實盡之。」

轉禍爲福。

按説苑權謀篇：「孔子曰：『聖人轉禍爲福。』」

孔氏述其傳疑。

按穀梁桓十四年傳：「孔子曰：『聽遠音者，聞其疾而不聞其舒；望遠者，察其貌而不察其形。立乎定、哀以指隱、桓，隱、桓之日遠矣，「夏五」傳疑也。』」

惑經

戎實豺狼，非我族類。

按左閔元年傳：「管敬仲言於齊侯曰：『戎狄豺狼，不可厭也。』」又成四年傳：「史佚之志有之曰：『非我族類，其心必異。』」

而太史公云：「夫子爲春秋，筆則筆，削則削，游、夏之徒不能贊一辭。」

浦云：「『游』，一作『子』。」按史記孔子世家作「子夏之徒不能贊一辭」，曹植與楊德祖書乃增有子游。（文選李注引史記有「子游」二字，然注楊修答臨淄侯牋所引則無。）以前敘事篇「異乎游、夏措詞」證之，此或原作游、夏也。

申左

所謂忘我大德，日用而不知者焉。

按詩小雅谷風：「忘我大德，思我小怨。」易繫辭上：「百姓日用而不知。」

雜說上

夫有生而無識，有質而無性者，其唯草木乎！

按荀子王制篇：「草木有生而無知。」

語曰：「傳聞不如所見。」

按風俗通義正失篇：「春秋以爲傳聞不如親見。」

案論語行於講肆，列於學官。

按趙岐孟子章句題辭：「漢興，除秦虐禁，開延道德，孝文皇帝欲廣游學之路，論語、孝經、孟子、爾雅，皆置博士。」子玄蓋本此爲説，黄叔琳評及浦釋，皆未得其肯綮所在也。

掩惡揚善。

按桓譚新論：「是故君子掩惡揚善。」（御覽四百九十一引。）

成人之美。

按穀梁隱元年傳：「春秋成人之美。」

雜説中

又劉敬昇異苑稱晉武庫失火，漢高祖斬蛇劍穿屋而飛。

按見今本異苑卷二。「昇」當作「叔」，「叔」俗作「卝」，「昇」通「升」，「升」又作「廾」，二字甚近，故誤。隋書經籍志雜傳類：「異苑十卷，宋給事劉敬叔撰。」當即是書。前雜述篇亦作「劉敬叔」也。（今異苑通行本中惟津逮秘書本作「劉敬昇」（御覽婁引劉氏異苑文，僅四百三十八作「劉平叔」，四百六十五作「劉恭叔」，餘皆作「劉敬叔」。））

此並向聲背實。

按文選魏文帝典論論文：「夫人貴遠賤近，向聲背實。」

負芒猜忌。

按漢書霍光傳：「宣帝始立，謁見高廟，大將軍光從驂乘，上內嚴憚之，若有芒刺在背。」

將欲取之，必先與之。

按戰國策魏策一：「周書曰：『將欲敗之，必姑輔之；將欲取之，必姑與之。』」

賈其餘勇。

按左成二年傳：「欲勇者賈余餘勇。」

而陷於矯枉過正之失。

按漢書諸侯王表序：「可謂撟枉過其正矣。」顏注：「『撟』與『矯』同。」

可謂尤而效之，罪又甚焉者矣。

按左僖二十四年傳：「介之推曰：『尤而效之，罪又甚焉。』」

雜說下

陸士衡有云：「離之則雙美，合之則兩傷。」

按文賦文。

亦由視予由父，門人日親。

按孔子家語七十二弟子解：「孔子曰：『自吾有回，門人日益親〔七〕。』」

雖内舉不避。

按韓非子說疑篇：「内舉不避親。」

喜論人帷薄不修。

按賈子新書階級篇：「坐穢污姑、婦、姊、姨、母，男女無别者，不謂污穢，曰帷薄不修。」

五行志雜駁

天高聽卑。

按史記宋微子世家：「子韋曰：『天高聽卑。』」

自昭公已降，晉政多門。

按左昭十三年傳：「子產曰：『晉政多門。』」

暗惑

豈知聖人智周萬物。

按易繫辭上：「知周乎萬物。」

若田氏世家之論成子也，乃結以韻語，纂成歌詞。

按韓非子外儲說右上：「故周、秦之民相與歌之曰：『謳乎，其已乎苞乎，其往歸田成子乎！』」是史公之誤，沿自韓非也。

而言同綸綍。

按禮記緇衣：「王言如絲，其出如綸；王言如綸，其出如綍。」鄭注：「言言出彌大也。」

汲黯所謂齊人多詐者是也。

按史記平津侯傳：「汲黯庭詰弘曰：『齊人多詐而無情實。』」

鹽酪不嘗。

按禮記雜記下：「功衰食菜果，飲水漿，無鹽酪。」

寇盜充斥。

按左襄三十一年傳：「士文伯讓之曰：『敝邑以政刑之不修，寇盜充斥。』」杜注：「充，滿；斥，見。言其多。」

忤時

孟堅所亡，葛洪刊其雜記。

按西京雜記序：「洪家世有劉子駿漢書一百卷，無首尾題目，但以甲乙丙丁紀其卷數。先公傳云：『歆欲撰漢書，編録漢事，未得締構而亡，故書無宗本。止雜記而已。』」「洪家具有其書，試以此記考校班固所作，殆是全取劉書，有小異同耳。並固所不取，不過二萬許言，今鈔出爲二卷，名曰西京雜記，以裨漢書之闕。」子玄所云，即指西京雜記言之，浦釋非。雜述篇：「國史之任，記事記言，視聽不該，必有遺逸，於是好奇之士，補其所亡，若和嶠汲冢紀年、葛洪西京雜記。」亦可證。

飛沈屬其顧盼，榮辱由其俛仰。

按文選劉峻廣絶交論：「飛沈出其顧指，榮辱定其一言。」

縻我以好爵。

按易中孚：「九二，鳴鶴在陰，其子和之，我有好爵，吾與爾靡之。」釋文：「『靡』，本又作『縻』。」

况僕未能免俗。

按世説新語任誕篇：「仲容以竿挂大布犢鼻幝於中庭，人或怪之。答曰：『未能免俗，聊復爾耳。』」

原載文學年報第六期

校勘記

〔一〕就敗以成罰　「就」字據漢書補。

史通通釋補

〔二〕不隱惡　「惡」原作「善」，據漢書改。
〔三〕八錫鈇鉞　「鈇」原作「鐵」，據漢書改。
〔四〕天下之善人少而不善人多　「之」字據莊子補。
〔五〕天道福善禍淫　「禍」原作「惡」，據尚書改。
〔六〕童子何知焉　「焉」字據左傳補。
〔七〕門人日益親　「益」字據孔子家語補。

史通增釋

寧鄉彭仲鐸學

序

羅常培

民國三十年秋，吾友寧鄉彭嘯咸先生仲鐸以其所著史通增釋索序於余。謹案子玄史通一書，内篇論史家體例，辨章是非；外篇述史籍源流，評隲得失。洞悉利病，貫穿古今，縷析條分，如別黑白。一經抉摘，雖馬遷、班固，亦幾無詞以自解免：誠所謂「載筆之法家，著書之監史」矣！自明以來，注者凡四五家。郭延年、王維儉而後，黄叔琳、浦起龍續有補苴，而曲解竄亂，仍所不免。象山陳伯弢先生所作補釋，最爲晚出，援據唐以前書，匡益黄、浦之所未備，間或糾及原文，亦可使子玄冥服。然千慮之失，猶待求全，今得嘯咸增訂，庶幾可以無憾矣。紬讀全書既竟，謹擷其大端，以就正於嘯咸，並質諸當世學人。

一、此書正劉知幾之誤者凡六事：

採撰篇：「潁川八龍出於荀氏家傳。」

浦起龍注：譜諜書也。又釋引後漢書荀淑傳。

增釋曰：舊唐志：荀氏家傳十卷，荀伯子撰。案伯子宋人，與范曄同時。下文云「修漢史者，徵彼虛譽」，劉意當謂蔚宗之後漢書也。然陳壽、張璠皆在伯子之前，而魏志（荀彧傳）、漢紀（世說德行篇注引）已有八龍之目，則安得謂出於荀氏家傳乎？知幾此言不免厚誣古人矣。

補注篇：「蕭大圜淮海亂離志。」

浦釋：周書：大圜字仁顯，梁簡文帝子，客長安。太祖開麟趾殿，招集學士，大圜預焉。隋志：淮海亂離志四卷，蕭世怡撰，敍侯景之亂。新、舊唐志並作蕭大圜撰，世怡豈即其人歟？（案世怡名泰，周書、北史自有傳，非即大圜也。）案本傳缺録其書，而志亦不言有注。

增釋曰：淮海亂離志四卷，據周書、北史乃蕭圓肅撰，史通[一]、隋、唐志皆誤。

浮詞篇：「又周史稱元行恭因齊滅得回。」

浦釋引周書元偉傳。案猷道（仲鐸案：北史作「大猷」。），史通作行恭，豈牛宏本然耶？

增釋曰：元行恭當正作元偉，行恭乃元文遥之子，仕齊不仕周，蓋知幾誤記耳。

煩省篇：「陳平獻計於天山。」

浦釋：漢書高帝紀，至平城爲匈奴所圍，七日用陳平計得出。應劭曰：陳平使畫工圖美女間遺閼氏，云欲獻之。閼氏畏其奪己寵，因謂單于曰：漢天子亦有神靈，得其地非能有也。如是開一角得出。鄭氏曰：計鄙陋故秘。

增釋曰：據史記陳丞相世家敘平城事云：其計秘，世莫得聞。揚雄亦曰：卒其所以脱者，世莫得而言也。（見漢書匈奴傳）是曲逆之計，西京人已無知之者，況班氏乎？故漢書敘平城事即仍史記，非省而不載也。桓譚新論所言（引見史記集解），顯係推測之辭。應劭引注漢書高紀，已爲顔監所譏，不意知幾於此又蹈應氏之覆轍。

疑古篇：「亦猶近者魏司馬文王害權臣，黜少帝，坐加九錫，行駕六馬，及其殁也，而荀勖猶謂之人臣以終。」

浦釋：晉書：荀勖字公曾。晉武帝受禪，拜中書監。案訣昭之語，本傳不載。

增釋曰：據晉書石苞傳，文帝崩，賈充、荀勖議葬禮未定。苞時奔喪，慟哭曰：「基業如此，而以人臣終乎？」是本石苞之言，而知幾誤記爲荀勖耳。

五行志雜駁篇：「若顓頊之墟。」

增釋曰：語有誤。左昭八年傳：史趙曰：陳，顓頊之族也。又十七年傳：梓慎曰：陳，大皥之墟也。此顓頊當訂作大皥。

二、正今本史通之誤者凡二事：

序傳篇：「斯皆不因真律，無假寧楹。」

浦釋：未詳。

紀昀評：「真律」疑是「殷律」。「殷」以聲近而爲「真」，用孔子吹律自知爲殷人事。「寧楹」疑是

「晏楹」，「晏」以形近而爲「寧」，用晏子鑿楹留書與子事。陳漢章補釋：紀欲改「真律」爲「殷律」，無據。不如竟作「不因直律」矣。晏子雜篇雖有「鑿楹納書」之文，與辨姓族無涉。竊謂說文寧訓安。詩商頌殷武篇：「旅楹有閑，寢成孔安。」鄭箋以修寢廟爲言，寢廟所以奠繫世，辨昭穆，則寧楹之義，或即取殷武之詩。

增釋曰：「寧楹」當作「夢楹」，「真」「夢」相對成文，「夢」「寧」形近致誤也。禮記檀弓載夫子曰：「丘也，殷人也，予疇昔之夜，夢坐奠於兩楹之間。」史記孔子世家作「昨暮予夢坐奠兩柱之間，予殆殷人也」，是其事。

言語篇：「奚以今來古往質文之屢變哉。」

增釋曰：文不成義，當是「奚以」下脱一「考」字。敍事篇云：「何以考時俗之不同，察古今之有異」，即其例也。

三、正郭延年、浦起龍、紀昀、陳漢章評釋之誤者，凡五事：

書志篇：「續漢已還，祖述不暇。」

陳釋：今二十四史自漢藝文志後，直至隋書始有經籍志，續漢書無之。據廣弘明集引七録序，知袁山松後漢書亦有藝文志。劉氏所見後漢書及諸家晉書當更有之。故云祖述不暇。

增釋曰：此條所論雖以藝文志爲主，然上文云：「論其妄載，事等上篇」，則已綰合天文志矣。自此至「亦復加闊眉以半額者矣」一節，即承上文，兼論二志，非單論藝文也。續漢書有天文志，故知幾舉爲祖述之首。又自漢書藝文志後，據劉昭注補續漢書八志序云：「沈、松因循，（沈，謝沈；松，袁山松。）皆著後漢書。）尤解功創，時改見句，非更搜求。加藝文以矯前棄，流書品採自近録。（藝文、書品皆志名）初平、永嘉，圖籍焚喪，塵消煙滅，焉識其限？借南晉之新虛，爲東漢之故實，是以學者亦無取焉。」是謝沈後漢書有書品志，袁山松後漢書有藝文志。又據梁書王僧孺傳載任昉贈詩曰：「齊略、班藝，虞志、荀録，伊昔有懷，交相欣勖。」是虞預晉書有藝文志；（劉、班、荀皆舉姓，則虞志當謂虞預晉書藝文志，非摯虞文章志也。）梁庾元威云：「漢、晉正史及古今字書並云蒼頡九篇是李斯所作。」庾氏所稱漢、晉正史，蓋即此三家之志也。又齊書檀超傳載江淹齊史篇目亦有藝文志。

採撰篇：「梁世之修徧略。」

浦釋：梁書文學傳，天監十五年舉學士入華林，撰徧略。徐勉舉何思澄等五人應選。又引諸傳劉杳、顧協、鍾嶼謂止四人，其一人無考。

陳釋：其一人徐僧權。隋志：華林徧略六百二十卷，梁綏安令徐僧權等撰。舊唐志：華林編略六百卷，徐勉撰。

增釋曰：南史文學何思澄傳，載五人之名甚晰，其一人王子雲也。

曲筆篇：「若王沈魏録，濫述貶甄之詔。」

浦釋引晉書王沈傳，案沈所撰魏書已逸，述甄事無考。又引郭延年評沈不忠於魏，故甄后之貶，濫述其事，彰曹醜也。

增釋曰：郭以甄爲甄后，與魏書所言不合。魏志甄后傳注引魏書曰：「有司奏建長秋宮，帝璽書迎后，詣行在所。三至而后三讓。時盛暑，后疾篤，崩于鄴。帝哀痛咨嗟，贈皇后璽綬。」裴松之曰：「文帝之不立甄氏，及加殺害，事有明審。魏史崇飾虛文，乃至於是，異乎所聞於舊史。」據此可決魏書無貶甄后之詔。案「甄」「鄄」古字通，（續漢書郡國志濟陰郡有甄城縣，惠棟曰：「案漢隸字源「鄄」亦作「甄」，古字通也。春秋莊十四年單伯會齊侯於鄄，杜預云：今甄城，荀彧、袁紹傳皆作「甄」，注云，今濮州縣，音絹。）甄謂鄄城侯植也。魏志陳思王傳：「黃初二年，監國謁者灌均希指，奏植醉酒悖慢，劫脅使者。有司請治罪，帝以太后故，貶爵安鄉侯，其年改封鄄城侯。」注魏書載詔曰：「植，朕之同母弟。朕於天下無所不容，而況植乎？骨肉之親，捨而不誅，其改封植。」

又：「昔秦人不死，驗苻生之厚誣；蜀老猶存，知葛亮之多枉。」

浦釋：未詳。案困學紀聞云：「武侯事跡湮没多矣。」然則蜀老事王氏亦未有所考也。

紀昀評：秦人事見羊衒之洛陽伽藍記，蜀老事見魏書毛修之傳，浦氏以爲無考，非也。

陳釋：紀氏此說於四庫書目提要，及小說如是我聞並及之。然孫志祖讀書脞録亦有此說。

增釋曰：魏書毛修之傳：「昔在關中聞長老言，陳壽曾爲諸葛亮門下書佐，被撻百下，故其論武侯云：應變將略，非其所長。」案修之之言妄矣。據蜀志諸葛亮傳，亮卒於後主建興十二年，即魏明帝青龍二年也。又據晉書陳壽傳，元康七年卒，時年六十五。由此推之，壽實生於青龍元年，亮卒之時壽不過二歲耳。謂二歲小兒即爲諸葛書佐，被撻百下，其誣壽不尤甚於誣亮耶？修之之言既誕妄不足信，再觀劉於上文論陳志謗亮之由，亦不云身被捶撻，而仍云父辱受髡，則知此文所云必不出魏書毛修之傳也。余嘗以文與外篇史官建置篇相參，始知彼篇所云：「蜀老稱王崇補東觀，許蓋掌禮儀，又郤正爲秘書郎，廣求益部書籍，斯則典校無闕，屬辭有所矣。而陳壽評云：蜀不置史官者，得非厚誣諸葛乎？別有曲筆篇言之詳矣。」即此文之所本。其事蓋出孫盛之異同記與晉陽秋，（二書皆有蜀老事，見蜀志董厥姜維傳注引。）惜書皆不傳，而彼篇之「蜀老」又訛作「蜀志」，遂致浦氏兩莫能詳。然即此亦可見其注書之慎，猶愈於紀昀、孫志祖、翁元圻（所注困學紀聞亦引魏書毛修之傳）輩之漫不加察也。

史官建置篇：「司馬遷既歿，後之續史記者若褚先生、劉向、馮商、揚雄之徒，並以別職來知史務。」

浦案：劉向、揚雄知史務又見正史篇；但如漢書志傳所稱，皆不言知史務，未詳何據。

陳釋：後漢書班彪傳注亦云，揚雄、劉歆、陽城衡、褚少孫、史孝山之徒續史記；又隋志史部敍以「南、董之位」與「政、駿之司」並言，政、駿正謂劉子政、子駿。

增釋曰：漢書劉向傳：「成帝即位，遷光祿大夫，領校中五經秘書。」子歆傳：「成帝時待詔宦者署，爲黃門郎，領校秘書。」（其校山海經序稱：「侍中奉車都尉光祿大夫臣秀。」領校秘書則在哀帝建平元年以後。）揚雄傳贊：「王莽篡位，轉爲大夫，校書天祿閣上。」案諸傳所稱光祿大夫也，黃門郎也，大夫也，即知幾所謂別職也。諸傳所稱領校中五經秘書也，領校秘書也，校書天祿閣上也，即知幾所謂來知史務也。或疑校秘書非史務，則試以後漢書賈逵、王逸傳證之。賈逵傳：「永平中拜爲郎，與班固並校秘書」，不言修史，而北海靜王興傳云，子復「永平中，與班固、賈逵共述漢史。」文苑王逸傳：「元初中爲校書郎」，亦不言修史，而知幾本篇末云：「劉、曹二史，舊史載其同作非止一家，如王逸、阮籍亦預其列。」參互取證，校秘書非史務而何？潘岳西征賦云：「長卿、淵、雲之文，子長、政、駿之史。」應亨集讓著作表云：「若乃談、遷接武，彪、固踵跡，向、歆著美，亦各一世之良史也。」（北堂書鈔五十七）葛洪西京雜記序云：「家世有劉子駿漢書一百卷，歆欲撰漢書，未得締構而亡。故書無宗本，止雜記而已矣。」使校秘書而非史務，則向、歆安得撰漢書稱良史耶？

審其精詣，皆可超邁前人，非特子玄之功臣，實乃郭、浦、紀、陳之諍友也。因樂爲之序其顛末如此。

中華民國三十一年六月十八日端午節，羅常培序於昆明龍泉鎮寶台山北大文科研究所

原載圖書季刊新第五卷第四期

---

* 羅序所引增釋原文，與油印本相校，文字稍有刪改，現在已同收附録之中，易於對勘，不再一一出校，以免煩瑣。

内篇

六家

蓋書之所主，本於號令，所以宣王道之正義，發話言於臣下。

仲鐸曰：漢書藝文志：書者，古之號令，號令於衆，其言不立具，則聽受施行者弗曉。此知幾所本。

至晉廣陵相魯國孔衍，以爲國史所以表言行，昭法式。

仲鐸曰：漢書藝文志：古之王者世有史官，君舉必書，所以慎言行，昭法式也。王念孫謂「式」爲「戒」之誤，說詳讀書雜誌。

由是有漢尚書、後漢尚書、魏尚書，凡爲二十六卷。浦起龍注（以後簡稱浦注、浦釋、浦案）：卷與隋志不合。釋引晉書儒林傳、唐書藝文志。

仲鐸曰：隋書經籍志：魏尚書八卷，孔衍撰，梁十卷。章宗源考證云：魏尚書梁十卷，合兩漢十六卷，與史通正符。新唐志十四卷，「四」字誤增。

據行事至籍朝聘而正禮樂。

仲鐸曰：據行事以下，並漢書藝文志語。

自是爲國史者，皆用斯法。

仲鐸曰：漢書敍傳：爲春秋考紀、表、志、傳，凡百篇。音義後漢書班固傳注引。曰：春秋考紀謂帝紀也。言考覈時事，具四時以立言，如春秋之經。後漢書光武紀建武五年注引范曄序例云：「帝紀略依春秋，唯孛彗、日食、地震書，餘悉備於志。」案：此皆帝紀取法春秋之證。

轉受經旨，以授後人。

仲鐸曰：此用文心雕龍史傳篇語。

起自後漢，至於高齊。

仲鐸曰：應爲終於隋，因有王劭隋人。

蓋録而不序，故即簡以爲名。

仲鐸曰：語本劉勰，見文心雕龍史傳篇。

因魯史舊名，目之曰史記。陳漢章史通補釋（以後但稱陳釋）：「太史公百三十篇漢志不名史記，至隋志始稱之」云云。

仲鐸曰：史記太史公自序索隱引桓譚云：「遷所著書成，以示東方朔，朔皆署曰『太史公』。」

撰成通史六百二十卷。浦釋引梁書吳均傳、武帝紀。

仲鐸曰：「十」字疑衍。唐書藝文志云：「六百二卷。」蓋爲是書之原數。實則久已不全，說見下。梁書、南史武帝紀均云「六百卷」，蓋不計目。隋志云：「四百八十卷」，則據存在者言之，觀劉於章末云「撰次無幾，殘缺遽多」，可以互證矣。

其後元魏濟陰王暉業，又著科録二百七十卷。浦注：撰人誤，辯詳後注。釋：北史魏宗室傳：常山王遵曾孫暉，雅好文學，招集儒士崔鴻等，撰録百家要事，以類相從，名爲科録，凡二百七十卷。上起伏羲，下迄於晉，（仲鐸案：魏書晉下有「宋」字是。）凡十四代。表上之。案：本文誤以撰人爲濟陰王元暉業，郭延年辯之，謂暉業所撰乃辨宗録，非科録也。史通既誤，王伯厚玉海再誤云。

仲鐸曰：隋志子部雜家科録七十卷，元暉撰，據此是暉書在唐初已亡二百卷，亦「撰次無幾，而殘缺遽多」之證也。唐志史部雜傳類：秘録二百七十卷，元暉等撰。案「秘」當是「科」字之誤。云二百七十卷者，亦空舉原數，與通史同。

二體

而晉世干寶著書。

仲鐸曰：史議也。煩省篇亦引之。其義云。

仲鐸曰：「義」當作「議」。

丘明自知其略也，故爲國語以廣之。

仲鐸曰：論衡案書篇：「國語，左氏之外傳也。左氏傳經，辭語尚略，故復選録國語之辭以實，然則左氏、國語，世儒之實書也。」

後來作者，不出二途。

仲鐸曰：荀、袁翦截紀傳史爲兩漢紀後，後魏張始均亦改陳壽魏志爲編年體，廣益異聞爲三十卷。見魏書張彝傳。

載言

言之與事，同在傳中。

仲鐸曰：魏書高祐傳：「尚書者記言之體，春秋者録事之辭。尋覽前志，斯皆言動之實録也。……至若左氏屬辭比事，兩致並書，可謂存史意，而非全史體。」案：知幾此篇之意，實由祐言悟出。

書志

析郊祀爲宗廟。浦注：後漢有此篇名，然非總類名。陳釋：司馬彪續漢書析之。

仲鐸曰：浦所稱後漢，即司馬續漢。下文「郡國」下，浦注後漢改名可證。

分禮樂爲威儀。浦注：隋志之禮名禮儀。

仲鐸曰：續漢志之禮已名禮儀。

續漢已還，祖述不暇。陳釋：今二十四史，自漢藝文志後，直至隋書始有經籍志，續漢書無之。據廣弘明集引七録序，知袁山松後漢書亦有藝文志，劉氏所見後漢書及諸家晉書，當更有之，故云祖述不暇。

仲鐸曰：案此條所論雖以藝文志爲主，然上文云「論其妄載，事等上篇」，則已綰合天文志矣。自此至「亦復加闊眉以半額者矣」一節，即承上文，兼論二志，非單論藝文也。續漢書有天文志，故知幾舉爲祖述之首。又案：漢書藝文志後，謝沈後漢書有書品志，袁山松後漢書有藝文志，並見劉昭注補續漢書八志序。序云：「沈、松因循，尤解功創，時改見句，非更搜求。加藝文以矯前棄，流書品採自近録。初平、永嘉，圖籍焚喪，塵消煙滅，焉識其限。借南晉之新虛，爲東漢之故實，是以學者亦無取焉。」案文云：「爲東漢之故實」，則沈、松當謂作後漢書之謝沈及袁山松也。虞預晉書有藝文志，見梁書王僧孺傳。傳載任昉贈詩曰：「劉略、班藝，虞志、荀録，伊昔有懷，交相欣勗。」案：劉、班、荀皆舉姓，則虞志當謂虞預晉書藝文志，非摯虞文章志也。江淹齊史有藝文志，見南齊書檀超傳。

四部。浦釋引隋書經籍志。

仲鐸曰：案劉於四部七録後，又舉中經一種，正謂荀勗新簿也，浦以新簿當四部，則中經又爲何書乎？四部目録據七録、隋志所載，多與秘閣混，詳下「祕閣」注。

七録。浦釋引梁書處士傳、隋書經籍志。

仲鐸曰：阮氏七録序引見廣弘明集卷三。

秘閣。

仲鐸曰：七録有晉義熙四年祕閣四部目録，宋元嘉八年祕閣四部目録，宋元徽元年秘閣隋書無「祕閣」二字。四部書目録，齊永明元年祕閣四部目録，隋志有梁天監六年祕閣原無「祕閣」二字，七録注引有。四部書目録四卷、陳祕閣圖書法書目録一卷。

我無是也。

仲鐸曰：此下有原注：包曰「時人有穿鑿妄作篇籍者，故云」。然盧文弨云：「注引『包曰』一段，宋本有之，係原注，删之，非是。」

至若許負相經。浦釋：舊注：孔衍漢魏春秋：許負，温縣之婦人。裴松之云：「今東人呼母爲負，衍以許負爲婦人，如爲有似。」藝文類聚方術部：陶弘景、劉孝標俱有許負相經序。

仲鐸曰：舊注孔衍漢魏春秋至「如爲有似」乃三國蜀志二牧傳注。案：漢書周勃傳注：應劭曰：「許負，河内温人，老嫗也。」是孔衍所據。

京邑翼翼，四方是則。

仲鐸曰：據後漢書樊準傳注：「韓詩之文也。」

周撰世本，式辨諸宗。浦釋引後漢書班彪傳。

仲鐸曰：漢書藝文志：「世本十五篇。」王應麟曰：「周官瞽矇世奠繫注：謂世之而定其繫，謂書於世本也。小史定繫世，辨昭穆注：謂帝繫、世本之屬，天子曰帝繫，諸侯曰世本。司馬遷傳贊：『世本，録黄帝已來至春秋時帝王、公、侯、卿、大夫、祖世所出。……司馬遷……采世本。』劉向云：『世本，古史官明於古事者之所記也，録黄帝已來帝王、諸侯及卿大夫系謚名號，凡十五篇。』」

鄴都故事浦釋：無考。黄補注：唐志有馬温鄴都故事二卷。案：注云：「肅、代時人。」其書後出，非劉所云。

仲鐸曰：此所云鄴都故事，北齊楊楞伽撰，引見通典職官六、太平御覽職官部二十三。

序例

濫觴肇迹。浦釋引家語三恕及王肅注。

仲鐸曰：家語本荀子子道篇，亦見韓詩外傳三、説苑雜言篇。

雖其體屢變，而斯文終絶。

仲鐸曰：如後漢書班彪傳云：司馬遷「進項羽、陳涉，而黜淮南、衡山，細意委曲，條例不經」。范曄獄中與諸甥姪書云：「班氏最有高名，既任情無例，不可甲乙辨。」文心雕龍史傳篇云：「案春秋經傳，舉便發凡。自史、漢以下，莫有準的。」本書外篇忤時篇云：「後漢東觀，大集羣儒，著述無主，條章靡立。」皆其證也。

鄧、孫已下，遂躡其蹤。

仲鐸曰：文心雕龍史傳篇云：「案春秋經傳，舉例發凡。自史、漢以下，莫有準的。至鄧璨晉紀，始立條例。又擺落漢、魏，憲章殷、周，雖湘、川曲學，亦有心典謨。及安國立例，乃鄧氏之規焉。」

異夫范依叔駿。浦注：「叔」一作「政」，非。陳釋：隋志史部總敍云：「南、董之位，以祿貴遊，政、駿之司，罕因才授。」是謂劉子政、子駿。又引柳先生曰：叔駿宜從浦說。黃氏訓故補謂范依叔駿，指劉平、江革等傳序，全録華嶠之詞，似得其旨。叔駿與子長爲偶，若是政、駿，則二人矣。

仲鐸曰：案浦說是。章宗源隋書經籍志考證云：案蔚宗撰史，實本華嶠，故亦易「外戚」爲「后紀」；而肅宗紀論、二十八將論、桓譚馮衍傳論、袁安傳論、劉趙淳于江劉周趙傳序、班彪傳論，章懷並注爲華嶠之辭，王允傳論，章懷漏注，以魏志董卓傳注參校，知亦嶠辭。

題目

魚豢。浦釋外篇正史篇：魏時京兆魚豢私撰魏略，事止明帝。唐志雜史類：魚豢魏略五十卷。案：三國魏志無傳。

仲鐸曰：隋志雜史類：典略八十九卷，魏郎中魚豢撰。舊唐志正史類：魏略三十八案「八」當作「九」，「三十九」加下「五十」，正合隋志之數。卷，雜史類典略五十卷，並魚豢撰。浦所引者新唐志也，案魚書及其卷數，舊唐志分載甚晰，據考隋、新二志，則隋志之典略已包魏略，新唐志之魏略，當正作典略。章宗源隋書經籍志考證謂隋志闕載魏略，新唐志闕載典略，失之。

而何氏中興易志爲記。

仲鐸曰：書志篇何法盛曰「説」，此作「記」，誤。

字煩者唯書姓氏，若毋將、蓋、陳、衞、諸葛傳是也。

仲鐸曰：盧文弨云：案漢書七十七係蓋諸葛劉鄭孫毋將何傳，此誤記。

必人多而姓同者，則結定其數，若二袁、四張、二公孫傳是也。

仲鐸曰：二袁、四張、二公孫者，袁紹、袁術、張楊、張燕、張繡、張魯、公孫瓚、公孫度也，此蓋魚豢魏略或王沈魏書中篇名，至陳壽作國志乃分二袁與董卓、劉表同傳，於四張、二公孫傳中又加一陶謙。

僞寧朔王隗囂。

仲鐸曰：盧文弨云：「寧朔今後書倒。」仲鐸案：後漢書隗囂傳注：欲其寧静北邊也，似正文原亦作「寧朔」。

斷限

故氐、羌有録。

仲鐸曰：蕭子顯南齊書有河南、氐、羌傳，劉言録者，避下文耳。

索虜成傳。

仲鐸曰：沈約宋書列傳第五十五題爲索虜。

高句麗以鱉橋獲濟。浦釋引魏書高句麗傳。

仲鐸曰：鱉橋事始見論衡吉驗篇，是後魏略、見魏志夫餘傳注引。後漢書皆祖述之。

稱謂

不謚靈繆。

仲鐸曰：周書謚法解：「死而志成曰靈，亂而不損曰靈，極知鬼事曰靈，不勤成名曰靈，死見鬼能曰靈，好祭鬼神曰靈。……名與實爽曰繆。」論衡福虛篇：「穆者，誤亂之名。」

無復張弛。

仲鐸曰：盧文弨云：「張弛誤倒。」

若王晉之十士、寒儁。浦案：文與二凶、索虜對舉，亦列傳中之篇名也。王隱晉書已亡，無可考證。陳釋：採撰篇：至如江東「五儁」，始自會稽典録，而修晉史者，徵彼虛譽。是「寒儁」本作「五儁」。

仲鐸曰：御覽三百六十八引王隱晉書寒儁傳曰：劉升龍，案：升龍名卞，晉書有傳。須昌人云云。案御覽既引作寒儁，而升龍之名又不在五儁之内，五儁，薛兼、紀瞻、閔鴻、顧榮、賀循也。則不得謂「寒儁」本作「五傳」。又案會稽典録，虞預撰，據晉書王隱傳，預撰晉史，嘗盜寫隱書，則隱著晉書何至反採虞録，由此可知採撰篇所稱之晉史，當謂新晉書，非王隱書也。

採撰

殺青。浦釋引後漢書吴祐傳注。

仲鐸曰：御覽六百六引風俗通曰：劉向別録云：「殺青者，直治竹作簡書之耳。新竹有汁，善朽蠹，凡作簡者，皆於火上炙乾之。陳、楚間謂之汗，汗者去其汁也。吴、越曰殺，亦治也。」

左慈羊鳴，傳於抱朴子。浦釋引後漢方術傳。陳釋：今抱朴子辨問篇但云「左慈兵解而不死」，至理篇但云「近世左慈、趙明等以炁禁水，水爲之逆流一二丈」，無羊鳴事。惟繼昌所輯抱朴子佚文引舊寫本北堂書鈔札篇云：「獄中有七慈，形狀如一。魏武帝使盡殺之，須臾六慈盡化爲札，而一慈徑出，走赴羊羣。」

仲鐸曰：今本抱朴子雖有殘缺，然葛洪神仙傳亦云：曹公敕收慈，慈走入羣羊中，追者不分，乃數本羊，果餘一口，乃知是慈化爲羊也。追者語主人意欲得見先生，暫還無怯也。俄而有大羊前跪，而曰：「爲審爾否？」吏相謂曰：「此跪羊慈也。」欲收之，於是羣羊咸向吏言曰：「爲審爾否？」由是吏亦不復知慈所在。愚意抱朴子所載羊鳴事，當與此相類。

尋其生絶胤嗣，死遭剖斲。

仲鐸曰：北齊書魏收傳：「既緣史筆，多憾於人，齊亡之歲，收家被發，棄其骨於外。先養弟子仁表爲嗣。」

蓋亦陰過之所致也。

仲鐸曰：陰過即陰禍。禮記大學：「見不善而不能退，退而不能遠過也。」朱駿聲說文通訓定聲謂「假借爲禍」。史記陳丞相世家：「我多陰謀，是道家之所禁。吾世即廢，亦已矣，終不能復起，以吾多陰禍也。」

語林。裴榮撰。

仲鐸曰：「裴」上脱「原注」二字，非浦注也。疑下二注皆脱。「榮」當作「啓」，或下脱「期」字，詳雜述篇注。

此何異魏朝之撰皇覽。浦釋：舊注：魏略云：常侍王象，受詔撰皇覽，藏於秘府，合四十餘部，部有數十卷。

仲鐸曰：三國魏志楊俊傳注引魏略，「數十卷」作「數十篇」。案：文帝紀：「使諸儒撰集經傳，隨類相從，凡千餘篇，號曰皇覽。」則「篇」字是。篇下更有「通合八百餘萬字」七字。

梁世之修編略。浦釋引梁書文學傳：徐勉舉何思澄等五人。又引諸傳劉杳、顧協、鍾嶼，謂止四人，其一人無考。陳釋其一人徐僧權，隋志：華林遍略六百二十卷，梁綏安令徐僧權等撰。舊唐志：「華林編略六百卷，徐勉撰。」又引柳先生曰：「史通訓故補已引隋志。」

仲鐸曰：南史文學何思澄傳載五人之名甚晰，其一人王子雲也。

潁川「八龍」，出於荀氏家傳。浦注：譜諜書也。釋引後漢書荀淑傳。

仲鐸曰：舊唐志：荀氏家傳十卷，荀伯子撰。案伯子宋人，與范曄同時。下文云：「修漢史者，徵彼虛譽」，劉意當謂蔚宗之後漢書也，然陳壽、張璠皆在伯子之前，而魏志、荀彧傳。漢紀世說德行篇注引。已有「八龍」之目，則安得謂出於荀氏家傳乎？知幾此言不免厚誣古人矣。

安國之述陽秋也，梁、益舊事，訪諸故老。

仲鐸曰：三國蜀志姜維傳注引孫盛晉陽秋曰：「盛以永和初從安西將軍平蜀，見諸故老，及姜維既降之後，密與劉禪表疏，說欲僞服事鍾會，因殺之以復蜀土。會事不捷，遂至泯滅，蜀人于今傷之。」

載文

譬如女工之有綺縠，音樂之有鄭、衞。浦釋：王訓故：漢宣帝曰云云。

仲鐸曰：語見漢書王褒傳。

蓋語曰：不作無益害有益。

仲鐸曰：梅氏古文尚書旅獒篇語。

識味玄黃。浦案：識味玄黃，定是宇文誚高語，未覩其文，俟補。

仲鐸曰：荀子解蔽篇：詩云「墨以爲明，狐狸而蒼」注：「逸詩，狐狸而蒼，言狐狸之色居然有異。」又禮記注：「秦二世時趙高欲作亂，或以青爲黑，黑爲黄，民言從之，至今語猶存也。」案「識昧玄黄」之語本此。

古者國有詔命。浦釋引厚齋紀聞。

仲鐸曰：漢書鼂錯傳：文帝賜璽書曰：書言「狂夫之言，明主釋擇焉」。今則不然。言者不狂，而擇者不明……使夫不明擇於不狂，是以萬聽而萬不當也。又淮南王傳：武帝以安「辯博善爲文辭，甚尊重之。每爲報書及賜，常召司馬相如等視草乃遣」。皆其證也。

爲世龜鏡。陳釋：北史長孫紹遠傳：揚榷而言，足爲龜鏡。

仲鐸曰：案此注依序當移置六家篇「取其美詞典言，足爲龜鏡者」下。

補注

周處之陽羨風土，常璩之華陽士女。浦案：周、常二書注皆無考。陳釋：今華陽國志士女多自注，惟周處陽羨風土記無考耳。

仲鐸曰：案初學記卷三、卷四，北堂書鈔卷百三十七、卷百五十四、卷百五十五，太平御覽卷十、卷二十二、卷二十九、卷三十一、卷三十三引周處風土記並有注，非無考也。

庋憑驥尾，千里絶羣。陳案：史記伯夷傳：附驥尾而行益顯。索隱：蒼蠅附驥尾而致千里。

仲鐸曰：謹案「張敞書曰：蒼蠅之飛，不過十步，自託騏驥之尾，乃騰千里之路，然無損於騏驥，得使蒼蠅絶羣也」。見後漢書隗囂傳注引。劉兼用此，非用索隱。

蕭大圜淮海亂離志。浦釋：周書：大圜字仁顯，梁簡文帝子。客長安，太祖開麟趾殿，招集學士，大圜預焉。隋志：淮海亂離志四卷，蕭世怡撰，敍侯景之亂。新、舊唐志並作蕭大圜撰，世怡豈即其人歟？（仲鐸案：世怡名泰，周書、北史自有傳，非即大圜也。）案：本傳缺録其書，而志亦不言有注。

仲鐸曰：淮海亂離志四卷，據周書、北史乃蕭圓肅撰，史通、外篇雜説中周書條原注，亦作蕭大圜。隋、唐志皆誤。

王劭齊志。

仲鐸曰：何焯云：「案劭傳『撰平賊記三卷』，當是此書，『齊志』二字，傳寫誤也。」仲鐸案：何氏之意，蓋以齊志獨是，正史與上三書不類，故疑爲平賊記之誤，不知小書雜記如三輔決録、季漢輔臣之類，知幾已於第二節列舉論過，此四書皆史臣手自刊補，非小書雜記可比，故分節另提。觀隋志以淮海亂離志與齊志並列古史類，愈見齊志非平賊記之誤。

而劉昭採其所捐，以爲補注。浦釋引南史文學劉昭傳。

仲鐸曰：案劉昭所注後漢書，隋志猶有一百二十五卷，唐志猶有五十八卷，至宋志則惟存補注後漢志三十卷。

鋭思於流俗短書。

仲鐸曰：儀禮聘禮疏引鄭玄論語序云：易、詩、書、禮、樂、春秋策二尺四寸，孝經謙半之，論語策八寸者三分居一又謙焉。案短書即謂八寸之策，而八寸之策亦不止論語，詳敍事篇注。

或因人成事。浦注：依文設訓者。

仲鐸曰：此句指裴、陸、三劉加注前人之書。

或自我作故。浦注：另出意見者。

仲鐸曰：此句指蕭、羊、宋、王自撰史而自加注。浦注皆非。

因習

故傳稱因俗。陳釋：史記齊太公世家：「太公至國，修政，因其俗。」又魯世家作「從其俗」。

仲鐸曰：管子正世篇：「隨時而變，因俗而動。」

漢書復有涉傳至斯必不然。

仲鐸曰：案知幾此論本於顏監漢書陳涉傳，顏監注曰：「至今血食者，司馬遷作史記本語也。」於文爲衍，蓋失不刪耳。

何法盛中興書劉隗録，稱其議獄事具刑法志。

仲鐸曰：據書志篇「何法盛曰説」，則「刑法志」當作「刑書説」。

題爲僞史。

仲鐸曰：七録記傳録内有僞史部二十六種、二十七帙、一百六十一卷。

邑里

魏建安中。

仲鐸曰：文選注、范曄後漢書曰：獻帝改興平三年爲建安元年。今云魏，疑誤也。

且自世重高門。

仲鐸曰：案高門，本西京殿名。漢書鮑宣傳：「陛下擢臣巖穴，誠冀有益豪毛，豈徒欲使臣美食大官，重高門之地哉！」晉灼曰：「殿名。」顔師古曰：「在未央宫中。」是也。自于公（華按：指于定國父，見漢書于定國傳。）有高大閭門之言，於是東京以後乃變指世家大族。

言語

皤腹。浦釋：左文四云云。

仲鐸曰：「文四」當作「宣二」。

其於中國則不然。浦注：中原也。謂北朝。釋引談苑。案：唐初語稱中原爲中國，此一證也。然其稱起漢、魏間。又引世說識鑒、又客止注。

仲鐸曰：詩大雅民勞：惠此中國。傳：京師也。周禮大司寇：反于中國。注：故鄉里。左傳：莊三十一年：凡諸侯有四夷之功，則獻于王，中國則否。僖二十五年：德以柔中國，刑以威四夷。成七年：中國不振旅，蠻夷入伐，而莫之或恤。昭九年：戎有中國，誰之咎也。凡此中國，雖其地已指中原，然其名皆對四夷言之，非專對南方而言。外傳齊語、楚語之「中國」，義皆與內傳同，惟吳語以中國稱國都，與詩民勞傳合。專對南方，則稱中原爲上國，見成七年、昭二十七年、定四年、哀二十年傳。不稱中國也。自孟子謂陳良北學於中國，如是國策、公、穀、史、漢概襲其稱，非獨以對四夷，亦以對南方之吳、楚，而上國之名遂鮮有用之者矣。

德音同於正始。浦注：魏文元。

仲鐸曰：齊王元，非文帝元。

華而失實，過莫大焉。

仲鐸曰：周史記言不實，略見外篇雜說下諸史第三條原注。

奚以今來古往，質文之屢變者哉？

仲鐸曰：案文不成義，當是「奚以」下脫一「考」字，如敘事篇「何以考時俗之不同，察古今之有異」，即其證。

浮詞

髦頭而偶。浦釋引晉天文志，又引魏天象志。

仲鐸曰：案三國魏志鮮卑傳注引魏書曰：鮮卑，東胡之餘也，言語習俗與烏丸同。嫁女娶婦，髡頭飲宴。後漢書鮮卑傳：婚姻先髡頭，以季春月大會於饒樂水上，飲讌畢，然後配合。據此是本文「髦頭」當作「髡頭」。浦據誤文以爲說，非也。

又周史稱元行恭因齊滅得回。浦釋引周書元偉傳。又案：「猷道」（仲鐸案：北史作「大猷」。），史通作「行恭」，豈牛宏本然耶？

仲鐸曰：元行恭當正作元偉。行恭乃元文遥之子，仕齊，不仕周，蓋知幾誤記耳。

敘事

其美窮於三祖。

仲鐸曰：三國魏志明帝紀景初元年，有司奏：武皇帝撥亂反正，爲魏太祖。文皇帝應天受命，爲魏高祖。帝制作興治，爲魏烈祖。三祖之廟，萬世不毀。

皆雷同譽裴。

仲鐸曰：如梁簡文帝與湘東王書云：又時有效裴鴻臚文者，亦頗有惑焉。何者？裴氏乃是良史之才，了無篇什之美，是爲蔑絕其所長，惟得其所短。亦一證也。

載之兼兩。

仲鐸曰：後漢書吴祐傳：祐父恢，爲南海太守。欲殺青簡以寫經書，祐諫曰：此書若成，則載之兼兩。注：車有兩輪，故稱兩也。

董生乘馬，三年不知牝牡。浦釋：王訓故：鄒子：董仲舒勤學，三年不窺園，乘馬不知牝牡。案：史記、漢書止有「不窺園」一句。陳釋：御覽六百一十一引漢書曰：十年不窺園圃，乘馬三年不知牝牡，文與史通所説合，是唐、宋漢書有異於今本者。

仲鐸曰：北堂書鈔九十七引漢書亦有此語。

是以處道受責於少期。原注：魏書鄧哀王傳曰：容貌姿美，有殊於衆，故特見寵異。裴松之曰：一類之言而分以爲三，亦敍屬之一病也。浦案：本文句下原注脱去「有殊於衆」兩言，使「一類分三」句無著傍，亟是正之。

仲鐸曰：盧文弨云：原注容貌姿美。裴松之以爲一類之言，分爲三者，謂容也、貌也、姿也。浦增「有殊於衆」二句，方謂三言有著，似未細會。

子昇取譏於君懋。原注：王劭齊志曰：時議恨邢子才不得掌興魏之書，悵怏温子昇，亦若此而撰永安記，率是支言。浦釋：引魏書文苑傳。

仲鐸曰：隋志魏永安記三卷，温子昇撰。案：蕭韶太清記稱永安記爲永安故事。見外篇雜説下原注。新唐志同。

亦猶售鐵錢者，以兩當一，方成貿遷之價也。

仲鐸曰：南史到溉傳：爲建安太守，任昉以詩贈之，求二衫段云：「鐵錢兩當一，百代易名實，爲惠當及時，無待涼秋日。」

至如諸子短書。

仲鐸曰：御覽六百二引新論曰：莊周寓言，乃云「堯問孔子」；淮南子云「共工爭帝，地維絶」，亦皆爲妄作。故世人多云短書不可用。案：漢人稱諸子爲短書者，因其策止八寸，據論衡書解篇「又稱尺書」，則舉成數也。

吴均齊録。浦注：北齊。

仲鐸曰：考吴均所著齊史，惟齊春秋，則此所云齊録，即齊春秋無疑也。齊春秋明是南齊之史，乃浦於此注云「北齊」，於下文又釋云「文言高齊事」，一誤再誤，何也？

均敍元日臨軒，必云朝會萬國。浦案魏書太宗神瑞二年春正月，賜附國大渠帥朝歲首者繒帛、金罽有差，而文乃言高齊事。考齊書無「元日會萬國」明文，當是臣僚賀表中語。惜吴均齊録不可得見也。

仲鐸曰：浦氏誤以齊録爲北齊之史，故紛紛引魏書，考齊書，皆無當。案：吴均齊春秋雖不可見，而姚思廉梁書王亮傳嘗襲其文，傳云：「元日朝會萬國，亮辭疾不登殿。」是也。

禹計塗山。

仲鐸曰：左傳哀公七年：「禹合諸侯於塗山，執玉帛者萬國。」

而盧思道稱邢邵喪子不慟，自東門吴以還，所未有也。浦釋引北齊書，又引戰國秦策。

仲鐸曰：此蓋知己傳中語。隋志：「知己傳一卷，盧思道撰。」

昔禮記檀弓，工言物始。陳釋：禮記於禮之變皆曰始，曾子問、郊特牲、玉藻、雜記皆有之，不獨檀弓。說詳困學紀聞卷二十。

仲鐸曰：案梁書處士何胤傳：「檀弓兩卷，皆言物始。」此劉所本。

變脱帽爲免冠。浦釋引北齊万俟普傳。又案：北史亦同，而劭志無考矣。

仲鐸曰：古樂府相和曲陌上桑：「少年見羅敷，脱帽著帩頭。」三國魏志裴潛傳：「單于以下脱帽稽顙。」後漢書耿秉傳：「安得……脱帽抱馬足降。」梁慬傳：「單于脱帽徒跣，面縛稽顙，納質。」南匈奴傳：「單于脱帽徒跣，對龐雄等拜陳，道死罪。」是「脱帽」二字，昔人用之久矣。

至如翼犍，道武原諱。浦注：原，舊作「所」，非。

仲鐸曰：盧文弨云：「改爲原諱，古未有此例。」

或去「万紐」而留「于」。浦注：舊譌「去万紉而留于」，又譌「去萬而留千」。釋引周書、華岳頌碑、魏書官氏志、通志氏族略，愚案：「勿紉」無他據，而「万紐」有據，疑魏志譌也。又易「万」作「萬」，北史儒林樊深賜姓亦然，則又傳寫者誤也。

仲鐸曰：廣韻：「于」下云：「又姓。……後魏書万忸于氏，後改爲于氏。」「万」下云：「又虜三字姓，二氏：西魏有柱國万忸于謹，案：上云二氏，則「忸」字是也。張澤存堂本誤作紐；黎庶昌本原作「忸」，乃據張本改作「紐」，則與下万紐于氏同，而非二氏矣。周書唐瑾、樊深並賜姓万紐于氏。」據此，是魏書、周書本皆作「万」，不作「勿」、「萬」。北史惟唐瑾傳不誤。又本文「紐」當訂作「忸」，去「万忸」而留「于」者，與「万紐于」非一氏也。

品藻

而世之稱悖逆則云商、冒。浦釋引左傳、史記匈奴傳。又案：此二逆連舉，見宋明帝詔。

仲鐸曰：此二逆連舉，已見抱朴子論仙篇。

論忠順則曰伊、霍者，何哉？浦釋引漢書。又晉景紀：伊尹放太甲以寧殷，霍光廢昌邑以安漢。

仲鐸曰：伊、霍連舉，已見漢獻帝紀見三國魏志董卓傳注引。及魏志華歆傳。

奚必差肩接武。陳釋：呂氏春秋觀世篇：千里而有一士，比肩也；累世而有一聖人，繼踵也。又見鬻子守道篇。

仲鐸曰：案呂覽此文又見戰國齊策三。

子曰：「以貌取人，失之子羽；以言取人，失之宰我。」

仲鐸曰：語見韓非子顯學篇，亦見史記仲尼弟子列傳、家語子路初見。

直書

幸獲兩全。浦注：「兩」舊作「而」，誤。

仲鐸曰：何焯乙作「幸而獲全」是也。

曲筆

若王沈魏録濫述貶甄之詔。浦釋引晉書王沈傳，又案：沈所撰魏書已逸，述甄事無考。又引郭評：沈不忠於魏，故甄后之貶，濫述其事，彰曹醜也。

仲鐸曰：郭以甄爲甄后，與魏書所言不合。三國魏志甄后傳注引魏書：有司奏建長秋宮，帝璽書迎后，詣行在所。三至而后三讓。時盛暑，后疾篤，崩於鄴。帝哀痛咨嗟，贈皇后璽綬。裴松之曰：「文帝之不立甄氏，及加殺害，事有明審。魏史崇飾虚文，乃至於是，異乎所聞於舊史。」據此可决魏書無貶甄后之詔。案「甄」、「鄄」古字通。續漢書郡國志濟陰郡鄄城縣。惠棟曰：案漢隸字源：「鄄」，亦作「甄」，古字通也。春秋莊十四年，單伯會齊侯于鄄。杜預云：今甄城。荀彧、袁紹傳皆作鄄，注云：今濮州縣，音絹。則甄謂鄄城侯植也。魏志陳思王傳：黄初二年，監國謁者灌均希指，奏「植醉酒悖慢，劫脅使者」。有司請治罪，帝以太后故，貶爵安鄉侯。其年改封鄄城侯。注：魏書載詔曰：「植，朕之同母弟。朕於天下無所不容，而况植乎？骨肉之親，捨而不誅，其改封植。」

案：詔止數言，而劉云濫述者，蓋注有翦截，劉據原書也。王沈魏書，隋、唐志皆著録。

班固受金而始書，陳壽借米而方傳。浦釋：班生受金，陳壽求米，見史官建置篇柳虬注。困學紀聞：受金事未詳。陳釋：周書柳虬傳、唐書文藝劉允濟傳並有「班生受金，陳壽求米」之語云云。

仲鐸曰：案：「班生受金」之語，魏書韓顯宗傳亦有之。

而魏收持論激揚，稱其有慚正直。

仲鐸曰：顧千里云：「收」字誤，當謂魏徵隋書。仲鐸案：隋書王劭傳論曰：雅好著述，久在史官，既撰齊書，兼修隋典。好詭怪之説，尚委巷之談，文詞鄙穢，體統繁雜。直愧南、董，才無遷、固，徒煩翰墨，不足觀採。

晉初之諸葛、毋丘。浦注：「毋一作『毌』，音貫。」釋引晉景紀、魏志誕、儉傳。又案：通志略毋丘以邑爲氏，無貫音。

仲鐸曰：案史記田敬仲世家：「伐衞，取毌丘。」索隱：「毌音貫，古國名，衞之邑。今作毌者，字殘缺耳。」是司馬貞以爲毌即貫字，但漢書高紀七年注顔師古曰：「曼丘、母丘本一姓也，語有緩急耳。」則顔監不讀貫。據廣韻虞韻「毋」下云：「姓毋丘，或爲毋氏」，換韻「毌」下不云姓，則音貫者，非。元和姓纂原韻内有母丘氏，蓋即本顔説，但廣韻「母」下不云姓，則顔讀亦非。

昔秦人不死，驗苻生之厚誣；蜀老猶存，知葛亮之多枉。浦釋：未詳。案：困學紀聞云：武侯事蹟湮没多矣。然則蜀老事，王氏亦未有所考也。紀昀評（以後但稱紀評）：秦人事，見羊衒之洛陽伽藍記。蜀老事，見魏書毛修之傳，浦氏以爲無考，非也。陳釋：紀氏此説於四庫書目提要及小説如是我聞並及之，然孫志祖讀書脞録亦有此説。

仲鐸曰：洛陽伽藍記：城東纓珞寺有隱士趙逸，是晉武時人，云自永嘉以來二百餘年，建國稱王者十有六，君皆遊其都邑，自見其事。國滅之後，觀其史書，皆非實録，莫不推過於人，引善自向。苻生雖好勇嗜酒，亦仁而不殺，觀其治典，未爲兇暴。及詳其史，天下之惡皆歸焉。案：皮錫瑞春秋通論云：秦苻生史稱好殺，劉裕、伐後秦，得一老人，親見苻生之事，云苻生並不好殺，苻堅篡國，史書誣之。其言與伽藍記小異，未詳所出。又魏書毛修之傳：「昔在關中聞長老言，壽曾爲諸葛亮門下書佐，被撻百下，故其論武侯云：應變將略，非其所長。」案：修之之言妄矣。據三國蜀志諸葛亮傳，亮卒於後主建興十二年，即魏明帝青龍二年也。又據晉書陳壽傳，元康七年卒，時年六十五。由此推之，壽實生於青龍元年，亮卒之時，不過二歲耳。謂二歲小兒即爲諸葛書佐，被撻百下，其誣壽不尤甚於壽之誣亮耶？修之之言，既誕妄不足信，再觀劉於上文論陳志謗亮之由，亦不云身被捶撻，而仍云父辱受髡，則知此文所云必不出魏書毛修之傳也。愚嘗以此文與外篇史官建置篇相參，始知彼篇所云：「蜀老原作「志」，誤。稱王崇補東觀，許蓋掌禮儀，又郤正爲秘書郎，廣求益部書籍。斯則典校無闕，屬辭有所矣。而陳壽評云『蜀不置史官』者，得非厚誣諸葛乎？別有曲筆篇言之詳矣。」即此文之所本。其事蓋出孫盛之異同記與晉陽秋二書皆有蜀老事，見蜀志董厥、姜維傳注引。惜書皆不傳，而彼篇之「蜀老」又譌作「蜀志」，遂致浦氏兩莫能詳，然即此亦可見其注書之慎，猶愈於紀昀、孫志祖、翁元圻所注困學紀聞亦引魏書毛修之傳。輩之漫不加察也。

蕭武知而勿尤。浦注：梁武。

仲鐸曰：蕭武，齊世祖武皇帝也。南齊書王智深傳：「世祖使太子家令沈約撰宋書，約多載孝武、明帝諸鄙瀆事。上遣左右謂約曰：「孝武事迹不容頓爾。我昔經事宋明帝，卿可思諱惡之義。」於是多所省除。

齊宣覽而無譴。

仲鐸曰：北齊書魏收傳：時論言收著史不平，文宣詔收於尚書省與諸家子孫共加論討，前後投訴百有餘人，收不勝其憤，啓誣其欲加屠害。帝大怒，親自詰責。收無以對，戰慄而已，但帝重收才，不欲加罪。

鑒識

賣餠、太官。浦釋引魏略。

仲鐸曰：魏略此文引見三國魏志裴潛傳注。

案弘非劉氏。

仲鐸曰：漢書高后紀：惠帝即位，太后立帝姊魯元公主女爲皇后，無子，取後宮美人子名之以爲太子。惠帝崩，太子立爲皇帝。四年夏，少帝自知非皇后子，出怨言，太后幽之永巷。史記云：太后乃幽殺之。五月丙辰，立恆山王弘爲皇帝。據此是呂后稱制時，顯有兩少帝，而前少帝既確爲孝惠之子，即位四年，又不爲不久，則劉軌思之譏本紀不列少帝，當謂前少帝無疑也。劉勰文心雕龍史傳篇謂「子弘雖僞，要當孝惠之嗣」，以爲可紀，則謬矣。知幾不辨，但以弘非劉氏駁之，所謂知其一不知其二也。

必令同文舉之含異。浦注：疑當作「末異」。釋：魏文帝典論：文本同而末異。紀評：「孔氏卓卓，信含異氣」

亦文帝語，注失引。

仲鐸曰：據文心雕龍風骨篇引「孔氏卓卓」二句，乃劉楨語，非文帝語也。

探賾

然後追論五始。陳釋引穀梁傳疏。

仲鐸曰：案此注依序當移置表曆篇「傳包五始」下。

定名三叛。陳釋：左傳昭三十一年傳：三叛人名。謂襄二十一年，邾庶其以漆、閭丘來奔；昭五年，莒牟夷以牟婁及防茲來奔；昭三十一年，邾黑肱以濫來奔。又小邾射以句繹來奔，在春秋獲麟後，不與三叛人之數。

仲鐸曰：案三叛人名。浦釋在人物篇，依序當移置於此。

如葛洪有云至非關有德也。

仲鐸曰：語見西京雜記卷四。

安有背曹而向劉，疏魏而親蜀也？浦注：此下舊有注，引陳壽上諸葛集表語，殊無取義，去之。

仲鐸曰：原注陳壽上書諸葛亮集云：伏維陛下邁蹤古聖，蕩然無忌，故雖敵國誹謗之言，咸肆其辭而無所革諱也。盧文弨云：原注謂諸葛集有誹謗之言，此正明其非親蜀也。

夫無其文而有其說。

仲鐸曰：漢書王莽傳：周爵五等，地四等，有明文；殷爵三等，有其説，無其文。

摸擬

一曰貌同而心異。浦釋：駱賓王文：類同心異者，龍蹲歸而宋樹伐；質殊聲合者，魚形出而吳石鳴。案：「四傑」與劉同時而稍前，劉似仿其語意。

仲鐸曰：用裴松之語，見三國魏志田疇傳注。

而孫盛魏、晉二陽秋，每書年首，必云「某年春帝正月」。浦案：孫盛魏、晉陽秋不可得見，今所傳王氏元經起晉惠帝太熙元年，每歲首亦必書「帝正月」。史通仍不糾及，愚前言其書在依托然否間者，信矣。

仲鐸曰：案左傳隱公元年，正義云：晉、宋諸史皆言「元年春王正月，帝即位」。據此，是魏、晉陽秋外，又有書「王正月」者，紕繆更甚矣。

既而續云太祖「字之曰奴干」。浦釋：引周書伊婁穆傳。又案：此曰「字之」，即史家所稱不名之義也，不得云複。

仲鐸曰：案三國魏志王修傳注引魏略純固傳云：脂習字元升。既而續云：太祖呼其字曰：「元升。」是魏略已有此例矣。

昔家語有云：「蒼梧人娶妻而美，以讓其兄。」浦注：「昔」下，一本誤多「謝承」二字。又案：此事俗本史通並作謝承家語云云。謝承，三國吳人，吳志無傳，隋、唐志但有謝承後漢書，更無別著家語一書。及得映鈔古本史通核之，原無「謝承」二字。因檢家語，其文在卷四六本篇也。「蒼梧人」家語作「蒼梧嬈」。

仲鐸曰：案此事始見淮南子氾論訓，作「蒼梧繞」，注云：孔子時人。是後徐幹中論作倉梧丙，孫詒讓札迻謂「丙」當作「内」，「嬈」、「内」古今字。王肅家語作「蒼梧橈」，孫詒讓所見本作「嬈」。徐衆三國志評作「蒼梧澆」，引見吳志鍾離牧傳注。字雖不同，要皆以爲一人之姓名也。至說苑建本篇載此事，但云「蒼梧」，文與東夷對舉。後漢書南蠻傳交阯西有噉人國，取妻美，則讓其兄。沈欽韓引說苑，證爲蒼梧以南之俗，則又以蒼梧爲地名矣。劉氏此文云「蒼梧人」，不云「蒼梧橈」，則其言恐別有所本，未可遽删。「謝承」二字以爲即出自家語也。

前稱子產，則次見國僑。浦注：「國」當作「曰」。又案：左傳云：「子產相，鄭伯以如晉。」其下云：「僑聞文公之爲盟主也。」傳中似此者多有，但止稱僑，或稱公孫僑，而不稱國僑。王伯厚嘗辯之。（案見困學紀聞卷六）愚故疑「國」字當作「曰」字，以配「下曰叔牂」之句。

仲鐸曰：「次見曰僑」，成何句法？况書事篇亦有「詢彼國僑」之文，亦將改爲「詢彼曰僑」耶？據黃岡萬氏困學紀聞集證所考，則梁以後人皆稱子產爲國僑，不足怪也。

去其「對曰」、「問曰」等字。

仲鐸曰：左傳如文公元年，潘崇曰：「能事諸乎？」曰：「不能。」「能行乎？」曰：「不能。」「能行大事乎？」曰：「能。」省「問曰」字。論語如先進篇：「唯求則非邦也與？」「安見方六七十如五六十而非邦也者？」「唯赤則非邦也與？」「宗廟會同，非諸侯而何？赤也爲之小孰能爲之大？」並省「問曰」、「對曰」等字。

其爲幽州乎？

仲鐸曰：說文：幽下云：隱也。从山，中𢆶。𢆶下云：微也。从二幺。幺下云：小也。象子初生之形。

書事

苟書而不法，則何以示後？

仲鐸曰：左傳莊二十三年：君舉必書，書而不法，後嗣何觀？

㐭君、槃瓠。浦釋：引後漢南蠻傳。又云：槃瓠，見斷限篇。

仲鐸曰：案苑書所載㐭君、槃瓠事，大抵採自風俗通、引見文選魏都賦注及北堂書鈔一百五十八。世本、魏略、干寶晉紀引見李賢注及御覽七百八十五。等書。

俗說。浦釋：隋書經籍志：俗說三卷，沈約撰。

仲鐸曰：沈約俗說見隋志子部雜家。案：劉以語林、笑林、世說、俗說連舉，則非雜家之俗說也。小說家梁有俗說一卷，當謂此。

至如王思狂躁，起驅蠅而踐筆。浦釋魏志注：魏略云云。

仲鐸曰：魏略此文又見三國魏志梁習傳注。

人物

公儀休。浦釋引趙岐孟子注。又案：事又見董子賢良策對。

仲鐸曰：浦所引者，乃孫奭疏，非趙岐注也。公儀休事見韓非子外儲説右下、韓詩外傳三、淮南子道應訓、史記循吏傳。

覈才

然觀侏儒一節，而他事可知。浦釋引吴志潘濬傳注。又案：成語似别有本，俟考。

仲鐸曰：御覽三百七十八、四百九十六並引桓譚新論曰：諺云：朱儒見一節而長短可知。

山栖一志。浦釋：劉峻見補注篇，又引本傳。

仲鐸曰：劉峻東陽金華山栖志引見廣弘明集卷二十七。

謝客。浦釋：即謝靈運，見論贊篇。又引南史庾肩吾傳、謝弘微傳、異苑。

仲鐸曰：鍾嶸詩品云：初錢塘杜明師夜夢東南有人來，入其館。是夕，即靈運生於會稽，旬月而謝玄亡。其家以子孫難得，送靈運於杜，治養之，十五方還都，故名客兒。

此管仲所謂「用君子而以小人參之，害霸之道」者也。

仲鐸曰：今本管子無此語。說苑尊賢篇載桓公曰：「何如而害霸？」管仲對曰：「不知賢害霸，知而不用害霸，用而不任害霸，任而不信害霸，信而復使小人參之害霸。」知幾或即據此，未可知也。

序傳

陶梅。浦注：恐誤，或當作「梅陶」。釋：其人無考。又引世說方正注；又引晉書；又案：陶生許劭之鄉，好議論，自敍之作，或是其人。

仲鐸曰：浦謂「陶梅」，當作「梅陶」，是也，此蓋傳寫者誤倒耳。初學記十二、北堂書鈔三十七、又六十二並引梅陶自敍曰：余居中丞，曾以法鞭皇太子傅，親友莫不致諫。余笑而應之曰：「堂高由陛，皇太子所以得崇於上，由吾奉王者法，吾其枉道曲媚？」後皇太子將見延請，賜以清讌，於是太子禮敬之如師。

儀父、振鐸，並爲曹氏之初。浦釋引大戴帝繫篇、通志氏族略。又案：邾儀父乃曹之後，非曹之先也，劉言稍借。又引史記。

仲鐸曰：三國魏志蔣濟傳注：漆立郊議稱曹騰碑文云「曹氏族出自邾」，魏書述曹氏胤緒亦如之。案武帝紀注引之。魏武作家傳，自云曹叔振鐸之後。故陳思王作武帝誄曰：「於穆武王，胄稷胤周。」此其不同者也。

淳維、李陵，俱稱拓拔之始。浦注：「淳維」當作「始均」。釋引魏書序紀、宋書索虜傳。又案：舊本「始均」作「淳維」，淳維是匈奴遠祖，與拓跋無涉。「拓」通作「托」、「託」。

仲鐸曰：「淳維」當作「軒轅」。魏書衛操傳：操立碑於大邗城南以頌功德，云：「魏，軒轅之苗裔。」又禮志：天興元年，羣臣奏以國家繼黄帝之後，宜爲土德。皆其證。宋書以拓拔爲李陵之後，説本崔浩，見外篇雜説中。

河内馬祖，遷、彪之説不同。浦案：太史公自序及晉書帝紀，同以漢初河内司馬卬爲祖。史通謂彪説不同，是司馬彪九州春秋敍姓別有所祖也。俟考。

仲鐸曰：太史公自序以司馬氏爲重黎氏之後，索隱引彪序云：司馬氏，黎之後，案：續漢書天文志亦云：「司馬談，談子遷，以世黎氏之後。」此其不同也。

吴興沈先，約、烱之言有異。浦釋引沈約宋書自序。又案：南史沈烱傳亦云吴興武康人。史通云烱言有異，未詳所本。

仲鐸曰：據宋書自序，約以沈爲金天氏之裔，據藝文類聚七十九引沈烱歸魂賦云：「伊吾人之陋宗，資玄聖而云始，肇邵、閼之靈源，分昌、發之世祀。」則烱以沈爲周文王之裔。元和姓纂云：沈，周文王第十子聃季食采於沈，因氏焉。今汝南平輿沈亭，即沈子國也。其説當即本諸沈烱。

斯皆不因真律，無假寧楹。浦釋：未詳。紀評：「真律」疑是「殷律」，「殷」以聲近而爲「真」。用孔子吹律自知爲殷人事。（仲鐸案：見論衡怪奇篇）「寧楹」疑是「晏楹」，「晏」以形近而爲「寧」，用晏子鑿楹留書與子事。陳釋：御覽卷十六引春秋演孔圖：「孔子曰：丘援律吹命，陰得羽之宮。」（路史注襲用之。）又引孝經援神契：「聖王吹律有姓。」又卷三百六十二引易是類謀：「黄帝吹律以定姓。」漢書京房傳：「房本姓李，吹律自定爲京氏。」白虎通姓名篇：「古者聖人吹律定姓，以紀其族。人含五常而生，正聲有五，轉而相雜，五五二十五，轉生四時，異氣殊音悉備，故姓有百也。」潛夫論卜列篇：「凡姓之有音也，必隨其本生祖所生也。」據此，紀欲改「真律」爲「殷律」，無據。不如競作「不因直律」矣。「寧」與「宴」或形近，與晏子之「晏」不近。晏子雜篇雖有「鑿楹納書」之文，與辨姓族無涉。竊謂説文寧訓安。詩商頌殷武篇：「旅楹有閑，寢成孔安。」鄭箋：「以修寢廟爲言，寢廟所以奠繫世，辨昭穆。」則「寧楹」之義，或即取殷武之詩。

仲鐸曰：案禮記檀弓載夫子曰：「丘也，殷人也，予疇昔之夜，夢坐奠於兩楹之間。」史記孔子世家作「昨暮，予夢坐奠兩柱之間，予殆殷人也」。據此疑本文「寧楹」原作「夢楹」，「真」、「夢」相對成文，「夢」、「寧」形近致誤。即用孔子夢奠兩楹，自知爲殷人事，與上句用古人吹律定姓事，正相類也。

煩省

年淺近者，撰録多備。原注：杜預釋例云：「文公已上六公，書日者二百四十九。宣公已下亦六公，書日者四百三十二」云云。

仲鐸曰：盧文弨云：春秋長歷及晉書律曆志皆云：「春秋書日七百七十九。」今此注合計止六百八十一，未詳所以不同之故。

邑老鄉賢，競爲别録。

仲鐸曰：隋書經籍志云：後漢光武始詔南陽，撰作風俗，故沛、三輔有耆舊節士之序，魯、廬江有名德先賢之讚。郡國之書由是而作。

陳平獻計於天山。浦釋引漢書高帝紀及應劭、鄭氏注。

仲鐸曰：案史記陳丞相世家敍平城事云：其計秘，世莫得聞。揚雄亦曰：卒其所以脱者，世莫得而言也。語見漢書匈奴傳。是曲逆之計，西京人已無知之者，况班氏乎？故漢書敍平城事即遵史記，非省而不載也。桓譚新論所言，引見史記集解。顯係推測之辭。應劭引注漢書高紀，已爲顔監所譏，不意知幾於此又蹈應氏之覆轍。

文王加以繫辭。

仲鐸曰：此繫辭謂卦辭、爻辭，用鄭玄説。馬融、陸績等以爲卦辭文作，爻辭周公作。非今之繫辭也。今之繫辭，據釋文引王肅本作繫辭傳，據史記所引又稱易大傳。

雜述

世本辨姓，著自周室。浦釋引漢藝文志。

仲鐸曰：已詳書志篇。

王韶晉安陸紀。浦注：「陸」當作「帝」。釋：宋書王韶之撰晉安帝陽秋。案：晉安帝紀即此陽秋也，舊作「安陸」，誤。陳釋同。

仲鐸曰：案南史梁長沙王韶傳：昔王韶之爲隆安紀十卷，説晉末之亂離。是安陸紀爲隆安紀之誤。隆安，晉安帝第一元也。

裴榮期語林。浦釋見書事篇，隋志：裴啓撰。案：榮期蓋其字也。

仲鐸曰：世説新語文學篇注引裴氏家傳曰：裴榮字榮期，河東人，好論古今人物，撰語林數卷，號曰裴子。檀道鸞謂裴松之以爲啓作語林，榮儻別名啓乎？案：浦氏不知榮期是啓之字，是未見世説此注也。余故謂採撰篇語林下「裴榮撰」三字是原注。又案：裴氏家傳據隋、唐諸志，亦裴松之撰，則榮期之名何至岐出，蓋本名啓而以榮期爲字，慕古之榮啓期也。孝標所見裴氏家傳誤，故續晉陽秋、隋書經籍志皆不從。又輕詆篇注引續晉陽秋曰：晉隆和中河東裴啓撰，漢、魏以來迄於今時，言語應對之可稱者，謂之語林。

陽玠松談藪。浦注：或作「松玠」。釋引書録解題。陳案：宋志小説家：陽松玠八代談藪二卷。

仲鐸曰：「玠」或作「玢」。案：隋志小説家：解頤二卷，楊松玢撰，疑即其人。又疑談藪即解頤之異名也。

趙采忠臣。浦案：隋、唐志，忠臣傳但有梁元帝撰，趙采無考。

仲鐸曰：盧文弨云：「采」，玉海作「來」，俱未詳。

論榱棟則尺寸皆書，記草木則根株必數。

仲鐸曰：如世説巧藝篇注，初學記果木部，御覽木部、果部、香部，所引洛陽宮殿簿即其例。又案：世説任誕篇云：襄陽羅友從桓宣武平蜀，案行蜀城闕觀宇，内外道陌廣狹，植種果竹多少，皆默記之。後宣武漂洲與簡文集，友亦預焉，共道蜀中事，亦有所遺忘，友皆名列，曾無錯漏。宣武驗以蜀城闕簿，皆如其言。據此，是蜀城闕簿亦同類。

則書有非聖。陳釋：史通外篇雜説下：揚雄「自序又云不讀非聖之書」。

仲鐸曰：案此注依序當移置採撰篇「其事非聖，揚雄所不觀」下。

辨職

無假七貴之權。陳釋：潘岳西征賦：窺七貴於漢庭，譸一姓之或在。文選注：七貴爲吕、霍、上官、趙、丁、傅、王也。然此七貴自吕氏外，並不與著史記時相值，蓋漢武帝時將相如衞、霍、公孫、張、杜等耳，或曰：漢臣著史記，非止謂太史公。

仲鐸曰：案：七貴亦稱七族，晉書庾亮傳：「向使西京七族、東京六姓，皆非姻族，各以平進，縱不悉全，決不盡敗。」是也。七貴既皆姻族，則非衞、霍、公孫、張、杜明矣。或説是。

遂使當官效用，江左以不樂爲謠。浦釋：未詳。陳釋：「不樂」當作「不落」。隋志：南、董之位，以禄貴遊；政、駿之司，罕因才授。故梁世諺曰：「上車不落則著作，體中何如則祕書。」於是尸素之儔，盱衡延閣之上；立言之士，揮翰蓬茨之下。此文正與史通此篇意同。又案：郭茂倩樂府詩集引南史曰：宋時用人乖實，有謡云「上車不落爲著作，體中何如作祕書」。與隋志不同，要皆江左之謡也。（通典職官引「不落」之諺二句爲齊、梁之世。）又引柳先生曰：何義門已改「樂」爲「落」，盧校本同。

仲鐸曰：案「不落」之諺，始見顏之推家訓勉學篇云：梁朝全盛之時也。初學記職官部：秘書郎與著作郎江左多仕貴游，而梁世尤甚。當時諺曰云云，亦以爲梁世。

拜職辨名，洛中以不閑爲説。浦釋：未詳。陳釋：「不閑」當作「職閑」，沿上句誤，「職」爲「不」也。北堂書鈔卷五十七引閻纂集四言詩啓云：臣少學。博士祭酒鄒湛謂可著作，語秘書監華嶠，嶠報書云：著作郎職閑廪重，勢貴多争，不暇表其才用。臣遂紏思草萊。今晉書閻纂傳：國子祭酒鄒湛以纂才堪佐著作，薦於祕書監華嶠，嶠曰：「此職閑廪重，貴勢多争之，不暇求其才。」遂不能用。

仲鐸曰：案此事無考。陳釋改「不閑」爲「職閑」，複出「職」字，恐原文不如此。竊疑覈才篇云：故以張衡之文而不閑於史，其言豈本洛中之故實耶！又抱朴子吴失篇云：不閑尺紙之寒暑，而坐著作之地。知幾或誤記爲漢過篇語，亦未可知也。

自敘

年在紈綺。陳釋：隋書盧思道傳：「夫人之生也，皆未若無生。在余之生，勞亦勤止，紈綺之年，伏膺教義。巾冠之後，濯纓受署。」是紈綺之年在巾冠之前。

仲鐸曰：按下文誦畢左氏春秋，年甫十二，是紈綺年在十二以前，蓋十歲時也云云。

其後見張衡、范曄集，果以二史爲非。

仲鐸曰：隋志：後漢河間張衡集十一卷，梁十二卷，又一本十四卷。又梁有宋范曄集十五卷，録一卷。案：後漢書張衡傳以爲「更始居位，人無異望，光武初爲其將，然後即眞，宜以更始之號建於光武之初。書數上，竟不聽」。此蓋非東觀記之不爲更始立紀也。至其論班書，止謂「王莽本傳，但應載篡事而已。至於編年月、紀災祥，宜爲元后本紀」。而未嘗非古今人表。又案：范書亦不爲更始立紀，與張衡之意不同，則曄所非者，前漢書之古今人表也。

懼覽者之不一。

仲鐸曰：宋本作「懼覽之者不一」。盧文弨云：此依書序本文，不當倒作「者之」。

故作解嘲以訓之。

仲鐸曰：何焯云：解嘲豈玄之尚白乎，乃指太玄，非謂法言也。

外篇

史官建置

此則春秋「君舉必書」之義也。陳釋：左傳隱五年文。

仲鐸曰：案「隱五」當作「莊二十三」。

來知史務。浦案：劉向、揚雄知史務，又見正史篇。但如漢書志傳所稱，皆不言知史務，未詳何據。陳釋：後漢書班彪傳注亦云：揚雄、劉歆、陽城衡、褚少孫、史孝山之徒續史記。又隋志史部敍以「南、董之位」與「政、駿之司」並言，政、駿正謂劉子政、子駿。

仲鐸曰：北堂書鈔五十七引應亨集讓著作表云：若乃談、遷接武，彪、固踵迹，向、歆著美，亦各一世之良史也。是亦向、歆曾知史務之一證。葛洪西京雜記序云：「洪家世有劉子駿漢書一百卷。歆欲撰漢書，未得締構而亡。故書無宗本，止雜記而已矣。」案：稚川之言必有據，但其書不足信耳。

圖籍盛於東觀。

仲鐸曰：藝文類聚六十三引李尤東觀銘曰：「是謂東觀，書籍林泉。」又東觀賦曰：「道無隱而不顯，書無闕而不陳，覽三代而采宜，包郁郁之周文。」

蜀志稱王崇補東觀，許蓋掌禮儀，又郤正爲秘書郎，廣求益部書籍。浦釋：陳壽蜀志併松之注皆無考。而劉氏顧云「志稱」，所稱果何志耶？或謂壽又撰蜀古志，儻載之耶？然言古則不及三國時人明矣。惟常璩華陽國志有述作王崇，名見卷末，官爲蜀守，而不言曾補東觀。至掌儀許蓋，仍亦絶無其人也。懸置之，以俟後有補者。抑嘗見高江村士奇天祿識餘有考史一條，其言蜀史，則取此立論。然漫襲其文，不書所出，至所出何本，了不推尋也。竊慨讀書底裏求到地者，天下鮮矣。又引蜀志郤正傳、孟光傳。

仲鐸曰：余謂蜀志當據内篇曲筆篇訂作「蜀老」，若作「蜀志」，則不惟志中並無其事，而下文「陳壽厚誣」諸語，亦不可通。若謂蜀志別有其書，非陳志之謂，則不知史通引書之例，無論正史、雜書皆與撰人連舉，雖誕妄如嵇康之高士傳、元晏之帝王紀、引見採撰。郭子橫之洞冥、王子年之拾遺，引見雜述。猶詳載其姓字，則此所據以駮正史之書，又安得但云蜀志，致與陳志相混耶？編次篇之蜀書，人物篇之蜀志皆謂陳志也。由此可知「蜀志」必爲「蜀老」之誤，其事蓋出孫盛書，已釋在曲筆篇，此不復及。

則近循魏、代。

仲鐸曰：魏謂曹魏，代謂元魏也。三國魏志楊俊傳注引魏略曰：王象領秘書監。又王肅傳：領秘書監。魏書盧魯元傳：領秘書事。李順傳：子敷領内外秘書，陸俟傳：恭之領著作郎。高允傳：領著作郎，領秘書監。李彪傳：領著作郎。崔光傳：孫惠蔚代光領著作，光還領著作。裴延儁傳：景融領著作。山偉傳：領作郎。馮熙傳：領秘書事。

西京則與鸞渚爲鄰，東都則與鳳池相接。浦釋：即謂鸞臺，鳳閣云云。陳釋：唐六典史館注云云。唐書職官志云云。浦氏失考。

仲鐸曰：唐書職官志文浦已引在内篇辨職篇「雖地處禁中」下。

凡有筆削，畢歸於餘館。浦注：語意不甚清豁，恐有譌字。

仲鐸曰：盧文弨云：「於」字衍，「館」當作「官」，下云「以餘官兼掌」，是也。

古今正史

詔太常使掌故晁錯受焉。浦注：一本作「固」，據漢書作「故」。

仲鐸曰：盧文弨云：掌固，案：「固」、「故」通。李善注文選兩都賦正作「掌固」，亦見唐六典注。

其八表及天文志等，猶未克成，多是待詔東觀馬續所作。浦釋引後漢書，又引王訓故，順帝時漢書始出，多未能通。馬融從班昭受讀。後詔融兄續繼昭成之。

仲鐸曰：王氏所云見後漢書曹世叔妻傳，案：傳亦云八表，而袁宏後漢紀猶云七表，蓋誤。

爲其注解者凡二十五家。浦案：師古漢書敍例所述止二十三人，荀悦、服虔、應劭，並後漢人。伏儼、劉德、鄭氏、李斐、李奇，皆不著代。鄧展、文穎、張揖、蘇林、如淳、孟康，並魏人。張晏、項昭，皆不著代。韋昭，吴人。晉灼、劉寶、郭璞、蔡謨，並晉人。臣瓚、（仲鐸案：此下當有「不著代」三字。）崔浩，後魏人。合師古亦止二十三人。其二人不可詳矣。陳釋：浦氏所列名氏，數之止二十一人。（仲鐸按：史通補釋引浦注，漏列臣瓚故計數不合。）合師古二十二，尚缺三人，不止二人。不詳也。且荀悦非注解漢書之人，今考漢書敍例，尚有李斐、臣瓚，其不見於敍例而見於隋志者，尚有劉顯、夏侯詠、包愷等三家音，陸澄、劉孝標、梁元帝之注，蕭該之音義，韋稜之續訓，姚察之訓纂、集解、定疑，項岱之敍傳，無名氏之疏，合師古敍例及師古數之，共三十五家。（唐書：師古叔父游秦，亦注漢書。）宋景祐二年，余靖上言：顔師古總先儒注解名姓可見者三十五人。齊召南考證謂三十五，係二十三傳寫之訛，是據今本敍例二十三人言之。王鳴盛以「三十五」作「二十五」，謂二十三人外，增師古及張佖。然張佖非唐人，不得入數。蓋師古所列二十三人，史通所見二十五家，或今本敍例脱去二家，宋余靖所見，亦曰「二十五」，誤「三十五」也。

仲鐸曰：案司馬貞史記索隱後序云：班氏之書共所鑽仰，其訓詁蓋亦多門。蔡謨集解之時已有二十四家之説，監本漢書載宋景祐二年余靖上言：顔師古總先儒注解名姓可見者二一作「三」者，誤。十五人。據此以考今本漢書敍例，則自荀悦至蔡謨，此二十二家之間，實脱去兩家，若並脱者及蔡謨後所綴崔浩一家計之，乃與司馬、余靖所言之數皆符矣。齊召南謂「二十五」係「二十三」之訛。王鳴盛不知所脱者在蔡謨前，謂當增師古及張佖，皆由未考索隱序故也。劉氏此文所云，適與敍例所列相合，則即彼二十五家無疑也。

春秋考紀亦以煥炳。浦注：此句舊本作「春秋世」三字，王本「世」字下空一字。

仲鐸曰：盧文弨云：「世」蓋「卅」之譌，讀爲三十。建武盡三十一年也，改爲「春秋考紀」，非。

孝穆、崇二皇及順烈皇后傳。浦注：「孝穆」五字，傳寫訛脱，當作「獻穆、孝崇二皇后」，釋引後漢皇后紀。

仲鐸曰：盧文弨云：孝穆皇，桓帝祖也。孝崇皇，桓帝父也。中間省一「孝」字耳，今乃謂「當作獻穆、孝崇二皇后」，夫獻穆皇后乃獻帝曹皇后也，桓帝何由預知之，而且加於孝崇皇后之上乎！

號曰齊志，十有六卷。浦案：十六卷，唐藝文志作十七卷。陳釋：隋書王劭傳，劭初撰齊志爲編年體，二十卷。復爲齊書紀傳一百卷，隋、唐志並失收齊書。

仲鐸曰：隋志載齊志止十卷，當是「十」下脱一「六」字。

疑古

而書云某地有城，以「囚堯」爲號。

仲鐸曰：盧文弨云：案水經瓠子河注：小成陽在成陽西北半里許，實中俗喭以爲囚堯城。

益爲啓所誅。浦釋引黃補注：案竹書紀年，啓既立，費侯伯益出就國，無啓殺益事。蓋瑣語中載之。

仲鐸曰：據戰國燕策：「或曰禹授益而以啓爲吏，及老，而以啓爲不足任天下，啓與支黨攻益而奪之天下。」是戰國時猶有此説。

班生亦云：案有據婦人臨朝！浦釋引漢書成帝宴飲云云。

仲鐸曰：敍傳文。

又案某書曰：朱雀云云。文王受命稱王云云。

仲鐸曰：盧文弨云：案劉氏所引出緯候之書，必明著書名，亦斷不略舉其端而以「云云」謂之之理，此或由後世以緯候爲忌諱，輒改之耳。今考禮記檀弓正義引尚書中候「我應云周文王爲西伯，季秋之月甲子，赤雀銜丹書入酆鄗，止於昌户，乃拜稽首受最，曰：姬昌蒼帝子，亡殷者紂也」。又史記周本紀正義引易緯云：「文王受命，改正朔，布王號於天下。」劉氏必約此兩書之文。

而荀勖猶謂之人臣以終。浦釋：引晉書。又案：諛昭之語，本傳不載。又引世説方正注：王隱晉書曰：勖性佞媚，良史當著佞倖傳。蓋其人媚賈禍晉者也，是其前諂馬傾曹可知。

仲鐸曰：據晉書石苞傳，文帝崩，賈充、荀勖議葬禮未定。苞時奔喪，慟哭曰：「基業如此，而以人臣終乎？」是本石苞之言，而知幾誤記爲荀勖耳。

惑經

又案齊乞浦注：一作「荼」。野幕之戮，事起陽生；楚比浦注：一作「靈」。乾谿之縊，禍由觀從。浦注：原作「常壽」，誤。原注：乞謂齊陳乞，比謂楚公子比也。浦案：此注舊在「捨其親弑」之下，今移此。

仲鐸曰：盧文弨云：浦改「齊荼」作「齊乞」、「楚靈」作「楚比」語甚不順，其改「常壽」作「觀從」尚可通，至移「春秋捐其首謀，捨其親弑」下小注於前，頗失劉氏本意。注謂齊陳乞、楚公子比也，正指春秋所書者言耳，若上文是齊乞、楚比，其事非難知，顧屑屑爲下注脚乎？黄本小注但衍「乞比」二字，此更增作「比」謂楚公子比也。左傳非僻書，何須費辭如此，當依宋本定之。

申左

又案桓譚新論曰：左氏傳於經，猶衣之表裏。

仲鐸曰：御覽六百十引桓譚新論曰：左氏傳世後百餘年，魯穀梁赤爲春秋，殘略多近遺失。又有齊人公羊高緣經文作傳，彌離其本事矣。左氏經之與傳，猶衣之表裏，相持而成。經而無傳，使聖人閉門思之，十年不能知也。

滛人懼焉。尋浦注：原本此下有「春秋所書實乖此義而」九字，肆筆拂經，且自害志，削之乃無語病。

仲鐸曰：盧文弨云：此二語誠亂道，其妄已具見上文，自不可掩。今遽削此八字，與下文亦不合。

故束晳云：「若使此書出於漢世，劉歆不作五原太守矣。」浦釋引楚元王傳。

仲鐸曰：語見晉書本傳。

雜說上

語曰：「彭蠡之濱，以魚食犬。」陳釋：此語本論衡定賢篇。今本「犬」下有「豕」字。御覽鱗介部引無之，與此同。

仲鐸曰：御覽地部三引論衡亦無「豕」字。

語曰：「傳聞不如所見。」

仲鐸曰：馬援語，見後漢書本傳。

案論語行於講肆，列於學官。浦釋：引北平評：作史記時，論語未嘗行於講肆，列於學官。又案：漢書藝文志：古論語二十一篇，齊二十二篇，魯二十篇。其總論云：「漢興，有齊、魯之說。」是則漢初師承講授，固在壞宅發壁之前矣。即以孔子世家驗之，所採略具，而如傳首伯夷篇亦屢述之，可見其不絕於時也。再案：唐書薛放云：漢時論語首列學官，更當有據也。

仲鐸曰：趙岐孟子章恉題辭云：「孝文皇帝欲廣遊學之路，論語、孝經、孟子、爾雅皆置博士，後罷傳記博士，獨立五經而已。」案：漢書武帝紀建元五年置五經博士，則論語之罷，當在是時，劉蓋據司馬談言之也。

昔孔子力可翹關，不以力稱。浦釋引列子說符，又引集韻。

仲鐸曰：呂氏春秋愼大覽：「孔子之勁，舉國門之關，而不肯以力聞。」畢沅云：此殆即孔子之父事也。左氏襄十年傳：「偪陽人啓門，諸侯之士門焉。縣門發，郰人紇抉之，以出門者。」非孔子也。

烏集無度。浦釋引荀悅漢紀。

仲鐸曰：當引漢書谷永傳。

雜說中

寄出外戚篇。浦案：凡例語止此，此下疑有闕文。

仲鐸曰：宋本此下有「案外戚篇」四字。

若司馬、劉、蕭、韓、王。浦釋引魏書：司馬楚之、劉昶、蕭寶夤、韓延之、王慧龍諸傳。又案：慧龍非婚於魏宗，借用。

仲鐸曰：王非王慧龍。魏書王肅傳：肅字恭懿，司馬衍丞相導之後也。父奐及兄弟並爲蕭賾所殺。肅自建業來奔，尚陳留長公主。當引此。

一指桑乾。浦釋引宋書索虜傳。

仲鐸曰：三國魏志任城王傳注：桑乾縣屬代郡，今北虜居之，號爲索干之都。

鄴中學者王劭、宋孝王言之詳矣。浦案：王、宋辯語，無可考。

仲鐸曰：王、宋辯語略見内篇採撰篇原注。

王劭國史，至於論戰爭，述紛擾，賈其餘勇，彌見所長。

仲鐸曰：如摸擬篇云：王劭齊志述高季式破敵於韓陵，追奔逐北，夜半方歸，槊血滿袖，即其例也。

又敍高祖破宇文於邙山。浦注：「邙」一譌「印」，一譌「卬」，史作「芒」。又案：芒山即北邙也。張載七哀作「北芒」。

仲鐸曰：說文：「邙，河南雒陽北芒山上邑。」段注：文選應休璉與從弟君苗君胄書注引說文「芒，洛北大阜也」。是則山本名芒，山上之邑則作「邙」。

又曰：「一物不知，君子所耻。」紀評：二句出陶弘景傳。

仲鐸曰：案南史陶弘景傳作「一事不知，以爲深耻」，與此不合。晉書載記劉元海傳：「一物之不知者，固君子之所耻也。」

呼母云姊。浦釋：「姊」，本作「姉」。引北齊書皇后紀，又康熙字典：北齊太子稱生母曰姊姊。

仲鐸曰：北齊書南陽王綽傳：綽兄弟呼嫡母爲家家，乳母爲姊姊。北史作「姉姉」。

尤其諂惑。

仲鐸曰：盧文弨云：「諂音叨，疑也。」

雜說下

陸士衡有云：「離之則雙美，合之則兩傷。」

仲鐸曰：文賦語。

通多此失。原注：晉、魏及宋，自創業後，稱公王，即帝位，皆數十年間事也云云。

仲鐸曰：盧文弨云：此下小注脫去後半段「又按北齊文宣帝將受魏禪密撰錫讓勸進斷表文詔入奏請署一時頓盡則知無復前後節文等差降殺也」共四十二字。

豈惟其間可容數人而已。陳釋：世說新語排調篇：王丞相枕周伯仁膝，指其腹曰：「卿此中何所有？」答曰：「此中空洞無物，然容卿輩數百人。」史通用其意。

仲鐸曰：案世說品藻篇注：引衛玠別傳曰：「永和中劉真長、謝仁祖共商略中朝人物，或問：「杜弘治可方衛洗馬不？」謝曰：「安得比，其間可容數人。」劉語本此。

夏姬再爲夫人，三爲王后。

仲鐸曰：盧文弨云：案列女傳云：「蓋老而復壯者，三爲王后，七爲夫人。」當於三字句絕，諺所云夏姬得道，雞皮三少是也，下當云「一爲王后」。左氏雖不言曾入楚宮，而列女傳則云莊王因巫臣之諫，使壞後垣而出入，則固曾入楚宮矣。「再爲夫人」與「七爲夫人」，誠爲難驗，或劉向以後世親大夫之妻通稱夫人，而因以推之，「再爲夫人」則御叔、巫臣是已。言七者，或並淫亂者數之乎？

未聞其先已有斯事。

仲鐸曰：何焯云：「晉有四姬已前此矣。」

事具風俗通。

仲鐸曰：顧千里云：「此當小字。」

而司馬遷、習鑿齒之徒，皆採爲逸事，編諸史籍。

仲鐸曰：文選高唐賦注、御覽三百八十一引襄陽耆舊記皆有神女事，隋志史部雜傳類：襄陽耆舊記五卷，晉習鑿齒撰。

遷史浦注：舊本此二字誤入「以焉」之下。缺而不載，良有以焉。編於李集浦注：舊誤作「傳」。中，斯爲謬矣。

仲鐸曰：何焯云：子卿使還，子長下世久矣。劉氏不應如此善忘。蓋「缺而不載」，止謂班氏漢書。下當是「通史」形誤爲「遷」也。盧文弨云：宋本「通史」誤作「遷史」，後人不細審，遽移在上文，何義門已正其失，此尚沿俗本。又改「李傳」爲「李集」，則誤而益誤矣。通史雖不可見，然此書乃論史，自無暇復及編集之是非。

晉年莊子，高視六經。陳釋：全唐文卷三百七十二，柳并意林序言：莊、老亦云，高視六經，爲天下式。

仲鐸曰：干寶晉紀總論云：學者以莊、老爲宗，而黜六經。

今並掛壁不行。陳釋：三國志陳泰傳：泰爲并州刺史，京邑貴人多寄寶貨，因泰市奴婢，泰悉掛之于壁。

仲鐸曰：案御覽四百九十六引崔寔政論曰：每詔書所欲禁絶，雖重懇惻，罵詈極筆，由復廢捨，終無悛意。故里語曰：「州郡記，如霹靂。得詔書，但掛壁。」劉語本此。

如謝承漢書偏黨吳、越。

仲鐸曰：據內篇煩省篇云：「謝承尤悉江左，京、洛事缺於三吳。」是謝書載事吳、越獨詳，故此云偏黨。

漢書五行志錯誤

而不載宋雀生鸇。浦釋：王訓故：賈誼新書曰云云。

仲鐸曰：新書本戰國宋策。

五行志雜駁

又州滿既死。原注：今春秋左氏本皆作「州蒲」，誤也。當爲「州滿」，事具王劭續書志。浦案：「續」疑當作「讀」。

仲鐸曰：盧文弨云：「續」譌，宋作「讀」。仲鐸案：隋書王劭傳：採摘經史謬誤，爲讀書記三十卷，唐志作三十二卷。

若顓頊之墟。

仲鐸曰：案語有誤。據左傳昭公八年：史趙曰：陳，顓頊之族也。又十七年：梓慎曰：陳，大皞之墟也。是此文「顓頊」，當訂作「大皞」。

暗惑

密言臺上，猶懼覺知。

仲鐸曰：此蓋用齊桓公伐莒事，見管子小問篇，亦見呂覽重言篇、韓詩外傳四、説苑權謀篇。

建五利於中國。

仲鐸曰：左傳襄公四年，魏絳曰：「和戎有五利焉：戎狄薦居，貴貨易土，土可賈焉，一也。邊鄙不聳，民狎其野，穡人成功，二也。戎狄事晉，四鄰振動，諸侯威懷，三也。以德綏戎，師徒不勤，甲兵不頓，四也。鑒于后羿，而用德度，遠至邇安，五也。」

忤時

孟堅所亡，葛洪刊其雜記。浦釋引晉書本傳。

仲鐸曰：西京雜記序云：洪家世有劉子駿漢書一百卷，考校班固所作，殆是全取劉書，所不取不過二萬許言，今鈔出爲二卷，名曰西京雜記，以裨漢書之闕耳。

以僕鎗鎗鉸鉸。浦釋：恐即鐵中錚錚、庸中佼佼之義。未詳別見。

仲鐸曰：案玉篇：錚爲鎗之重文，是鎗鎗即錚錚也。後漢書馬融傳「鍠鍠鎗鎗」，注：鎗者，惻庚反。晉書王沈傳：「瑣慧者以淺利爲鎗鎗。」鉸字誤，當依後漢書劉盆子傳作「佼佼」，水經洛水注又作「皦皦」。

蓬山之下。

仲鐸曰：蓬山，謂東觀也。北堂書鈔一百一引張衡與時進書曰：蓬萊，太史之祕府，道家所貴，衡再得當之，竊爲幸也。又引華嶠後漢書：學者稱東觀爲老氏藏室，道家蓬萊山。案：華氏此語，范曄後漢書竇章傳亦有之。李賢注：老子爲守藏史，復爲柱下史，四方所記文書皆歸柱下，事見史記，言東觀經籍多也。蓬萊，海中神山，爲仙府，幽經秘録並皆在焉。

芸閣之中。

仲鐸曰：芸閣，即芸臺也。初學記職官部引魚豢典略曰：芸臺香，辟紙魚蠹，故藏書臺稱芸臺。

浦起龍的生平及其著述

王煦華

浦起龍一生做過兩部很有價值的注釋：一是史通通釋，一是讀杜心解。兩書雖都有些學究氣，但功力很深，博洽詳明，有益於後人研究參考。其中史通通釋一書，尤爲研讀史通的重要參考書，兩百年來翻刻、影印、排印多次，流傳廣泛。讀杜心解和史通通釋，解放後都加以校點整理，重新刊行。浦起龍一生的心血都耗在這兩本書上：讀杜心解是他前半生二十多年「苦心」的結晶，史通通釋則是耗了後半生「精血」的成果。可是，人們在閱讀他的著述之餘，却很少有人關心他的生平事迹，爲他的學行寫一篇較爲詳細的傳記。無錫縣志中所載秦瀛的浦起龍傳附在王繩曾傳後面，僅一百十一字。他的族侄浦霖寫的宗老山倫公傳，附刊在釀蜜集中，也很簡單。此傳末尾説「其他事行詳行述内，不具書」，但行述既未附於釀蜜集，又不見於不是集(排印本及上海圖書館藏鈔本均不載)，因此他的一些具體事迹也無從知道。工具書對他的介紹，則是輾轉相抄。一些明顯的差錯，以訛傳訛，也不去稽覈原始材料加以糾正。我在校點史通通釋之餘，搜集了他生平的一些材料，現在把它稍加整理，作一介紹，並附帶糾正一些前人記載中的差錯。

浦起龍，字二田，晚年自號三山傖父(或作叟)，間稱三山居士(不是集嵩山禪士請藏供藏引)，學者稱爲三倉先生，清康熙十八年（公元一六七九年）生於無錫前澗。「幼時資質魯鈍，好學不倦」（陳開驥釀蜜集序），而且以後一直鍥而不捨，到晚年還是手不釋卷。他的族侄浦霖在宗老山倉公傳中說：

自束發就傅而迄乎杖鄉、杖國、杖朝，伏處蓬茅而及乎服官羈旅，晦明風雨，無不載書以行，而殆好之樂之而啻其性之也。（釀蜜集附）

他自己也說「一生迂謹，癖嗜讀書」（不是集上雲貴制軍尹大人第三通），「顧於左、史、漢、魏、六朝、三唐諸著作，旁及天文、律曆、形勢、建革，上下千古稍嘗窺其端緒而究其指歸」（不是集啓臬臺鳳巢族兄）。由此可見他讀書的廣博。而他的博學則和他「家甚貧，書富甚」（釀蜜集附浦霖宗老山倉公傳）的條件分不開的。他在致荆州兵備道同年李漪年的信中説：

惟老屋三間，坐擁五千餘卷，資之作遺年之具而已。（不是集排印本）

這說明他的藏書確實很多。其中有不少宋本書，黄丕烈士禮居藏書題跋記卷三普濟方云：

近日書直昂貴，聞有無錫書賈即浦二田之後，持殘宋本孟東野集索直每葉元銀二兩，故余戲以葉論價。此書亦即出浦姓手。書有「錫山浦氏珍藏」印，又有「浦氏蕢叔賞鑒」印，當亦二田家藏者。二田故多宋本書，後人不知，盡皆散失。余向年曾得楊倞注荀子錢佃本、二程遺書，俱由浦姓賤售於某坊，某坊以之歸余者。此書浦姓賤售於某家，某家又售於書船，獲此厚直。

從黄氏所列舉的一些書的版本看來，他的五千餘卷藏書中一定有不少難得的善本，所以他在作讀杜心解時，能有「宋、元諸刻」作校勘（當然這些書不都是他自己的，有的是借來的，不是集中就有不少他向人借書的信）。因此，這五千餘卷的藏書，爲他做注釋準備了良好的條件。他又有很好的記憶力，並勤於校勘和積累材料，秦瀛的浦起龍傳説：「肆力於古，於書靡不窺，丹黄甲乙，積數十年，從學者質問經史，輒舉某書某卷某葉以告，檢之無不合。」（國朝耆獻類徵初編卷二五三）因此他的注釋詳贍博洽，融會百家，貫通古今。

浦起龍弱冠以後，應科舉考試很不順利，屢試不中，在啓臯臺鳳巢族兄信中説：

> 自惟十蹶場屋，進取已矣。（不是集排印本）

又在一澗公行述中説：

> 起龍、起麟並以弱冠補諸生，汩汩三十年，起龍僅通一籍。……乙酉（康熙四十四年，公元一七〇五年）起龍領鄉薦兩事，稍稍開顔。（不是集上海圖書館藏鈔本）

考場屢次的失利，使他心灰意冷，借著述以遣愁。他在致同年王蓼原先生的信中説：「自顧顛毛半白，曳尾泥中，偶借案頭杜老一破牢愁，每有會心，書眉札記，不自意遂成一書也。」（不是集排印本）他的讀杜心解就是在這樣的逆境下寫作的。自康熙六十年（公元一七二一年）開始，歷五年而告成。到雍正六年（公元一七二八年），他又開始作古文眉詮。

浦起龍經過多次挫折之後，終於在雍正八年（公元一七三〇年），他五十一歲時，中了進士。四庫全書總目提要卷八八史通通釋條説他是「雍正甲辰進士」，王志庚的讀杜心解點校説明和辭源（修訂本)浦起龍條,都不加考覈,跟着説是「雍正二年進士」。浦起龍是雍正八年進士,見於「題名碑録」,是二甲十六名。他自己也多次説過是庚戌進士。因此,説浦起龍是雍正二年進士,是錯誤的。

浦起龍中進士後,曾選授揚州府學教授。在一簡公行述中有如下一些記載:

庚戌起龍捷南宫……遵特旨有親老家貧就郡教。……九月初三,起龍赴圓明園引見,需次歸……壬子(雍正十年,公元一七三二年)……起龍應江閩聘,掣得空簽。……癸丑(雍正十一年,公元一七三三年)二月大選,起龍得揚州教授。入秋憑到……起龍准以八月十八日赴蘇領憑。

(不是集上海圖書館藏鈔本)

這説明浦起龍中進士三年以後曾選授爲揚州府學教授。但是,他去蘇州領憑後,並未到任,而是到雲南去了。他在致揚州府學周寅兄的信中説:

弟德凉福淺,曾除此席(指揚州府學教授),譬如海上三山,船且至,風引之而去。家無儋石,萬里滇雲,飄然蓬轉。(不是集排印本)

浦起龍不去揚州而去雲南,一方面是應雲貴總督尹繼善之聘,另一方面則是他父親正在這時去世,辦喪事後,經濟很困難,弄得無米爲炊,連飯也吃不上。他到雲南去是擔任五華書院山長,比到揚州去擔任一般教授,收入要多一些,所以逼得他衹能捨去近在咫尺的揚州,而去萬里迢迢的雲南。他在致稚春孫年姻臺信中説:

先嚴棄養,諒已委悉。治襄粗了,幾無以自存,而滇聘適至,萬里饑驅,良非得已。(不是集排

印本）

又與蔡體乾第三通信中說：

饑驅萬里，准在詰朝，草此作別。懇者有典票二紙，力不能應期爲杜，而小物又不忍輕棄，乞格外留之，時雖遠必贖也。（不是集排印本）

第四通信又說：

向說所需未暇他及，惟繼粟之請，再需二肩過庭，希致，捉筆汗顔。（不是集排印本）

這幾封信充分說明了他捉衿肘見的窘迫的經濟情況。可見他去雲南是不得已的。

他的去雲南主持五華書院是和顧起倫一起去的，他在雲貴制府尹公壽誕序中說：

遂以癸丑（公元一七三三年）之夏，移轄兹土。……就今相國鄂公制滇時所辟五華學舍，遴選生徒，而行辟江南舊部民進士浦某、舉人顧起倫來司院。

他曾寫了一篇萬里程，詳細地記述了這次遠行的經過，兹摘録如下：

雍正十二年甲寅（公元一七三四年）正月十二到蘇州。先是蘇藩傳致雲南辟書之信，期以初正晤語。鮮民之生，饑驅襆被，自悲自責，責我悲我，在此一行。十四，謁蘇藩白公，手授雲貴廣西制軍尚書尹公書幣，掌教滇南滇城五華山之麓。今相國鄂公爲制府時，辟西林學舍，藏賜書。尹公至，奉上諭，振文教，就爲省會書院。白公口訂，二十日起程，遂先達奏記於滇。

二十，治裝，行入城。……

廿一，同弟、七兒晚行入郡，時滇使泊船郡驛相待也。

廿二，遇湖廣船，即滇使所泊者。同事者顧八兄右卿，同行者武進許元起孝，張子衣邑侯妹夫楊巽行，貴州餘慶人。

……

（四月）十九，五十里，憩上板橋，距省城四十里，制軍兩遣役探接，遂兼程行，設點禮樂寺，未至城十里内，紀綱需於歸化寺前，將命勞苦。寺建自沐黔寧，靚麗仿京華式，宦游者送迎客子處也。進南教場客觀，設洗塵席。自就輿行，至是凡廿有三日。自出門就道，恰三匝月。

二十，進制軍衙，留館於内，蹔息牙門，距五華書院五百武而近。（不是集上海圖書館藏鈔本）

文中所説的顧八兄右卿，即顧起倫。到達後，浦起龍受到尹繼善的禮遇，即任五華書院山長。

這裏要順便糾正一下薛瀛伯的不是集跋中的一個錯誤，他説：「浦起龍官蘇州府教授，歷主講五華、紫陽書院。」五華書院在雲南，不在蘇州，不可能在官蘇州府教授時主講五華書院，薛跋這句話是根據浦錫齡釀蜜集後跋中的「歷掌五華、紫陽書院教」而來的。但浦跋中没有「官蘇州府教授」這句話，則掌「五華書院教」，與「官蘇州府教授」無關，與五華書院在何處也無關。因此浦跋没有什麽錯誤，薛跋加了「官蘇州府教授」，則五華書院必須在蘇州，而「掌五華書院教」也必須在浦起龍任蘇州府教授時。

因此，薛瀛伯所加「官蘇州府教授」，是個畫蛇添足的錯誤，顯然是他沒有仔細閱讀不是集中有關書信，誤解浦跋而造成的。

浦起龍在雲南任五華書院山長時，由於教學的需要，整理匯鈔他以前所作的古文眉詮。他在雲南首尾共三年，本來第二年就想辭職回江南，祇因「卯榜既懸，恩科續舉，當道扳留懇摯，誼不得抗意掉頭」（不是集致稚春孫年姻臺第二通），遂稽遲了一年，仍同顧起倫一起返回家鄉，在啓雲南督標協府濟寧王子佩先生信中說：

茲擇定九月十七，同顧先生襆被出滇。（不是集排印本）

又在給尹繼善的信中，詳細地敘述了歸途的經過：

爰自九月十七稟辭就道，山程迤邐，夫馬全安，行過清平，將近舟次，適遇大阿哥，叩致謝悃，遂不具帖。迨鎮遠舟行以下，分合遞進，換船者三。所遇灘隘關津，並極順利。臘月初三入鎮江口，總計水陸七十餘日。（不是集上雲貴制軍尹大人）

浦起龍回到家鄉後，並沒有能接着就去蘇州任郡教授，而是過了三年，方到蘇州。他在培風集序中說：

歲己未（乾隆四年，公元一七三九年）之冬，郡教授浦某至蘇，會中丞徐公領方岳。（不是集上海圖書館藏鈔本）

在古文眉詮敘中也說：

> 己未，竊祿於蘇司教事。

蘇州府志卷五十七職官也說他是「乾隆四年任」蘇州府學教授，這清楚說明浦起龍到蘇州擔任郡教授是乾隆四年，那時他已六十歲了。此時「青浦王昶、嘉定錢大昕、王鳴盛輩方爲諸生，並游其門」（秦瀛浦起龍傳）。紫陽書院的教授，是一個「極冷之官，極忙之缺，六時五應客，十日七早起（致同年王蓼原先生第四通信中云「一月十早起」，與此稍異），不勝殆也」（不是集致丁紉庵第五通信）。教學和酬應這樣的忙碌，弄得他疲憊不堪。而他家裏食指浩繁，「苜蓿一盤，叢而食之者三十口」（同上），過着清苦的生活。甚至連邀約老友丁紉庵「訪滄浪亭畔舊游」之地，也祇能餉以「苜蓿一盤」。如此貧乏的生活，使得他稍有閑暇，就仰屋自嘆。可是，浦起龍窮而益堅，不因貧困而荒廢治學，還是完成了古文眉詮的修訂定稿工作，這種刻苦治學的精神是極爲難得的。

浦起龍在紫陽書院前後共六年，他在上惠潮道臺汪公的信中說：

> 職自乙丑（乾隆十年，公元一七四五年）病余請老歸田。（不是集排印本）

可見浦起龍是乾隆十年辭去蘇州府教授的。致族兄渟若書中也說：

> 弟官冷事稠，馴至聾聵，去秋檄辦省試，冬中一病幾危，決計歸田。已於夏初旋里，村居却掃，絶迹城闉。（不是集排印本）

在與安天順書中還說到他病中，弟弟死去了，使得他思想很頹唐。信中說：

> 自去冬一病，百日中聞又遭手足之變，萬念俱冷，決計歸田。掃軌兀坐，人事都謝。（不是集

排印本）

這年他是六十六歲。他的歸田，表面上是因病辭職，但實際上則是受排擠去職的。在他歸田兩年之後，上陳可齋書中，隱約地說起了此事，信中說：

自甲子（乾隆九年，公元一七四四年）冬中郵申稟折，日月逾邁，於今三年。……某竊自省，儜愚贛直，甘處不爭之地，終嫌非據之乘，排擠起於同儕，恬澹還其素履，人之情僞盡知之矣。（不是集排印本）

浦霖的宗老山倉公傳更明確指出是受到藩臺的參劾去職的。他對此事的經過作了以下詳細的敘述：

公任學博時，監紫陽書院事。一日，祁陽陳公（大受字占咸，號可齋，曾任江蘇巡撫）甄別院士，品題甲乙，而親發落焉。成例，撫軍至，則藩、臬皆集。藩乃專一吏治，翰墨事不贊一辭，正滋慚恧。而適撫軍偶徵一典，招公上而講之，且命之坐，公則原原本本，如數家珍，時皆悅服。不意因羞成怒者，毛舉不告坐之徵疵而陡思下石。雖若撫、若臬交相慰留，而公竟蕭然遠矣。曰：「吾幸架上書未鬻，覩書老眼未眊，自有以遺年送老耳，奚以官爲？」（釀蜜集附）

陳弘謀（字汝咨，號榕門）任江蘇巡撫後，曾邀他重去紫陽書院任教，他辭謝了。在上開府陳榕門第四通信中說：

某自去冬病中，是決去官之志，今已得請歸田。黄先生一得此信，特地到齋慫恿，某驚悚退

> 避，續思未學書生，舊蒙收録，一紀於茲。其書院教席，應再妙選高明。（不是集排印本）

浦起龍請老歸田之後，「囊無十金，樂貧安分」（不是集上惠潮道臺汪公），「家徒四壁，田塍繞舍，富以其鄰，兒盡無能，書田寄口」（不是集上陳可齋），過着貧困的生活。而且回鄉之後，命運不佳，「連年乖蹇，去歲自春及秋，失一孫、兩曾孫，最後又亡一長媳，因此大兒某家計蕩盡，無可存身」（同上），又致王斂齋第四函也説：「衰門連歲脊駁幾於仆地矣。」（不是集排印本）使得他在七十古稀之年，還想去廣東省書院任教。他在上惠潮道臺汪公的信中説：

> 職年七十，猶幸身健眼明……設或省院需替，一紙召役，尚堪鞭策，不致虚靡。俾老年父子聚首於大憲封疆，此又望外痴想，姑妄及之。（不是集排印本）

他的這二「望外痴想」，並未能實現，而是一直在前澗鄉下。他七十三歲時致荆州兵備道同年李漪亭説：

> 某負疴還山，七年於此，龐公言空諸所有，如爲我説。（不是集排印本）

總之，他歸田以後到他去世的十七年，一直處在貧困之中，以著述自娱。作成了史通通釋，並參與纂修無錫縣志。在致李漪亭的信中談到「近編邑乘」，則他參與編修縣志，當在乾隆十六年（公元一七五一年）左右。

浦起龍的卒年，工具書多不載，好像無從查考。其實釀蜜集卷首所附他的族侄浦霖所撰宗老山倉公傳説得清清楚楚，「公歿之年爲壬午」。即乾隆二十七年（公元一七六二年），八十三歲去世。

他的著作，浦錫齡釀蜜集後跋說：

余五世祖二田公讀書尚實學，所自定稿凡五種：曰讀杜心解，曰古文眉詮，曰史通通釋，曰釀蜜集，曰不是集。

現將這五種著作的寫作和刊印經過分述於後：

讀杜心解，總題六卷，卷首分上下兩册，不入卷數。卷一分子卷六，卷二分子卷三，卷三分子卷六，卷四分子卷二，卷五分子卷五，卷六分子卷二，實共二十六卷。浦起龍認爲：「少陵一書於古今世宙之故，靡所不包，而自宋以還，箋疏百家，罕有得其綮者，遂奮然援筆，舉其廿年之學，而任諸一家之書，開古人之生面，寄畢生之苦心，如是而已。」（不是集啓臬臺鳳巢族兄）因此，此書雖參考宋代至清初各家杜詩注本，但不羅列衆說，而是根據自己「讀杜十年」的研究心得加以抉擇，所以注釋簡明扼要，但不免有疏略之處。他贊同「不讀萬卷書，不行萬里路，不可與言杜」的說法，爲了作注，把詩中所涉及的事勢和地理，弄得十分爛熟。他在發凡中說：

今且於開元、天寶、至德、乾元、上元、寶應、廣德、大歷三十餘年事勢，胸中十分爛熟。再於吴、越、齊、趙、東西京、奉先、白水、鄜州、鳳翔、秦州、同谷、成都、蜀、綿、梓、閬、夔州、江陵、潭、衡，公所至諸地面，以及安孽之幽、薊，肅宗之朔方，吐蕃之西域，洎其出没之松、維、邠、靈，藩鎮之河北一帶地形，胸中亦十分爛熟。則於公詩，亦思過半矣。（讀杜心解卷首）

因此，他「考訂年月，印證時事，頗能正諸家疏舛」（四庫全書總目提要）。他結合歷史事實着重於主題思想和章節大意的講解也有助於對整個詩篇的了解。但「詮釋之中，每參以評語，近於點評時文」（四庫全書總目提要），較爲雜糅；而對章節字句的分析也有偏重於形式的傾向，在内容上則強調杜甫的忠君思想，封建思想相當濃厚。浦氏又在發凡末尾説明作此注的經過：

> 事始辛丑（康熙六十年，公元一七二一年）夏五，期而稿削，又八月而稿一易，又十一月稿再易。寒暑晦明，居游動息，必於是焉，勿敢廢也。龍也十蹶踣霜，雙凋鬢雪，摒擋時文，分張兒輩。乃者杜家驥子，行居再索，身共我長，夭同潘座。每一念及，輒復潸然（仲兒敬輿，字又陸，頗悦學，能文。今春病歿，年二十二）。閉户累歲，終無送窮之方；斷手兹晨，轉益斂愁之具。虞卿著書，不其然乎！

他作讀杜心解準備了二十年，化了兩年七個月，寫了三稿纔定稿。因此這是他四十五歲以前「苦心」之作。此書於雍正二年（公元一七二四年）付梓，第二年刻成。一九六一年中華書局出版了王志庚的校點本。

古文眉詮七十九卷，首一卷，共八十卷。浦起龍認爲評論文章要弄清時代背景及其要旨所在，反對主觀的猜測，他説：「及宋季俍而評，於是臆揣貌取，傳相仿效，而作者之時之指没而不出，吾惑焉。吾審循其本一二而述焉，詮於簡之額。……詮於額，猶眉著於面云爾。」（古文眉詮序）這個見解是正確的，雖然他的「眉詮」還没有真正做到這一點，但却是朝着這個方向去做的。此書編輯詮釋經過，序中又説：

論次古作者之文，起春秋之世，迄宋之南，爲鈔二十有七，爲卷七十有九，顏曰眉詮。刻既成，乃第其緣起曰：歲戊申（公元一七六年），嘗膺薦至會城，携史、漢坊評本，自隨意與古會，輒條辨之，此綴筆之始。甲寅（公元一七三四年），爲山長滇南，出所積散見本肆遠方學者，就裒合之，得千有八百葉，此匯鈔之始也。己未（公元一七三九年），竊禄於蘇同教事，又翻檢加涂乙，覆謄之，此定稿之始。紫陽書院在學地東北隅，稍出其書院舍，院士見之，喜加商榷焉，辛酉（公元一七四一年）冬，請卒錢鋟之板，止之，不可，此開雕之始，又三易歲而刻成。計從事於此，十有七年矣。

（古文眉詮序三吴書院刊本，不是集鈔本中收録此敍，文字稍異）

他評選詮釋古文不厭其煩的一改再改，可見他對這一工作是很重視和認真的。這部書是乾隆九年（公元一七四四年）三吴書院刻成的，到光緒二十四年（公元一八九八年）嶺南良産書屋又重刻了一次。

史通通釋二十卷。是浦起龍的最重要的一部注釋。他注釋此書用力甚勤，他上雲貴制軍尹大人的第三通信中説：「半生精血，都耗此書。」（不是集排印本）早在己未年（公元一七三九年），他在蘇州紫陽書院任教時，看了王儉的史通訓詁，李維楨、郭孔延的史通評釋，都不滿意，就想重新注釋此書，但因循未果。到乙丑年（公元一七四五年），他退休歸老之後，纔正式動筆。他注釋此書非常嚴謹，在序中説：

> 一言之安，一事之會，周顧而旁質，豐取而矜擇。迎之以隙開，俟之以懸遇，持之以不止。濡首送日，以勤吾神而忘吾年。

他作了兩年，到六十九歲，丁卯年（公元一七四七年）底，纔完成初稿。明年，他又「重自刊補。有以北平新本（指黃叔琳史通訓詁補）至者，互正又如干條。盡九月，寫再周，命曰史通通釋，無負彼名云爾」（史通通釋序）。但是，他並不以此爲定稿，而是繼續不斷的修改。他説：

乙丑事始，凡歷幹枝之次者八，而稿兩脱，後易者又三。既入木，復條刊者三十有奇。昔李江都注選，至五乃定，今益過是焉。蓋其顓固蹇拙之如此，亦將彌其所謂釋事忘義之憾，而務相與爲之盡也。（同上）

浦起龍的注釋做得這樣認真細致，所以四庫全書總目提要評爲「大致引據詳明，足稱該洽」，但「小小疏漏，亦不能無」，而評語與注釋夾雜成文，尤爲通人所詬病。近人補苴此書的有陳漢章的史通補釋、楊明照的史通通釋補、彭嘯咸的史通增釋、程千帆的史通箋記等。

浦起龍注釋此書，得到了很多人的幫助，在史通通釋序中提到名字的，就有十九人之多。其中協助他「網搜備鈔」的，以蔡焯（敦復）用力最多。蔡焯是浦起龍的學生，浦氏在蔡敦復小傳中説：

歲壬子（公元一七三二年），從余游，以讀書真種許之。丁卯（公元一七四七年），購得舊本史通，持以相質，僻語晦指，錯簡誤文，累葉皆是，注家疏謬相仍，請爲舉正補遺，因成通釋一書。其間搜討援據，出焯手者十三四，首尾五年，稿四易。（不是集上海圖書館藏鈔本）

可見蔡焯是幫助浦起龍完成史通通釋的得力助手，所以當「定本甫繕，焯遽奄逝」，他「哭失聲者累日」（同上），而以後「每一展卷，不勝曝書見竹之感」（史通通釋序），他是極爲悲痛的。

史通通釋初稿於乾隆十年（公元一七四七年）完成。由於浦氏絀於資財，自己無力刊刻，賴親友解囊相助，分別任刊一卷或數卷，纔付雕板。在不是集中，與秦賡和、與倪時行、與黃大山内侄、致許修來等書信，都是乞求他們慨助刻資的。他邊刊邊改，「自戊辰（公元一七四八年）盡壬申（公元一七五二年）」（史通通釋序），花了五年工夫纔刻成。而刻成後，他還屢有修改，所以初印本和後印本有很多不同。我在上海圖書館曾發現三個不同的印本，抗戰前，世界書局的影印本、中華書局的四部備要本、商務印書館的國學基本叢書本，雖都是根據清乾隆十七年求放心齋刊本影印或排印，但底本却都是初印本而不是後印本。清光緒以後，此書廣泛流傳，有光緒十一年（公元一八八五年）翰墨園重刻本；光緒十九年（公元一八九三年）他的五世孫浦錫齡屬上海積山書局石印，於二十年印成，二十五年又有上海寶文書局石印本；民國初還有上海文瑞樓的石印本。

釀蜜集四卷，爲浦起龍「困學時札記其心得」（浦錫齡釀蜜集跋）之作，取「猶蜂之於華，擷菁英，去糟粕，醞釀既深厚，然後吐而爲蜜」（陳開驥釀蜜集序）之義，名爲釀蜜集。其内容包括「羣經子史詩歌文獻以及名物典章聲音訓詁天文步算之學」（費念慈釀蜜集序）。是書雖無重大發明和深邃獨到之處，但他讀書廣博，亦頗有一得之見。如斥鄭康成以讖言經（卷三，讖緯），否定三皇之説，認爲「天開地闢之時，尚未有人，安得有皇乎？」「古今所傳三皇以後有號無世者二十二氏及有巢、燧人之屬，皆屬傳疑之事云」（卷三，三皇五帝考）；又斥古有封禪之説爲妄，云：「燧人之前，世質民淳，安得泥金檢玉；結繩而治，安得鐫文告成，妄亦甚矣！」（卷四，封禪）這些都是他讀書有得之言，可資參考。浦氏生前雖將此書定稿，但一直未刊。直到光緒二十七年（公元一九〇一年）纔由他的五世孫浦錫齡刊刻行世。

不是集不分卷，是浦起龍的文集，生前未刻。浦錫齡在釀蜜集後跋中說：「平生文詞咸萃於是，裒然成巨帙，非得通人整齊之，未敢以從事也。」因此，光緒中未能與釀蜜集一起刊刻。可是民國初，浦錫齡又抽出其中的書信部分，分爲二卷，交上海文瑞樓手寫石印。卷端題爲不是集，書簽及書名頁則題爲浦二田尺牘。無錫縣立圖書館鄉賢部書目著録的浦二田尺牘，即是此書，並非在不是集之外另有一種浦二田尺牘。一九三五年燕京大學圖書館購得海豐吴重熹藏不是集舊鈔本四册，於第二年排印。但這個本子並非完帙，我曾把它和上海圖書館所藏鈔本相校，排印本的篇目不及鈔本二分之一。又將鈔本的書信部分與文瑞樓二卷石印本相校，則兩者完全相同，則此鈔本可能是完帙。但無錫縣立圖書館鄉賢部分書目著録之不是集鈔本却分爲六卷，則兩個鈔本可能還有小差異，將來整理出版時，應該把不同的本子進行校勘，去同存異，盡可能搜集齊全，以便利讀者。

浦起龍崇尚實學，不務虚名，雖資質魯鈍，家庭貧困，但孜孜治學，終身不懈。他這種爲學術而獻身的精神，是難能可貴，值得後人學習的。

一九八一年十二月初稿

一九八二年六月修訂

二〇〇九年七月校訂